Study on Dong Zhongshu's Cultivation Thoughts

本书受太原科技大学博士科研启动基金项目资助（项目号：W20192009）

董仲舒教化思想研究

康喆清◎著

吉林大学出版社
长春

图书在版编目（CIP）数据

董仲舒教化思想研究 / 康喆清著 . -- 长春：吉林大学出版社，2020.6

ISBN 978-7-5692-6614-6

Ⅰ . ①董… Ⅱ . ①康… Ⅲ . ①董仲舒（前 179- 前 104）—教育思想—研究 Ⅳ . ① G40-092.34

中国版本图书馆 CIP 数据核字（2020）第 102420 号

书　　名 董仲舒教化思想研究
DONG ZHONGSHU JIAOHUA SIXIANG YANJIU
作　　者：康喆清　著
策划编辑：卢　婵
责任编辑：卢　婵
责任校对：王　蕾
装帧设计：汤　丽
出版发行：吉林大学出版社
社　　址：长春市人民大街 4059 号
邮政编码：130021
发行电话：0431-89580028/29/21
网　　址：http：//www.jlup.com.cn
电子邮箱：jdcbs@jlu.edu.cn
印　　刷：北京虎彩文化传播有限公司
开　　本：787mm × 1092mm　　1/16
印　　张：17.5
字　　数：230 千字
版　　次：2020 年 6 月　第 1 版
印　　次：2020 年 6 月　第 1 次
书　　号：ISBN 978-7-5692-6614-6
定　　价：138.00 元

前　言

中国自古就有重教化的传统，教化不仅对个人内在身心起着规范作用，也对国家政权和社会秩序具有重要意义。董仲舒是西汉时期儒家学派的代表人物之一，他继承传统儒家教化学说，在此基础上融合先秦诸子思想，并依据汉代社会的实际情况，阐述了自己独到的教化思想理论。董仲舒教化思想的提出也标志着传统中国社会中的教化体系得以确立，并且借助汉代统一帝国的历史条件，完成了儒家学说由原典理论向现实化、实践化的转变，进而对后世社会产生深远的影响。

董仲舒生活的时代对其教化思想的形成至关重要。一方面，在经济和政治领域经历了汉初的恢复与发展之后，汉代社会又出现了诸如社会差距拉大、地方分离势力猖獗等新的社会问题，这促使董仲舒在教化层面思考与探索解决之道；另一方面，西汉初期的思想文化氛围较为宽松，这使得先秦诸子的学说得以复兴并表现出逐步融合的态势，这种学术思潮的出现对董仲舒改造儒家学说有所启示。在汉初特殊的时代背景下，董仲舒以先秦儒家的教化思想为本，整合借鉴其他诸子学说中的合理内容，以其独特的天道哲学观及人性学说作为理论基础，系统地提出了以教化思想为主线而贯穿始终的儒家治国理论，最终在与汉武帝的对策中获得认同。至此，儒学在汉代的意识形态领域取得了独尊地位，成为官方的指导思想，董仲舒也借以正式展开其教化思想体系的内容。

关于教化的目标，董仲舒认为包括提高人性修养、培养国家栋梁以及维护社会稳定等三个方面；关于教化的原则，董仲舒提出了著名的“三纲五常”理论，并在“三纲”思想中重点突出了“君为臣纲”的思想，在“五常”思想中对先秦的道德伦理学说进行了一定的突破与创新，由此形成对中国封建社会产生深刻影响的道德原则；关于教化的功能，董仲舒通过对秦朝灭亡的深刻反思，认为教化具有堤防作用，意义在于稳固社会统治，这就赋予教化以政治内涵，从而上升为一种治国策略。

董仲舒教化思想的显著特点之一在于受教对象的广泛性，它包括社会中的所有人，上至君王，下至普通民众，都有接受教化的必要。首先，君王在国家中居于首要地位，要通过学习儒家典籍，以身作则，成圣成善，在此基础上施行王道教化，从而教导万民成善；其次，各级官吏作为主要的施教者，上承君王，下启社会民众，通过教化与选官制度之间的渗透及相关制度性安排，董仲舒提出以儒家政治伦理提升官吏道德水平；最后，对社会民众的教化直接影响到王朝的统治，具有重要意义，董仲舒主张通过君王的示范作用、官吏的施政作用、地方学校的教化以及乡里教化等多种途径完成对社会民众的教化。

通观董仲舒的教化思想，在形式、功能、内容和方法等方面都表现出自身的突出特点，构建出封建教化的完整体系，对西汉社会乃至后世封建王朝都产生了深刻的影响，对儒家学说的传承与民族精神的形成也做出过贡献；但同样不可否认的是，董仲舒的教化思想也存在一些明显的局限性。以史为鉴，充分发掘传统文化中的现实意义，是本书的出发点与最终落脚点，基于董仲舒教化思想的丰富内涵以及古代教化思想与当代思想政治教育之间的内在关联，可以得到一些值得当代思想政治教育借鉴的历史启示。本书拟从三个大的方面进行研究，即对当代思想政治教育在功能方面的启示、在内容方面的启示以及在方法方面的启示。

总之，与先秦时期的传统儒家思想相比，一方面，董仲舒在理论层面有了较大的突破和发展，使其教化理论成为后世国家的治国范本；另一方面，也更为重要的是，通过一系列制度设计，董仲舒促成了儒家教化理想在社会实践层面的落实，因此董仲舒的教化思想是值得深入研究的课题。本书希望通过对董仲舒教化思想的研究，洞悉汉代教化发展的状况，并归纳总结其历史经验教训，为我们今天开展思想政治教育工作提供借鉴。

目　录

1 绪 论

1.1 选题缘由与研究意义

1.1.1 选题缘由

教化是传统儒家所重视和强调的内容之一，之所以如此，是因为相较于“法治”而言，教化更为有效，通过言传身教与舆论风化，可以达到一种不需要暴力压制就能使民众归服的理想效果。孔子曰：“为政以德，譬如北辰，居其所而众星拱之。”[①]到了汉代，儒家传人董仲舒同样指出，君王自身要有高尚的道德，成为道德楷模，从而由上而下地推行全社会的教化活动，实现以德治国。儒家历来认为在治理社会和国家的两种方式，即刑罚强制和道德教导之间，后者是更为重要的手段，能起到根治社会之本的作用，孔子曰：“道之以政，齐之以刑，民免而无耻；道之以德，齐之以礼，有耻且格。”[②]所谓“道之以德，齐之以礼”，也就是教化，通

① 论语译注．杨伯峻译注［M］．北京：中华书局．2006：18.
② 论语译注．杨伯峻译注［M］．北京：中华书局．2006：208.

过教化培养民众的羞耻心，从而自觉服从行为规范，归服统治者才是根本的治国之道。孟子从另外一个角度也诠释了教化的地位和重要作用，与“以力服人”相比，“以德服人者，中心悦而诚服也”。[①]“以德服人”的教化，在效果上甚至是优于“善政”的，故孟子曰：“善政不如善教之得民也。善政，民畏之；善教，民爱之。善政得民财，善教得民心。”[②]董仲舒在继承先秦思想学说的基础上，使教化思想体系臻于成熟，并将教化与治国结合起来，对后世影响深远。这是本选题考虑的第一个原因。

其次，随着秦亡教训促进汉代教化思想的复兴，董仲舒的教化思想成为后代的正统指导思想。董仲舒认为：“圣人之道，不能独以威势成政，必有教化。”[③]德治与治国相结合，强调教化在施政中的关键作用，一个国家或一个政权，若主要依靠暴力刑罚，难以达到巩固统治的目的，更为重要的应当是教化之术。在董仲舒的教化思想中，不仅认识到了教化的重要性，将教化看作举国之大务，而且在思想界“独尊儒术”的大背景下，通过推行一系列举措，特别是通经致仕的做法，逐渐使儒家的教化理想成为重要的治国方略，深刻影响着中国古代的政治和文化进程。总之，在教化问题上，董仲舒提出了系统而有创建性的一系列认识，对后世具有重要的现实价值及认识价值，这是本选题考虑的第二个原因。

最后，从教化在汉代社会施行的实际效果来看，其之所以能够被社会民众所接受，并且在随后的数千年中不断发展，其中的重要原因就在于，经董仲舒改造后所倡导的教化具有高度的现实性和社会性，而并非像宗教那样过分强调“来生”“转世”等消极虚无的理念。虽然董仲舒也讲鬼神，也有神秘主义的东西，但这都是辅助其教化实现的一种形式，而教化的内

---

① 孟子译注 . 杨伯峻译注［M］. 北京：中华书局 .1960：92.

② 孟子译注 . 杨伯峻译注［M］. 北京：中华书局 .1960：93.

③ 董仲舒 . 春秋繁露 . 张世亮、钟肇鹏、周桂钿译注［M］. 北京：中华书局 .2012：401.

容则大多是一种道德修养或为人处世的基本原则，是一般民众能够做到的。此外，通过选拔孝廉等制度性安排给予道德楷模一种现实回报，通过这种引导，不仅使儒家思想内化于社会基层，而且使作为治国方略的教化能够长久推行。通过正面的引导，儒家教化构建了系统的机制，由普通民众遵守进而内化为思维习惯，这种正面引导有利于消除阶级间的紧张关系。儒学本就关心政治，是一门入世的学问，通过儒家教化制度的安排，大批儒家学者在具备学术修养之余，更是追求以德治国。他们入仕为官后，大多能恪守儒家传统，致力于发展地方的经济及文教事业，志在富民、教民、化民，从而提高社会道德水平，在维护社会秩序，稳定基层统治方面具有积极作用。这样的官员，在汉代社会中被称为“循吏”。可见，在董仲舒教化思想的指导下，西汉王朝自上而下地建立起较为制度化的教化体系，具有强烈的可操作性特点，对后世社会具有很好的可借鉴性。这也是本选题所考虑的第三个原因。

总之，本选题“董仲舒教化思想研究”之目的，正是通过对董仲舒教化思想的特征与规律进行力求透彻的分析和系统梳理，为当代思想政治教育提供历史参照与经验借鉴。

1.1.2 研究意义

董仲舒是一位在儒学发展史上具有重要影响的思想家，“在漫长的中华民族认识史上，董仲舒这个环节缺少不得”。[①]董仲舒以儒家思想（主要是春秋公羊学）为主干，融合了法家、阴阳家、道家等诸子学说，从天人合一的哲学大系统出发，以天人感应为基本形式，规定了社会生活的各个方面，使儒学一跃成为汉代官方政治哲学。从此儒学在中国社会的意识

① 任继愈．中国哲学发展史（秦汉卷）［M］．北京：人民出版社，1985：363.

形态领域以“独尊”的地位统治了两千余年，儒学的发展、演变也持续了两千余年。在这两千余年里，儒学虽然多次改变自己的理论形态，然而儒家精神却一直在中国的历史发展中得以传衍，应该说，董仲舒在儒学的发展中起了承上启下的作用，所以研究董仲舒对了解秦汉时期的社会思想乃至整个中国思想史都具有举足轻重的作用。徐复观先生提道：“在董仲舒以前，汉初思想，大概上是传承先秦思想的格局，不易举出它作为‘汉代思想’的特性。汉代思想的特性，是由董仲舒所塑造的。”① 众所周知，两千多年的封建中国，其文化品格、社会心理、政治制度等大都成型于汉代，借由徐复观先生的这番言论，可以说董仲舒对于中华大国的成型影响巨大，对其进行研究颇具学术意义。

兴教化是董仲舒思想体系的一个重要组成部分，也是他言之颇精和用意很深的一项内容。东汉班固的《汉书》为董仲舒作传，写道：“及仲舒对册，推明孔氏，抑黜百家。立学校之官，州郡举茂才孝廉，皆自仲舒发之。”② 这高度概括了董仲舒关于教化政策的主张，但是班固为了写史之便，未能加以扩展。及至近世今时，学者在论述董仲舒的教化思想时也以班固的概述为基调，囿于尊儒术、兴太学、立选举三大文教政策，对董仲舒的教化思想未予足够重视和全面挖掘。当然，董仲舒所维护的始终是封建社会地主阶级的利益，其思想主张必然带有历史局限性，但其中仍不乏合理成分，如强调仁与义，提倡正己正人，以身作则，发挥道德自律的作用，强调仁智统一，主张正义明道及显德以示民的教化方法等，都体现了一定的德育教化规律，可供当前思想政治教育工作参考。

古人云：“疑今者察之古，不知来者视之往。”③ 历史研究的价值和

---

① 徐复观 . 两汉思想史（第 2 卷）［M］. 上海：华东师范大学出版社，2001：182–183.

② 班固 . 汉书［M］. 北京：中华书局 .1962：2504.

③ 管子 . 李山译注［M］. 北京：中华书局 .2009：27.

生命力在于为现实服务，思想政治教育史的研究应与社会的发展相一致，不断适应思想政治教育的时代要求，以达到古为今用的目的。在当今社会，思想政治教育的重要性与日俱增，对古代教化思想的研究也成了当务之急。董仲舒继承了先秦儒家重视教化的优良传统，在着力发展儒学的过程中，于学校、社会、君王和官吏等方面积极进行伦理道德的教化或劝化，既有许多理论主张，更有丰富的实践活动，对当时和后世乃至国外都产生过重要影响，因此董仲舒的教化思想是值得深入研究的课题。本书希望通过对董仲舒教化思想的研究，洞悉汉代教化发展的状况，并归纳总结其历史经验教训，为我们今天开展思想政治教育工作提供借鉴。

在封建王朝时代，统治者重教化首先是出于得民心的需要，以维护社会的长治久安，所以在内容上以儒家的伦理纲常为主。曾有学者认为："儒学在中国传统中的影响是无处不在的，从个人和家庭的伦理到国家的典章制度都在不同的程度上受到儒家原则的支配。从长期的历史观点看，儒家的具体成就主要就在于它提供了一个较为稳定的政治和社会秩序。"①与此同时，也有学者认为："历朝历代王朝的瓦解，一个重要的原因就是对于社会教化的失控，从而使民心丧失成为王朝灭亡的重要原因。"②可见，教化在传统中国社会中具有决定王朝兴衰的重要作用，但其如何发挥这样的作用，就需要认真研究一番。此外，董仲舒的学术理论和深刻思想是中华民族精神财富的重要组成部分，在今天仍具有非常重要的理论和实践意义。鉴于此，本书志在系统全面地阐述董仲舒的教化思想，尽力弥补此领域的缺憾，并期望能起到抛砖引玉的作用。

---

① 余英时．现代儒学论要——现代儒学的回顾与展望［C］．上海：上海人民出版社，1998：1.

② 王雷．论传统教化思想在近代中国的演变［J］．华东师范大学学报（教育科学版），2002（3）：76.

1.2 选题研究现状

董仲舒不仅是汉代教化立国论的奠基者，而且是儒家教化理论的再创造者，他所建构的教化思想体系与以往不同，正是这种改变迎合了现实政治的需要，赋予理论以实践意义。正如学者所言：“如果说孔子是中国儒家教化传统的奠基者，朱熹是儒家教化传统的集大成者，那么董仲舒则是儒家教化传统承前启后的中介者。他极大地丰富和发展了孔子所创立的儒家学说，从而改变了儒家伦理不受统治者青睐的历史。”① 然而，学人对于以董仲舒为代表的汉代儒生始终持一种很复杂的心情，国内外学人特别是大陆学界对于董仲舒的研究经历了一个由默默沉寂到逐渐繁荣、全面批判到客观看待的过程。

二十世纪八十年代以来，学界对于董仲舒思想的研究，陆续出现了许多专题著作、持不同观点不同研究方法的论文，以及穿插在各种思想史著作中的章节阐述。在研究方法上，不再拘泥于单一的唯心唯物划分法。在对董仲舒学说的评价上，也大致有两种基本的态度，一种持基本否定的态度，认为“汉武帝统治时期的经济发展和文化繁荣与董仲舒的政治主张没什么必然的联系，因为董仲舒的建议，除了他那钳制思想的独尊儒术政策部分为汉武帝采纳以外（这反映积极有为的汉武帝也具有地主阶级的保守面），其余一概没有被采纳”。② 就此得出结论：“董仲舒的政治主张及其哲学论证当时没有起进步作用。”③ 另一种观点持相反态度，如金春峰认为董仲舒的政治哲学无论是对于当时的西汉政治还是对于后来儒学体系

---

① 罗林．董仲舒对儒家教育传统的承前启后作用［J］．湖北民族学院学报（哲学社会科学版），2002（2）：58.

② 向阳．董仲舒的唯心主义哲学是进步的吗？［J］．求索，1982（1）：34.

③ 向阳．董仲舒的唯心主义哲学是进步的吗？［J］．求索，1982（1）：34.

的构建都产生了深远的影响。他说："在汉代，武帝时期，地主阶级生机勃勃，强大有力，对自己的前途与命运充满了信心。武帝的雄才大略，积极进取，全面建树，显赫事功，在政治上反映了地主阶级的这种精神状态；董仲舒思想在神秘的唯心主义甚至神学的形势下强调有为，强调德治、事功，强调揭露与打击豪强贵族的种种违法逾制行为，则在思想上反映了地主阶级的上述精神状态。"[①]"董仲舒哲学的许多具体说法，如灾异谴告、天地运行、名号理论、人性观点、三统循环的历史观以及对天人同类的具体论证强化和固定了儒家哲学思想的基本精神，在封建社会产生了长远的影响。"[②]学界对董仲舒的评价之所以会出现截然相反的两种态度，说明人们对董仲舒的研究还持有争议，还有很多值得深入发掘的地方。

目前国内外对董学的研究成果不少，但大多是从考据学和历史学、哲学、政治学等角度展开的，而且陈陈相因的东西很多，从教化的角度对其思想进行系统研究的并不多见，本书希望能在此方面做一些研究，希望能够拾遗补缺，稍补学人高屋建瓴的概论之憾。

1.2.1 董仲舒思想的总体研究情况

在二十世纪六十年代以前，学术界对董仲舒思想的相关研究较为丰富，但总体态势是倾向于批判董仲舒思想中的唯心主义内容及神学倾向，没有认识到董仲舒思想中的积极因素。侯外庐在《中国思想通史》中较为详细深刻地论述了董仲舒思想体系中的世界观、历史观、人性论以及政治思想和逻辑思想等等，同时指出董仲舒的思想体系与汉代中央集权的专制主义存在牢固的依存关系，其中过于片面地强调了董仲舒的唯心主义体系及神

① 金春峰．汉代思想史［M］．北京：中国社会科学出版社，1997：209.

② 金春峰．汉代思想史［M］．北京：中国社会科学出版社，1997：210.

学思想，并未涉及董仲舒思想中的正面积极内容，也没有对其历史地位做出客观评价。冯友兰在《中国哲学史新编》一书中持类似的观点，他在对董仲舒的天人感应、阴阳五行、春秋公羊学等内容进行充分论述之后，认为董仲舒的思想体系是为巩固封建政治下“君权—夫权—父权”的体系而服务的。同样是这一时期的作品，周辅成所著的《论董仲舒思想》一书，在反思侯外庐和冯友兰观点的基础之上，对董仲舒的思想进行了系统研究，结构上分为思想来源、政治理论和世界观三个部分，作为研究董仲舒思想的首部专著，周辅成的《论董仲舒思想》是六十年代研究董仲舒思想的一部集成之作。

六十年代之后，直到七十年代末，这一时期学术界总体上相对沉寂，对董仲舒思想的研究也进入了荒芜期。之后，随着金春峰先生《论董仲舒思想的特点及其历史作用》一文的出现，董仲舒才又回到了学者的研究视野当中。在这篇文章中，金春峰先生肯定了董仲舒思想中的合理内容，认为董仲舒“独尊儒术”的建议是两汉新思想运动的开始，在当时起到了重要的进步作用。除此之外，金春峰在其专著《汉代思想史》中也专章论述了董仲舒思想，对许多问题的分析都较为深刻，也从正面肯定了董仲舒的历史地位，是对董仲舒研究的转向，在学术界产生了重要影响。八十年代末，周桂钿先生《董学探微》的出现，成为董仲舒思想研究的另一部重要作品。该书对董仲舒思想进行系统研究，归纳后在行文结构上分为“十二论”，即宇宙论、人性论、仁义论、义利论、贤庶论、德才论、贵志论、名讳论、辞指论、常变论、中和论和大一统论。其着眼点在于董仲舒的春秋公羊学，在这方面，周桂钿先生结合先秦史料，通过深入浅出的分析，提出了不少独到的见解。此外，杨国荣先生在《善的历程》中，以“对立统一”为论题，从全新的视角，探究了董仲舒结合汉代现实对传统儒家所做的改造，对学术界颇具启示意义。此后，学术界陆续出现了一批研究董仲舒思想的专著，如华友根的《董仲舒思想研究》、王永祥的《董仲舒评传》、范学辉的《天人衡中》、黄朴民的《天人合一》、马勇的《旷世大儒》、张鸣歧的《董仲舒教育思想研究》、邓红的《董仲舒的春秋公羊学》、张实龙的《董仲舒学说内在理路探析》、赖美琴的《韩非与董仲舒政治哲学研究》，等等。除专著外，还有大量的单篇论文，从 1980 年至今，学术界以"董仲舒"为篇名的已发表论文有 653 篇，以"董仲舒"为主题的已发表论文数量达到了 3807 篇（包含上述 653 篇）。总体上来说，学术界对董仲舒思想的研究进入繁盛时期，呈现出良好的研究态势，不论研究视角还是涉及领域都有所转换和深化，这对于还原董仲舒思想原貌起到了重要的作用。

台湾学术界始终对董仲舒的思想较为关注，先后有多部重量级的作品问世。徐复观在《两汉思想史》中，将董仲舒思想分为"春秋公羊学"和"天的哲学"两部分，其研究视角独特而深邃，加之其饱受政治学术忧患的心灵，使得徐先生能够深刻把握董仲舒思想的本质特征，在一系列具体问题上也能提出独到的看法。但不可否认，该作品在对董仲舒思想研究的广度上还有待扩展。此外，韦政通的《董仲舒》是研究董仲舒思想的又一部重要作品，该书首先从董仲舒与先秦诸子思想之间内在联系的角度，提出了董仲舒思想的来源及其学术背景，在此基础上，较为细致地构建了研究董仲舒思想的体系，包括伦理思想、政治思想、历史思想以及天人感应论和人性论等内容。最后，该书还对西汉时期肇始于董仲舒的"独尊儒术"运动提出了自己的看法，具有较高的学术价值。李威雄也著有《董仲舒与西汉学术》一书，其中专章论述了董仲舒的思想体系并加以评述，但其中"论述"与"评述"的内容多有重复。总体而言，台湾学者的文章质量较高，论述简洁有力，值得大陆学者借鉴。

日本学术界同样对董仲舒思想表现出了一定程度的关注。其中，重泽俊郎在《周秦思想史的研究》中将董仲舒的思想分为革命思想、政治思想、伦理思想以及阴阳论和五行论等分别阐述，首开日本学界研究董仲舒思想的先河。佐川修的《春秋学论考》以春秋公羊学为基础，论述了董仲舒的改制说、王道说和阴阳说，并认为董仲舒的改制学说寄托了春秋中的政治理想。此外，日本学术界在董仲舒的相关研究中，非常重视对其作品真伪的考证，如庆松光雄在《春秋繁露五行诸篇伪作考》中通过研究指出，其实董仲舒只讲阴阳而不讲五行，所以《春秋繁露》中关于五行的篇章都是伪作。田中麻纱则在《对春秋繁露五行诸篇的考察》中对五行诸篇进行了具体的分析，指出《春秋繁露》中谈五行的有九篇，其中四篇以五行相生言五行，是属于董仲舒的，另外五篇以五行相胜言五行，才是伪作。与之相对，东京大学的池田知久教授则在《中国古代的天人相关论》中认为日本学术界应当相信《春秋繁露》大体上的真实性。总之，日本学者对董仲舒思想的研究非常注重资料的可信度，这也是大陆学者在进行历史研究时应当重视的。

1.2.2 董仲舒教化思想的研究情况

目前学术界在董仲舒教化思想的研究方面呈现出以下三个特点：一是深度和广度有所欠缺。内容大多陈陈相因，目前的研究大多集中在“性三品”的教化基础、“三纲五常”的教化内容、设立太学的教化途径等几个方面。二是缺乏规范意识，就“教化”问题无法达成共识，类似的称谓有“德育、教育、政治哲学、社会控制、德治”等，但究其内容，大多可以归类为教化思想。三是研究成果多以单篇论文的形式出现，对董仲舒教化思想的全貌缺乏系统性研究，目前只有一部专著和两篇硕士论文专门研究董仲舒教化思想。下文分别对以综合性论著、专著（包括学位论文）、单篇学术论文三种形式研究董仲舒教化思想的文献内容进行梳理：

首先，综合性论著中关于董仲舒教化思想的研究。

这部分论著又可分为两类：一类是在思想史和哲学史著作中专设章节对董仲舒教化思想进行研究，这类著作数量众多，但都篇幅短小且不够深入，在此仅列举其中较有影响的部分书目，例如侯外庐的《中国思想通史》、任继愈的《中国哲学发展史》、冯友兰的《中国哲学史新编》、刘泽华的《中国政治思想史》、李泽厚的《中国古代思想史论》、徐复观的《两汉思想史》、金春峰的《汉代思想史》，等等。二是在专门研究董仲舒的著述中就其教化相关思想进行论述，如韦政通的《董仲舒》、华友根的《董仲舒思想研究》、余治平的《唯天为大》、王永祥的《董仲舒评传》、周桂钿的《董学探微》、周辅成的《论董仲舒思想》、张实龙的《董仲舒学说内在理路探析》等。这一类的论著中关于董仲舒教化思想的研究虽然不够深入，但往往是具有开拓性和指导性的，多数观点也较为权威，对专著或单篇论文具有重要的指导意义。

其次，以专著或学位论文对董仲舒教化思想进行专门研究。

就专著方面，目前只有张鸣岐的《董仲舒教育思想研究》一部，该书认为董仲舒“倡行并把先秦儒学改铸成为汉代新儒学，作为封建政治的指导思想和理论依据，同时提出了独尊儒术的教育体系，推进了汉代封建教育理论与设施的建树和发展”，并认为“研究董仲舒不仅要探讨他个人的教育思想理论，还必须探讨其社会背景及其社会实践和作用”，最后指出，董仲舒的思想“精芜杂具”，应当用历史唯物主义的观点、方法进行科学的研究和评价，为今所用。该书在结构上分为董仲舒的生平及其修学与教育活动、董仲舒的教育政策思想及其实施、论人性与教育、关于纲常的道德教育及其教育原则方法、论教学与教师等五章。总体上看，各章之间缺乏逻辑连结，在理论基础方面只谈及人性论一个方面，在内容上仅强调三纲五常，对于具体的教化内容涉及甚少，偏重于论述教化的方法与途径，不够全面。

在学位论文方面，目前尚无专门研究董仲舒教化思想的博士学位论文，硕士学位论文也仅有两篇：上海师范大学周春兰的《董仲舒教化哲学思想——儒家教化体系的确立及其在大一统社会的实践开端》（2009年）和华南师范大学王赛艳的《董仲舒教化思想研究》（2007年）。两篇学位论文都对构建董仲舒教化思想体系进行了尝试，其中周春兰分别从思想基础、时代背景、人性论、内容、依据、实现途径等几个方面展开，但在思想渊源方面，只看到了周公及孔孟荀的思想，在理论基础方面也不够全面，教化内容方面比较准确，但论述不够深入。总体来看，其内容虽相对完整但缺乏新意，在一些具体问题上也不够深入。王赛艳在体系构建上相对简单，分为时代背景、理论基础、教化内容、教化方式四个部分，时代背景主要论述了董仲舒所处时代在经济、政治、文化方面的特点，理论基础同样局限在哲学观和人性论两个方面，内容局限于三纲五常的展开，教化方式分为学校教育和乡里教育两个方面。

在对董仲舒教化思想的评价方面，张鸣歧和王赛艳并未做出专门评述。周春兰则从“区别于前人的突出特点、主要意义及社会历史影响、存在的不足”三个方面做出评价，认为具有综合性、反思性、时代性的特点，并从政治、伦理、思想文化及社会生活等领域简述了其意义与影响，从强调服从、限制民欲、使乐教工具化等三个方面指出了董仲舒教化思想的不足。

通过这部分的考察可见，三部学术成果都试图构建一个研究董仲舒教化思想的逻辑体系，特别是其中的两篇硕士学位论文，在体系构建方面都取得了初步的成果，在各自的体系内，都能够涵盖董仲舒教化思想的基本内容。但不足也较为明显，在研究广度上，偏重于论述董仲舒教化思想中的伦理性，对其政治性却少有论及，然而教化是一种具有高度政治性的教育，此处不可不察；在研究深度上，理论基础、教化内容和方式等部分都没有展开，比如理论基础部分的论述尚不足以支撑董仲舒的全部教化思想，教化内容与方式的阐发也不全面，论述中缺乏条理。总体而言，对董仲舒教化思想的研究，不论是质还是量，都有待深化与提高，从而更好地把握董仲舒教化思想的整体性及其内部各要素之间的关系。

最后，以专题性学术论文对董仲舒教化思想进行专门研究。

如果以 1980 年 1 月至 2019 年 11 月这段时期作为参照系，那么学术界以“董仲舒教化”为篇名的已发表论文只有 17 篇，以“董仲舒教化”为主题的已发表论文数量也只有 196 篇（包含上述 17 篇）。虽然绝对数量不多，但是其研究趋势却呈逐年扩大的势头，特别是在 2000 年以后，相关论文数量的增长明显加快，这表明对董仲舒教化思想的研究已经越来越受到学术界的重视。

学术论文对董仲舒教化思想的研究多集中在人性论与教化的关系方面。如曹影的《“性三品”：董仲舒社会教化的理论根据》（《社会科学战线》，2008 年 8 月）一文认为，“性三品”为实行社会教化提供了理论依据，指出了谁来实施教化，怎样实施教化，确立了教化对象，等等。这过分高估了人性学说在董仲舒教化体系中的地位，而且对人性学说的理解有偏差，在此基础之上的教化对象也不准确。张文英的《董仲舒的“性三品说”与君主的教化责任》（《学术论坛》，2009 年 4 月）则认为董的人性论是其教化思想的起点，但对董人性学说的论述同样囿于学界通说的观点，在此基础之上也难以得出正确的结论。邱琳的《董仲舒教化思想的人性论基础》（《船山学刊》，2009 年 4 月）对董仲舒人性论的认识则较为客观，突出了董仲舒人性学说的重点，在人性论与教化之间做出了正确的关联。朱人求的《董仲舒教化哲学研究》（《福建师范大学学报》，2007 年 5 月），黄钊的《董仲舒以“独尊儒术”为特征的道德教化思想探析》（《河南大学学报》，2004 年 4 月），张俊峰《“规则”与“德性”的统一》（《中山大学学报》，2002 年 6 月）同样持这种观点，突出人性论在董仲舒教化思想中的重要性，并主张以此为出发点，展开董仲舒的教化思想体系。

在思想渊源方面，庄树宗、王四达的《“罢黜百家”还是“熔炼百家”——论董仲舒思想的杂家特征及其历史影响》（《江苏社会科学》，2010年4月）认为董学的体系是熔炼百家、形儒实杂的，并以此为出发点，分析了儒学独尊的原因及影响。梁宗华的《董仲舒新儒学体系与道家黄老学》（《齐鲁学刊》，1999年6月）一文认为董的学说中，道家黄老学占据了相当重要的地位，曾振宇在《“法天而行”：董仲舒天论新识》（《孔子研究》，2000年5月）中则认为董仲舒以天为核心的哲学观不是来自儒家，而是来自墨家，并继而论述了其天论哲学的影响。白效咏的《“三纲”说与先秦秦汉之际的伦理道德转化新探》（《浙江社会科学》，2010年2月）认为董仲舒的三纲思想，直接来源是韩非子的三顺说，并认为董仲舒的三纲理论对汉代君主专制中央集权政治体制的完善具有重要意义。宋馥香、石晓明的《继承与发展：司马迁与董仲舒的学术关联》（《郑州大学学报》，2006年5月）认为董仲舒吸收了阴阳五行学说，通过归纳历史来阐述自己的思想，并把它塞进神学的外壳中，王帆在《董仲舒思想的易学底蕴》（《周易研究》，2006年4月）中持同样观点。梁国楹在《董仲舒“大一统”理论的思想来源》（《山东师范大学学报》，2009年5月）中认为董的政治观形成于墨、法、阴阳等思想之上，体现了较强的包容性与时代特征，以大一统为取向的政治观反映了社会现实，在此指导下完成了国家与意识形态层面的统一。

关于教化的目标，多数学者认为在于维护社会秩序。孔颖在《董仲舒及其教育思想》（《民办教育研究》，2008年5月）中认为教化的最终目的在于“维护统治阶级的利益和统治地位”。唐国军在《董仲舒与儒家思想政治教育理论的实践化》（《广西社会科学》，2008年3月）一文中认为教化的目标在于“教化成俗”和“通经致用”。维护社会秩序或者说统治阶级利益固然是董仲舒教化思想的目标之一，但同样不能忽视董仲舒对人性修养的追求以及为国家培养栋梁之才的初衷。

另外一些论文侧重于研究董仲舒教化思想体系的建设，如孙友的《董仲舒教化思想探微》（《赤峰学院学报》，2010 年 7 月），该文指出“董仲舒教化思想是一个较为完善的寓教育和感化双重含义的思想道德教育体系”，并进而构建其体系，指出天人感应是其理论基础，人性论是其现实依据，三纲五常是其基本内容，建立太学与人才选拔是其途径与保障，认为董仲舒教化思想是德育政治化和社会化的体现，这就把握了董仲舒教化思想的两个基本面，单就思想体系的构建而言，该文的观点是有建设性的，但仍稍显粗糙，而且区分理论基础与现实依据的做法不够科学。朱人求的《董仲舒教化哲学研究》（《福建师范大学学报》，2007 年 5 月）将董仲舒的教化理论分为天道教化、人性教化和王道教化三个向度，立意颇新，但似乎无法涵盖董仲舒的全部教化思想。

值得一提的是，袁济喜在《从董仲舒的奏对看汉代士人与帝王之对弈》（《中国文化研究》，2009 年秋之卷）一文中从士人与帝王思想博弈的角度出发，对董仲舒的《天人三策》进行了新的诠释，余全介在《董仲舒的真实遭遇》（《江淮论坛》，2006 年 3 月）中也认为《天人三策》的实质是是古非今，抨击社会现实。宋惠昌在《董仲舒的“君权制约论”》（《中共中央党校学报》，2009 年 12 月）中认为董仲舒学说的实质内容是特殊形式的君权制约论，李玉洁的《董仲舒的德治思想》（《孔子研究》，2002 年 3 月）同样指出董仲舒对国君的各方面要求，并进一步指出吏治的清明是实现德治的基础。几位学者的研究思路对笔者启发颇多，这是探寻董仲舒教化学说内在理路的一个切入点。在此基础上，笔者试图论证董仲舒教化思想的潜在诉求就是对帝王思想言行的劝诫，继而使其内在逻辑引申到对各级官吏的制约，从而突破教化只针对人民大众的传统研究思路。

还有一些文章侧重点在于从总体上评价董仲舒的教化思想。如高春菊的《独以寒暑不能成岁 独以威势不能成政——董仲舒社会教化思想研究》（《衡水学院学报》，2007 年 9 月），该文认为董仲舒的教化思想与和谐社会之间存在着内在的关联性，具有一定的现实意义，其以教化为主、刑罚为辅的政治观念着眼于防患于未然，在维护社会稳定方面起着积极的作用。“董仲舒教化思想反映出他追求长治久安的社会稳定观念。”罗林在《董仲舒对儒家教育传统的承前启后作用》（《湖北民族学院学报》，2000 年 2 月）中评价董仲舒是汉代文教政策理论的奠基者、教育立国论的强化者、儒家伦理道德教育理论的再创造者、经学和经学教育的开创者。刘永艳、杨国玉在《董仲舒社会控制规范体系探析》（《求索》，2007 年 9 月）中也认为董仲舒的思想对和谐社会的构建具有重要参考价值，主要表现在社会控制方面。关于董仲舒教化思想的现实意义，余俊在《从制度层面解读传统及现代“人文教育”》（《中南民族大学学报》，2007 年 11 月）一文中从制度层面解读了现代人文教育的衰落原因，并认为董仲舒等传统教育家的古典人文教育传统的精神应当并能够在当今社会得到恢复和发扬，但并未论及具体对策。唐国军在《董仲舒与儒家思想政治教育理论的实践化》（《广西社会科学》，2008 年 3 月）一文中对董仲舒同样做出了较高的评价，认为他为儒家思想政治教育的实践化做了理论奠基，推进了儒家思想政治教育的社会化运动，开启了儒家思想政治教育的新时代，认为董仲舒是古代社会中推动传统儒家思想政治教育实践化的践行者，其思想及理论的提出，使我国古代的思想政治教育活动进入新的时期。

综上所述，学术界在对董仲舒教化思想的研究方面已经取得了较为丰硕的成果。研究视野较为宽广，包括教化的依据、目标、原则、功能、内容等，基本涵盖了董仲舒教化思想的基本范畴，特别是在董仲舒的人性学说以及教化的具体内容方面，学术界成果颇丰；在研究视角、研究方法以及研究内容上也具有一定的深度和广度。这都为本书的撰写提供了大量的参考和借鉴，启发并开拓了笔者的思路。但若局限于此，在董仲舒教化思想的研究方面不做进一步的深入分析，那么一方面将很难有所创新，另一方面也难以发现董仲舒教化思想对现实社会的重要意义和借鉴价值。故此，笔者将尝试对董仲舒教化思想进行全面而深入的研究，以期对推动当代中国思想政治教育史的研究有所裨益。

1.3 研究思路与方法

1.3.1 研究思路

董仲舒的教化思想有着丰富的内涵和完整的系统性。本书首先考察了董仲舒教化思想产生的时代背景与理论依据，在此基础之上，分析了董仲舒对传统儒学的继承和创新，其次将董仲舒教化思想的主体分为教化的目标、原则、功能以及具体内容四个部分进行深入细致的诠释，随后对董仲舒的教化思想进行理性评析，最后阐发董仲舒的教化思想对当代思想政治教育工作的若干启示。本书从内容和结构来看，共分为七章，研究内容主要包括以下四个部分：

第一部分（第 1 章）：绪论部分。首先就本书的选题缘由与研究意义、研究现状、研究思路与方法以及可能的创新之处进行介绍。其次对本书的核心概念“教化”进行解析，并就中国古代教化思想与当代思想政治教育之间的联系进行阐释。最后，对汉代社会的教化情况进行概述。本部分内容旨在为下文的论述明确主题和方向。

第二部分（第 2 章）：主要研究董仲舒教化思想的形成。包括时代背景、理论基础以及董仲舒本人对传统儒学的改造、继承与发展。按照西方诠释学相关理论，对历史思想的研究要回溯到它产生的时代里，本书从经济、政治、文化三个维度展开对董仲舒所处时代的论述；任何一种科学的思想学说必然会有其充分的理论基础，董仲舒的教化思想同样如此，其天道哲学理论为教化思想提供了形而上的依据，其人性学说则为教化提供了现实性的依据；在此基础之上，董仲舒整合先秦诸子学说中的有益成分，完成了对传统儒学的时代化改造，并在“独尊儒术”的学术大背景下全面展开其教化思想。这一部分的论述是为董仲舒具体教化内容的展开所做的理论铺垫，其本身也是董仲舒教化思想的重要组成部分。

第三部分（第 3、4、5 章）：主要研究董仲舒思想中关于教化的目标、原则、功能与具体内容，并做出合理评价。第 3 章，董仲舒论教化的目标、原则与功能，包括教化的目标、教化的原则以及教化的功能三个方面。第 4 章，董仲舒论教化的具体内容，根据教化对象的不同，董仲舒的教化学说可以分为对君王的教化、对官吏的教化以及对民众的教化三个层次。第 5 章，首先在前四章的基础上总结董仲舒教化思想的特点，继而运用马克思历史唯物主义原理客观分析了董仲舒教化思想的历史贡献与局限性。

第四部分（第 6、7 章）：主要研究董仲舒教化思想对当代思想政治教育工作的若干启示。以史为鉴，充分发掘传统文化中的现实意义，是本书的出发点与最终落脚点，基于董仲舒教化思想的丰富内涵以及古代教化思想与当代思想政治教育之间的关联，第 6 章拟从三个大的方面提出建议，即对当代思想政治教育功能的启示；对当代思想政治教育内容的启示；对当代思想政治教育方法的启示。第 7 章是本书的结尾，通过对全书的回顾，对董仲舒的教化思想进行总结，以期有益于学界进一步的学术探讨。

1.3.2 研究方法

本书以董仲舒的主要著作《春秋繁露》为基本资料，结合《史记》《汉书》等史料中的相关内容，详细梳理了董仲舒在教化方面的观点和学说，通过归纳总结出董仲舒的教化思想体系，在前期检索并阅读大量相关文献的基础之上，批判吸收学术界的现有成果，力求达到一定的深度和广度，通过系统深入的研究，挖掘董仲舒教化思想中的精髓。在方法论方面，在将董仲舒这一历史人物作为个案研究的基础上，同时注重其时代背景，结合时代考察人物及其思想特点，特别是其所处的学术文化思潮，以使个性特征在整体中得到彰显，这也使得本书在研究方法上重视董仲舒教化思想的来龙去脉，力求准确完整地诠释和展现董仲舒丰富的教化思想内涵，在此基础之上，力求对董仲舒本人及其学术思想做出公正客观的评价。具体研究方法如下。

第一，文献研究法。本书遵循用文献说话、用史实说话、用作品说话的传统文献研究法，以董仲舒的重要著作《春秋繁露》为主要依据，结合《史记》《汉书》等相关典籍展开研究。董仲舒教化思想主要散见于《春秋繁露》，对该书进行分析、总结、归纳，必须仔细阅读有关《春秋繁露》的经典文本和研究成果。同时必须结合其他典籍中对董仲舒言行的记载，进而对董仲舒教化思想进行深入分析和解读。

第二，注重思想史、制度史与学术史相统一的研究方法。思想史侧重于理论思维，制度史偏重于具体制度的研究及其发展演进的规律，学术史则研究并评论有代表性的学术成果，以阐明其学术意义和历史意义。本书通过把董仲舒教化思想放在汉代社会结构变动的历史大背景下来审视，还原其思想原貌，还原其思想在汉代社会的实际实施情况，并就其思想对汉代社会及后世王朝的影响做出评价，在方法上注重思想史、制度史和学术史的统一。

第三，历史与逻辑相统一的方法。历史的方法即叙述的方法，在描述历史背景时按照时间顺序，有本有末、有始有终，任何事物的发展都有其连续性，有所否定也有所肯定，有所创新也有所继承。在研究董仲舒的教化思想时，也应遵循这一规律，既要看到它发展变化的方面，也应看到它与传统的密切关系，单纯强调任何一方面都是片面的、不符合历史事实的。逻辑的方法即找出思想史发展演变的基本链条和环节，董仲舒的教化思想产生于特定时代，有一个自身产生、发展的过程。要把握董仲舒的教化思想，不仅需要将其还原到思想产生的历史语境中，还要对其思想产生发展的逻辑历程进行分析。事物的本质及其规律是在其自身的发展过程中按照其自身内在的逻辑不断显现和展开的，既是一个从简单关系进入到复杂关系的历史演变过程，也是其相应的范畴伴随着自身的运动而不断生成的过程。恩格斯指出："逻辑的方式无非是历史的方式，不过摆脱了历史的形式以及起扰乱作用的偶然性而已。历史从哪里开始，思想进程也应该从哪里开始，而思想进程的进一步发展也不过是历史过程在抽象的一般理论上前后一贯的形式上的反映。"[①] 历史研究，只有通过大量的、批判的审查过的、充分掌握了的历史资料，才能坚持历史事例上的唯物主义观点，但在历史发展中，由于其本身发展的复杂性又使得逻辑的方法显得十分必要。董仲舒的生平、教化实践及其思想的变化与体系的形成是一个历史的过程，而其教化思想本身也在追求逻辑上的统一。总之，历史与逻辑相统一的方法是对董仲舒教化思想进行研究的主要方法之一。

本书将综合上述方法进行全面、深刻的研究并力求做出客观、公正的评价。

1.4 预期创新之处

董仲舒作为承接孔子与朱熹的儒家关键人物，其思想体系博大精深，其中尤以教化思想对现实的影响最大。但就上文中笔者已经掌握的材料来

---

① 马克思恩格斯选集（第 2 卷）［M］. 北京：人民出版社，1995：43.

看，目前对董仲舒教化思想的研究还很不系统，这主要是因为董仲舒的著述较为晦涩难懂，准确了解其内涵比较困难，且各篇的具体写作时间也无法考证，所以难以全面把握其教化思想体系，但这一现状也为本书的写作留下了很大的拓展空间。本书将统领在“教化”的主题之下，将董仲舒思想的全部内容作为一个整体进行研究，这是在切入点方面的创新。在内容的研究与结论的提出方面，本书力求挖掘新的历史材料，得出更加全面客观的结论，不在董仲舒教化思想中添加或剔除任何标签，不因意识形态的分歧而贬低或拔高其价值，挖掘其中新的思想内容，以补充汉代教化思想的研究空白。全面客观地展现一个汉代学者对汉代社会的关注，分析其思想是什么、为什么以及怎么样。在结构安排方面，横向展开董仲舒教化思想的具体内容，纵向贯穿“教化”的主线，力求主题明确深刻而内容客观全面，从而形成清晰的网状结构。总体论述时，采用层层递进的逻辑顺序，通过所展现的思想内容，到所有内容指向的目标，再到目标追求中的方法论特色，步步深入，力求遵循事物发展的客观规律及认识事物的逻辑顺序，最终揭示出董仲舒教化思想与当代思想政治教育之间的本质联系。具体而言，与同类研究成果相比，本书的创新之处主要有以下三个方面：

第一，研究方法的创新。本书在运用文献资料研究法、历史与逻辑相统一分析法等传统研究方法的基础之上，借鉴马克思主义唯物史观的相关理论，注重思想史、制度史和学术史相统一的研究方法，力求还原董仲舒教化思想的原貌，并对董仲舒的教化思想进行系统研究与评述。

第二，研究体系的创新。本书初步构建了董仲舒教化思想的理论体系，详细论述了董仲舒教化思想产生的时代背景、理论基础、具体内容、特点及历史地位等，建构了一个较为全面的董仲舒教化思想研究体系。

第三，切入点及研究内容的创新。本书以教化为切入点，从这一全新角度窥探董仲舒思想的全貌，并在内容上针对董仲舒教化思想对当代思想政治教育工作的启示进行阐发，集中体现在三个大的方面，即对当代思想政治教育在功能方面的启示、在内容方面的启示以及在方法方面的启示。

1.5 教化及相关问题说明

“教化”作为本书最为核心的关键词，对其进行一定的介绍与说明显得尤为必要。故本书首先稍占篇幅，在比较中西方认识差异的基础上，就“教化”一词的使用进行解析，继而就教化与思想政治教育之间的关系进行探讨，最后对汉代社会的教化情况进行必要的阐述，以期为后文对董仲舒教化思想的研究构筑一个稍微坚实些的平台。

1.5.1 教化解析

“教化”在中国传统典籍中是一个经常出现的概念，李景林先生认为：“从一定意义上说，中国哲学实质上是一种‘教化哲学’。”①可见教化在中国哲学中的地位非常重要，中国自古就有重视教化的历史，自周朝开始教化实践，发展至战国末期，始出现了教化的理论形态，到了汉代，在董仲舒的建议和统治阶级的提倡之下，教化作为一种治国策略逐渐展开并发挥其重要作用。学术界对“教化”的见解较为成熟，笔者在此基础上稍加讨论，以提出本书对“教化”概念的界定。

1.5.1.1 中西方教化内涵比较

“教化”一词在中国古典文献，尤其是在儒家经典中使用广泛。在古代中国，历来都十分重视教化，并把它视为个人成就美德、社会规范有序、

① 李景林．教化的哲学——儒学思想的一种新诠释［M］．哈尔滨：黑龙江人民出版社，2006：486.

国家长治久安的一项基本措施。对个体来讲，教化就是把善的价值和人伦秩序加之于人心之上，人心逐渐同化这些东西，并使之逐渐成为自己的生命形式，使善与自己的行为融为一体，最终达到一种自然而然的状态，化而无迹；对社会来讲，教化就是要使社会的主导价值理念、道德规范得到普及，成为社会成员共通的行为模式和情感皈依，最终人人都能“从心所欲而不逾矩”，达到社会大化。

何谓“教”，汉代许慎在《说文解字》中这样解释：“教，上所施下所效也。”[①]下效也是学，学即觉悟，“学所以自觉，下之效也；教人所以觉人，上之施也”。[②]“学”与“教”是一个活动的两个方面，“下”与“上”是一对相对的概念。在古代儒家文献的语境中，“教化”一词通常是统治者对民众实施的，所以“下”一般是指普通民众，“上”是指统治者。“教”的目的就是化民成俗，它的对象是全体臣民，目标是通过定制度、立规矩、重德行、树典范以及各种相应的宣传、教育、示范和劝善惩恶的手段措施，建立适合统治阶级利益的良好社会习俗风尚，保证封建王朝的长治久安。[③]何谓“化”，首先是与“变”联系在一起的，并且是人的变化。《说文解字》道：“化，教行也。”[④]《管子·七法》亦云：“渐也、顺也、靡也、久也、服也、习也，谓之化。”[⑤]对个体而言，“化”就是思想观念、外在行为的转变，就是指在上者把自己的价值理念施于在下者，并致使其内在的价值观念发生变化，从而转化为在上者所期望的个体内在品格。在现实中，“化”不是一朝一夕就能完成的，“化”具有长期性，

---

① 臧克和，王平校订．说文解字新订［M］．北京：中华书局，2002：205.

② 臧克和，王平校订．说文解字新订［M］．北京：中华书局，2002：205.

③ 参见李国钧，王炳照．中国教育制度通史（第1卷）［M］．济南：山东教育出版社，2000：192.

④ 臧克和，王平校订．说文解字新订［M］．北京：中华书局，2002：205.

⑤ 管子．李山译注［M］．北京：中华书局.2009：2.

荀子讲“长迁而不反其初，则化矣”[①]就是这个意思，“长”到底是多久，荀子没有说，后来董仲舒做了注解，把“天下常无一人之狱”[②]作为民已大化之后的理想境界。“教化”连为一词使用始于荀子，《荀子》一书中，共有八次使用“教化”。“教”和“化”组合成“教化”时，意为政教风化、教育感化，凡是在上者对在下者的影响以及一定的社会思想、舆论礼俗对受众的作用都应属于此范畴，它不仅是一种思想，还是一种活动。

对教化思想进行系统阐发始于西周，到西汉时期，“教化”一词被赋予了政教风化和德化的含义，是统治者进行思想统治的工具，也使儒家思想在西汉得以复兴，它不仅是一种思想、模式的应用，更是一种政治活动。实施教化是儒家治国方略的核心内容，儒生更偏好从政治角度将“教化”理解为“道德教化”的结果，从根本上看，儒家教化重视人心深处的道德教育，引导民众自觉遵守统治秩序和社会规范，因此要求统治者自身要先发挥好道德示范作用，通过上行下效，自然会对民众产生巨大的导向作用和感化力。也就是说，以传统儒家的观点论之，德治与教化，或者说道德感化与道德教育，都是同等重要的，从这个角度来说，教化是德治的同义语。当代学者黄书光在《中国社会教化的传统与变革》一书中指出，中国历史中存在的“教化”是一种权力性的概念，各种学派之间的争鸣，实质上是为了实现其学说所主张的政治愿景，而随之展开的一种权力争夺。实际上，统治者实施的各种尚贤使能的教化措施，包括选士、任官、嘉奖在内，因对社会有示范和诱导作用，其政治性与权力性是不言而喻的，乃至是能对民众的思想和行为产生一定影响的政策、观念和教化举措，尤其是君王和各级官员的以身作则，都具有政治作用，这也是教化的内涵之一。

① 荀子集解．王先谦译注［M］．北京：中华书局.1988：324.

② 班固．汉书［M］．北京：中华书局.1962：2504.

俞吾金教授说过："就本质上而言，一个刚出生的婴儿是一个自然存在物，但其必然要发展为社会存在物，也就是说，要在社会中生活，要转换为一名社会成员，也就必然要接受教化。教化的过程离不开语言作为中介，因此，教化的过程又必然包含着学习语言的过程。在语言的传授中，又往往包含着一定的意识形态导向。所以从这个角度来看，教化的过程与接受意识形态的过程又是同一的。从这个意义上讲，意识形态并非空洞说教，它是自然存在物转化为社会存在物的关键，是在社会中生活的许可证。只有经过教化而认同某种意识形态，才会进而认同该种意识形态所主导的社会生活。"① 上述种种说法都体现了中国语境下的教化必然包含着某种政治意味。此外，西方哲学中也存在"教化"的传统，对其加以考察，可以对教化的内涵有更深刻的把握。

在西方哲学史上，首先对"教化"一词做出最完整阐释的要属黑格尔，黑格尔在《精神现象学》中详尽地阐发了其对"教化"的理解。他说："教化是自然存在的异化"②，"教化乃实体的在思维中的普遍性向现实性的直接过渡，也就是说，自发性的教化运动也就是自身向普遍对象性的本质发展的过程，是实体性的某种简单魂魄，在这个简单魂魄的帮助下，自在性的存在物才能够被承认、成为特定的存在物，从而实现其向现实世界的某种转化"。③ 黑格尔认为："教化的意思显然就是自我意识在它本有的性格和才能的力量所许可的范围内尽量把自己变化得符合于现实。"④ 黑格尔从唯心主义立场出发，将"教化"看作是不断地获得自我意识的活动，

---

① 俞吾金．意识形态论［M］．上海：上海人民出版社，1993：2-3.

② ［德］黑格尔．精神现象学（下卷）［M］．贺麟，王玖兴，译．北京：商务印书馆，2009：42.

③ ［德］黑格尔．精神现象学（下卷）［M］．贺麟，王玖兴，译．北京：商务印书馆，2009：43.

④ ［德］黑格尔．精神现象学（下卷）［M］．贺麟，王玖兴，译．北京：商务印书馆，2009：44.

是“客观精神”不断外化的结果。从辩证法的角度来看，黑格尔确实揭示了教化的基本原理，这是值得肯定的，但是黑格尔把这种自我意识视为“客观精神”的外化，看作一种纯粹的主观的精神运动，就陷入唯心主义的汪洋之中了。此外，黑格尔还说道：“个体在这里赖以取得客观校准和现实性的手段，就是教化。”[①]在所谓的“自我意识”完成异化过程之后，“它就变成为具有普遍性的事物，而它的这个普遍性也是它的校准和现实性”。[②]黑格尔告诉我们，一个人在社会中越是能从个别性状态向普遍性状态提升，即在社会中接受的教化越多，他在该社会中就越具有现实力量。换言之，一个人越是对某种意识形态认同，他在以这种意识形态为主导的社会中的生活就越是得心应手。黑格尔之后，马克思明确指出，个人在社会中所获得的自我意识，其在本质上就是意识形态。马克思说：“人不是抽象的蛰居于世界之外的存在物。人就是人的世界，就是国家、社会。”[③]因此，个体要成为一个社会中的成员并成功地获得社会成员的资格，就必须能够适应特定社会的社会生活。个体并不是天生就是他所应是的样子，而要成为他所应是的样子，成为一个社会中的合格成员，就要从原初的自然状态的个体，接受普遍性的教化而最终转变成为特定社会中的具体个体。这样的具体个体既蕴含着个体的特殊性，即“个性”，同时又能参与到共同的社会生活当中，从而体现出某种普遍性，这样的过程就是教化。伽达默尔也认为，教化在一般本质上而言，就是使个体超越自身，上升为一种普遍性存在的过程，他认为沉溺于个体性是未受教化的一种表现。“教化作为

① ［德］黑格尔．精神现象学（下卷）［M］．贺麟，王玖兴，译．北京：商务印书馆，2009：42.

② ［德］黑格尔．精神现象学（下卷）［M］．贺麟，王玖兴，译．北京：商务印书馆，2009：42.

③ 马克思恩格斯选集（第1卷）［M］．北京：人民出版社，1995：1.

向普遍性的提升，乃人类的一项使命，它要求为了普遍性而舍弃特殊性。”① 从实质上看，伽达默尔在这里是要求抑制个体的欲望，进而借以摆脱欲望对象对个体自身的控制，而转变为个体对欲望对象的完全驾驭。伽达默尔称之为“极其深刻的精神转变”②，正是在这一转变过程中，个体完成了由自然存在到理性存在的飞跃，由个体状态的自然人转变为普遍状态的理性人。此外，伽达默尔还认为教化是一个持续性的过程，处于不断的发展之中。

通过比较，中西方对“教化”的诠释确有相通之处，不论是中国式“上所施，下所效”的“教化”，还是西方哲学中产生“极其深刻的精神转变”，都强调了一点，即教化事实上是一定的意识形态通过某种渠道，使对象所接受，并使其在意识和行动方面有所转变的过程。这一过程不是自发的，而是由某种力量所主导的，是一种有意识的主动传播过程，只不过中国传统教化倾向于将这一过程看作是自上而下的传导，西方传统的教化则更强调从社会向个体的传播和影响。

1.5.1.2 本书对教化的界定

“教化”作为一个历史范畴经过上千年的积累演化，在不同的历史时期表现出不同的价值取向，通过上述对中西方教化内涵的探究，本书认为教化不仅是一种单纯的手段或行动，更为重要的是作为一种社会控制的权力而存在。它不同于文化权力或政治权力，而是在两者相互调和的基础上所形成的权力类型。从形式上看，教化是一种非暴力性的、隐性的疏导型

---

① [德]汉斯－格奥尔格·伽达默尔．真理与方法[M]．洪汉鼎，译．上海：上海译文出版社，2004：15.

② [德]汉斯－格奥尔格·伽达默尔．真理与方法[M]．洪汉鼎，译．上海：上海译文出版社，2004：15.

权力形态；从内容上看，教化通过意识形态传播的一系列具体方式来达到社会控制的目的；从功能上看，教化在调和社会矛盾（包括阶级矛盾）方面具有特殊的功能和作用，它对于现代社会治理和人们道德水平的提升，尤其对于建立和谐社会的目标有一定的积极功能。显然，教化的内涵已不能用单纯解释词语的方式来界定，而是应当将教化看作是具有丰富文化内涵的社会现象与历史发展的过程。本书中教化概念的内涵可以从如下三个层面进行理解，它们共同构成了教化的完整内涵。

第一个层面理解教化，它首先是一个政治教育过程。这是由于教化在其发展演变的历史中，逐步与政治取得了联系，并逐渐融为一体。至此，教化大部分时候是作为一个具有政治意义的概念而出现的，从目的或功能的视角切入，可以认为教化就是为了稳定统治秩序和社会安定，为政权的巩固而存在并实践的。在汉代，自王朝成立之初，就有大批的儒学名士探寻前朝兴亡的经验教训，希望从中得到长治久安之策，借以维护本朝政权的稳定。他们普遍认为，虽然王朝的建立是依赖军事上的成功，但治理国家不能仅仅依仗武力刑罚，更为重要的是要教化百姓，这样才能维护合理的社会秩序，进而稳固政权统治。这种思想在肯定政权巩固要有赏有罚的基础上，更偏重教化作为治国策略的政治效果，这也是吸取秦朝速亡教训得出的重要结论。在此背景下，董仲舒系统地提出其教化思想，并为汉武帝所认可和采纳，在实践中形成一套操作机制，进而作为一种统治术而被后代封建王朝继承，深刻影响着古代政治与文化的走向。总之，教化首先是一个政治教育过程，它的存在与政治实践密切相关。

第二个层面理解教化，它还是一个德育过程。教育风化和行为感化是教化所包含的两层含义，不仅包括通过对民众进行政治道德教育来引导其思想和行为，还包括通过统治者的自身言行来感化民众从而进行教化。所以教化一方面强调道德教育，强调通过主动学习和意志灌输，引导普罗大众遵守社会规范以及统治阶级的正常秩序；但更重要的一个方面是强调统治阶级，特别是君主要以身作则，成为道德楷模，为民表率，从而以自己的德行感化百姓，引导民众。只有这两个方面同时起作用，才能保证政权的巩固和统治秩序的稳定。但也正是因为教化所包含着的这种较为明显的德治意蕴，导致在历代的社会教化实践中，教化的后一层含义，即要求统治者以身作则的意义往往被有意地忽略或回避，特别是专制暴君，很少主张教化，这正是由于教化思想中包含着要求统治者以身作则的德治意义。

第三个层面理解教化，它还是一个社会化过程。在社会学视角下考察，教化类似于社会化，即指向国家的政教风化，是国家的政治伦理措施。这种政治伦理措施以建立一种稳定的社会秩序为目的，同时也指向个体的社会化过程。在个体社会化的进程中，“其社会化的前提条件，是自然人转变为社会人的过程。人自出生后，就需要向社会人转变，因而需要接受不同方面的社会思想、社会意识，通过家庭、社区、学校的教育感染，了解、掌握相关的社会规范，进而彻底转变成为服务于社会群体的合格社会人角色”。[①] 人类借助于生物遗传及文化教育而繁衍生息，人类的繁衍并非是一个简单的生物复制过程，而是通过在一定文化环境中的生活参与，使不成熟的个体逐渐变得成熟，并成为特定文化环境中的适应者和参与者。在社会化的层面上理解教化，又可以分为三个角度：首先，就教化的对象而言，是包括全体社会成员的。教化包括学校教化和社会教化在内，这决定了它的对象是社会中所有的成员，在封建社会中上至君王自身，下至百姓民众。其次，教化作为社会化的一种手段而存在。教化就是经由有效的教化途径、教化形式，使社会民众认可并遵从统治阶级主导的政治道德等方面的伦理规范体系。作为社会化手段的教化，其直接指向就是秩序和规范：教化一

---

① 张光博．社会学词典［M］．北京：人民出版社，1989：507.

方面可以稳固社会生活的基本秩序，另一方面也使社会成员接受必要的政治道德规范，进而巩固阶级统治。教化的形式包括推行礼教、传播伦理规范、劝善惩恶、示范表率等旨在改良社会风俗的教化性制度举措，这些教化措施也就构成了教化的系统性。再次，教化的社会化在内容上分为道德的社会化和政治的社会化。其中道德的社会化是在社会互动的基础上，通过对伦理道德规范的学习，将道德价值内化，逐步培养社会成员道德情操的过程；而政治的社会化是在接触和学习的基础上，经由意识形态的内化，从而培养政治认同的过程。教化强调的是对政治道德思想的灌输，特别是由政府和社会组织所主导的政治道德教育，但受传统文化中教化的德治意义影响，政治的社会化往往被道德的社会化所取代。

1.5.2 教化与思想政治教育的关系

随着近些年社会主义和谐社会目标的提出，古代社会中的教化又重新被人们所关注，当代思想政治教育的视野也拓展至古代的教化领域。我们当前所说的思想政治教育，是中国共产党在马克思主义科学原理的基础上，在长期革命和改革的实践中发展出来，并结合现当代我国现实国情而建立的一套教育社会化体系。事实上，我国的思想政治教育实践并非今天才出现，在中国几千年的发展过程中，早已形成发达而完备的具有中华文化特色的思想政治教育模式了。作为对中国思想政治教育历史的一种继承和发展，当代的思想政治教育也必然内在地包含着古代思想政治教育的合理内容。

教化不曾一日离开过人们的生活，那么古代教化与当代思想政治教育之间究竟是什么关系？在此问题上，学界大多认同教化与思想政治教育之间具有某种关联性，但在具体关系的认识上，迄今为止主要有两种观点：一种意见认为古代教化就是思想政治教育在古代的一种历史形式。理论界普遍认为古代教化就是古代的思想政治教育，从阶级社会开始，思想政治教育作为一种实践活动就已经存在，历史上的不同阶段，统治阶级为了自身的政治利益和统治地位，都在不同程度上进行着思想政治教育的实践，但在规范的名称方面，各个历史时期有所不同，罗洪铁、董娅认为“这方面的工作在我国古代叫作‘教化’‘德治’‘心治’”。[①] 持类似观点的还有沈壮海的《思想政治教育有效性研究》、陈秉公的《思想政治教育学原理》以及李合亮的《思想政治教育探本》等。另一种意见认为古代教化只是思想政治教育的一种方法。如郑永廷从强调方法论的意义上阐释教化概念，指出教化作为一种方法，是古代思想政治教育的一种手段，也可以称之为“教化方法”，“中国古代思想政治教育的方法，应首推教化方法，教化方法源远流长”，[②]“中国古代的教化，是一种有组织有目的的思想政治教育，是一种‘上施下效’的教育活动”。[③] 除郑永廷主编的《思想政治教育方法论》外，持这一观点的作品还包括教育部社会科学研究与思想政治工作同组主编的《思想政治教育方法论》，陈万柏、张耀灿主编的《思想政治教育学原理》等。此外，祖嘉合在《思想政治教育方法论教程》一书中，在“古代思想政治教育”这一术语的框架下列举了很多古代的思想政治教育方法，并认为这些方法可以达到教化的功能，也就是在效果意义上使用了教化一词，从而与思想政治教育之间形成了一对因果关系的范畴。还有论著以“道德教育”或“政治教育”的提法使得古代的教化资源与当代思想政治教育取得某种关联，如郭渐强的《儒家道德教化与政治社会化》、胡静的《儒家道德教化现象之分析》以及张锡勤的《试论儒家的教化思想》等。

---

① 罗洪铁，董娅．思想政治教育原理与方法基础理论研究［M］．北京：人民出版社，2006：21–22.

② 郑永廷．思想政治教育方法论［M］．北京：高等教育出版社，2011：32.

③ 郑永廷．思想政治教育方法论［M］．北京：高等教育出版社，2011：32.

本书认为，古代教化就是我国当代思想政治教育的古代类型，两者都是中国思想政治教育活动在不同历史时期所表现出的不同形态。其同一性表现在作用、功能等方面，其相斥性表现在指导思想和基本内容等方面。总体而言，两者都是一种政治社会化模式，古代的教化作为特定历史时期的社会化模式，就是指思想政治教育，其在古代社会特定历史条件下的作用，类似于当代思想政治教育对于现今社会而言的作用，它是一种权力主导型的社会化制度系统和思想体系，主要作用在于道德的社会化和政治的社会化。正如我们今天的思想政治教育一样，古代教化也是一个复杂而完备的有机整体，是一个规范运行的系统，其运作过程包含着主导思想、运作程序、方法制度等要素，从而构成一种思想政治教育模式。总而言之，对我国古代的教化思想，特别是其中最具代表性的西汉董仲舒教化思想进行深入挖掘，必然有助于当代思想政治教育的理论完善与实践发展。

1.5.3 汉代教化情况概述

汉代是我国封建社会教化正式兴盛的历史时期，这已成为学界定论。从汉初史实来看，儒家教化的确立源于两个基本现实：一是秦朝的短命而亡。秦朝不重儒家道德教化，忽视人心向背，以法为教，以吏为师，实行文化专制，焚书坑儒。“非博士官所职，天下敢有藏《诗》、《书》、百家语者，悉诣守、尉杂烧之。有敢偶语《诗》、《书》者弃市。以古非今者族。吏见知不举者与同罪。”[①]秦的严刑酷法，虽在表面上控制了政治形势，但最终导致政权的迅速灭亡。二是汉初的现实。汉初七十年采用道家治国学说之后，虽出现“文景之治”的繁荣局面，但长期的无为而治也导致了

① 司马迁 . 史记［M］. 北京：中华书局 .2014：325-326.

社会的逐步失控，社会出现贫富分化严重、人伦道德滑坡等现象，为巩固政权，西汉政府必须选择新的治国学说。从这个角度来看，董仲舒的教化思想被西汉政府采用是一种历史的必然，也正是从董仲舒开始，教化由单纯的道德教育提升到治国安邦的高度，成为一种重要的政治活动，教化从此具有深刻的政治内涵。在汉代社会中，教化作为一种重要的辅政手段，从教化思想的萌芽到应用实践，再到影响各项国家政策的制定，最后发展到其影响力超过国家既定政策，既涉及国家行政管理的各个层面，又与百姓生活息息相关，成为影响政治决策的重要因素。汉以后，历代封建统治者更多地试图以教化为要务，达到影响民心、统治民众的目的，至清朝鸦片战争之前，通过历代王朝教化经验的总结、流传与改进，已经形成了从中央到地方、官方组织与非官方组织同时并进、形式多样的教化网络。

在汉代儒生看来，教化与国家社稷具有同等重要的意义，属于一种治国方略。董仲舒认为“南面而治天下，莫不以教化为大务”①。与国家强制推行的各项政策措施不同，教化的实施没有强制性，而是以一种温和的潜移默化来实现教化。在具体途径方面，除言教外，还需统治者的身教，以做到言行一致，实现上行下效，举国一致。也就是公孙弘所谓的“教化之行也，建首善自京师始，由内及外”②。此外，汉代学者普遍认为，坚实的经济基础是实施教化的前提。“食足货通，然后国实民富，而教化成。”③无论是西汉前期还是东汉前期，都是直到社会经济形势基本稳定、百姓普遍获得基本的生存保障后，统治者才将教化提上议事日程。昭帝时召开盐铁会议，讨论“教化之要”，贤良文学们一致主张“愿罢盐、铁、酒榷均

① 班固.汉书［M］.北京：中华书局.1962：2505.

② 班固.汉书［M］.北京：中华书局.1962：3620.

③ 班固.汉书［M］.北京：中华书局.1962：1136.

输官，毋与天下争利，视以俭节，然后教化可兴”[1]。大约在东汉光武帝末年到章帝初年之间，班固也提出：“今海内更始，民人归本，户口岁息，平其刑辟，牧以贤良，至于家给，既庶且富，则须庠序、礼乐之教化矣。”[2]这都体现了儒家传统的“富而后教”思想。

就教化的实施而言，汉代教化是儒家思想社会化的过程。西周政教合一、官师合一的传统对两汉时期的政治有很大影响，通过统治者身体力行的提倡，各级官吏施以有效的教化形式，使广大民众接受儒家忠、孝、仁、爱等伦理思想，进而促使民众自觉遵守并深化为内心的道德信念，从而维护社会的稳定。就实施对象而言，汉代教化面向整个社会，此前的受教对象仅仅是学生，而汉代教化的受教对象则是两汉社会的所有成员，包括最高统治者、太子诸侯王、政府各级官吏，也包括官学、私学中的学生，以及广大的普通民众。就实施的方法体系而言，汉代教化的推行主要靠国家、学校、社会和各级官吏，相比之下，不像先秦时期那样只通过学校，除学校教育外，设官、察举、表率示范、神道设教等也都是推行教化的有效方式，这些方式运用得当与否，直接影响教化的效果，对社会稳定有重大意义，本书写作的目的也正在于此。通过对董仲舒教化思想的剖析，呈现出儒家教化史上具有里程碑意义的一段精彩历程，可以使我们清晰地看到董仲舒教化思想对汉代社会乃至后世整个封建时期的社会、政治、学校教育及官员选拔升迁等方面的重要影响，有助于更好地把握古代社会基本道德规范和民族文化心理形成过程中的关键一步，也为研究董仲舒思想提供了一个崭新的视角。

总之，本书将始终以马克思历史唯物主义观点为分析工具，以董仲舒

---

① 班固 . 汉书［M］. 北京：中华书局 .1962：1136.

② 班固 . 汉书［M］. 北京：中华书局 .1962：233.

教化思想为研究对象，多层次展示其学说全貌，以期通过研究与探讨，为当代中国思想政治教育工作提供可行的借鉴与帮助。虽然行文中竭力避免内容重复，但为了研究方便与布局均衡，本书还是对某些重点问题在不同章节均有所提及或论述，虽然侧重点或详略有异，但难免有重合交叉之嫌，敬请各位专家谅解。

2 董仲舒教化思想的形成

董仲舒的教化思想形成于西汉初年，这一时期在经济、政治及文化上均表现出一定的特点。思想的形成与思想家所处的时代密不可分，时代的变迁促成思想的形成，思想家的思想与活动随着时代的变革而产生律动。虽然思想家最伟大之处就在于他的思想具有对其生存时代的超越性，但这种超越不是无限度的，而必定是以他的时代为背景的。正如黑格尔所言："没有人能够真正地超出他的时代，正如没有人能够超出他的皮肤。"① 除此之外，任何一个思想家当他着力从学理上建立一种制度构想时，必然是为了解决现实中的问题，这也决定了时代背景是研究董仲舒教化思想不可回避的前提。董仲舒作为一名有着强烈救世情怀的儒家士人，其从理论到实践的努力都是为了使自己的思想主张得到实行，结束长期以来的混乱局面，建立一个和谐有序的理想社会，其教化思想的形成和发展都是汉初社会大背景下的产物，当然这种思想的产生还需要充分的理论基础作为支撑。在西汉"独尊儒术"的政策下，董仲舒的教化思想在西汉王朝得以全面展开，

① [德]黑格尔.哲学史讲演录（第1卷）[M].北京：商务印书馆，1959：57.

本部分将对这些内容分别进行考察。

2.1 董仲舒教化思想的时代背景

思想家的理论和思想虽然离不开其主观思辨，但仍有其产生的现实基础，其直接来源必定是社会现实，是对其生活时代的独立思考与反思应对，也正是因为这样，理论才具有生命力，这样的理论也才会随着时代背景的变迁而不断调整和发展自己。当然，董仲舒教化思想的提出，并非基于对汉代现实状况素描式的记叙，而是针对现实中存在的社会问题，结合既有知识，进行研究反思而得出的治理对策，是伴随着汉初经济、政治、文化的发展而出现的一套系统理论。另一方面，正是西汉初年社会发展中出现的种种曲折与坎坷，促使董仲舒从教化的角度进行思索，进而提出其教化理论。因此，对汉初经济、政治及文化环境的把握有助于更好地理解董仲舒的教化思想。

2.1.1 汉初经济环境

西汉王朝在建立初期，社会混乱残破之状无以复加，秦朝的一系列暴政以及楚汉战争的消极后果在社会中持续蔓延。面对这种凋敝的社会形势，以刘邦为代表的汉初统治集团确立了道家“无为而治”的治理思路，采取休养生息、与民休息的政策，试图以简化繁，化解复杂的社会矛盾。从实际效果来看，基本达到了统治者的预期，不仅社会经济呈现出复苏和发展的趋势，而且使人民由于长期战乱而造成的心灵创伤得到平复，从而稳固了政权，这都为教化的施行打下了坚实的基础。

2.1.1.1 汉初经济的恢复与发展

在汉初“无为而治”思想的统领下，社会经济取得了较大的发展，这首先表现在农业领域的恢复。“在一切社会形式中都有一种一定的生产决定着其他一切生产的地位和影响，因而它的关系也决定着其他一切关系的地位和影响。”[①] 在中国古代，无论是原始社会、奴隶制社会还是封建社会，土地都是人民赖以生存的基本物质资料，而农业与土地之间天然的联系，又使农业生产成为中国古代国家经济的命脉。甚至纵观整个世界文明的发展，农业在古代社会经济体系中都是占有绝对支配地位的，“农业是整个古代世界的决定性的生产部门”[②]，特别是以土地私有制为基础的封建经济建立之后，农业对国家政权的稳固更是具有举足轻重的作用。汉初统治者在农业领域进行了一系列卓有成效的调整，包括采取轻徭薄赋的赋税政策和重农抑商的措施、提供充足的农业人口以及大量的可耕作土地、通过改进农业生产工具以提高生产效率和生产水平等。在此基础之上，受到战争破坏的农业生产得到极大的恢复，以土地私有制为基础的封建经济形式得到巩固和发展。

汉初“无为而治”的统治思想在农业领域首先表现为赋税政策的调整。汉初的赋税征收采取中央与地方分别征收的原则，上至中央朝廷，下至地方诸侯，都可以征收税赋，“高祖时诸侯皆赋”[③]。但地方诸侯征税须按照中央规定的税目和税率征收，税赋的征收标准是“量吏禄，度官用，以赋于民”[④]。首先是针对成年人征收的人头税——算赋，在汉高祖刘邦时初定为一百二十钱，到汉文帝时，已经降为四十钱，减少了三分之二，这极大地促进了劳动人口的增加，适应了农业发展的要求。其次，是关于汉

① 马克思恩格斯选集（第 2 卷）［M］. 北京：人民出版社，1995：24.

② 恩格斯 . 家庭、私有制和国家的起源［M］. 中共中央马克思恩格斯列宁斯大林著作编译局，译 . 北京：人民出版社，2003：155.

③ 司马迁 . 史记［M］. 北京：中华书局 .2014：2559.

④ 司马迁 . 史记［M］. 北京：中华书局 .2014：1712.

代的主要税赋——田租。在汉初七十年里相继经历了汉高祖的“轻田租，什五而税一”①，到汉文帝时期免除田租，再到汉景帝时期恢复田租，并定为“三十税一”，在经历了这些变化之后，“三十税一”逐渐成为田租定率。②汉初在税赋政策上的轻徭薄赋不仅促进了封建农业经济的恢复与发展，而且缓和了阶级间的矛盾，使人民大众安居乐业。在调整税收政策，从而直接促进农业发展的同时，汉初统治者还采取重农抑商的策略间接鼓励农业生产。高祖刘邦最早认识到商业的过度发展对社会经济的不利影响，因而“令贾人不得衣丝乘车，重租税以困辱之”。③汉惠帝坚持这一政策，并且规定商人家族的后代子孙不得入仕从政，从而进一步抑制商业行为的发展。尽管如此，商业活动的高额利润仍然吸引着人们投身于此，到汉文帝即位之时，商业活动日益兴盛，汉文帝相继采纳了晁错、贾谊等人的重农抑商之道，鼓励以农业致富为本，以从商致富为末，“与时俯仰，获其赢利，以末致财，用本守之”④。

汉初统治者在社会经济领域的上述诸项政策从外部促进了农业生产的恢复和发展，而在经济领域内部，汉初的统治集团同样不遗余力地进行着变革与调整。由于当时生产力的发展还处在一个比较低的水平，汉代农业以精耕细作为特点，这种精耕细作的农业生产又以充足的农业人口以及大量耕地的存在为前提，但经历了秦朝暴政与楚汉战争的汉初社会建立在一片废墟之上，“汉兴，接秦之敝，诸侯并起，民失作业而大饥馑。凡米石五千，人相食，死者过半。高祖乃令民得卖子，就食蜀、汉。天下既定，

---

① 班固.汉书［M］.北京：中华书局.1962：1135.

② “三十税一”成为田租定率并非限于西汉时期，到东汉时期亦为定制。

③ 司马迁.史记［M］.北京：中华书局.2014：1712.

④ 班固.汉书［M］.北京：中华书局.1962：1161.

民亡盖臧，自天子不能具醇驷，而将相或乘牛车”。[①]战争造成的人口数量减少以及耕地的大量荒芜给农业生产的恢复带来极大的困难。针对此种现实状况，汉初统治者采取了多种措施鼓励农业人口的增长以及可耕作土地的增加。在增加农业人口方面，汉高祖刘邦在汉政权建立后，诏令“兵皆罢归家”[②]，这就通过使军队复员回家的方式，向农业领域释放了大量的劳动力。此外，“民前或相聚保山泽，不书名数，今天下已定，令各归其县，复故爵田宅，吏以文法教训辨告，勿笞辱。民以饥饿自卖为人奴婢者，皆免为庶人”[③]。这就是说，允许原本为躲避战乱而逃离家乡的民众回归故里，并且恢复其原有的土地和身份，沦落为奴隶者都重新赦免为平民，而大量的无主土地也分给平民耕种，这极大地补充了农业领域所需的劳动力，特别是回归故里的士兵，从事农业生产的积极性普遍较高。这些政策也逐步显示出实际效果。“天下初定，故大城名都散亡，户口可得而数者十二三。是以大侯不过万家，小者五六百户。后数世，民咸归乡里，户益息，萧、曹、绛、灌之属或至四万，小侯自倍。”[④]可见，汉初人口数量成倍快速增加，从而为农业领域的充足劳动力提供了保障。在增加可耕作土地方面，汉初统治者一方面对原有的耕地资源充分利用，另一方面注重开垦新的可耕作土地以从事农业生产。如汉文帝时期，不仅多次颁布诏令，要求社会经济要以农事为本，而且其常常“率群臣农以劝之”并“亲耕籍田”[⑤]，通过开垦籍田来增加可耕作的农业土地。汉初统治集团通过上述措施解决

---

① 班固 . 汉书［M］. 北京：中华书局 .1962：1135.

② 司马迁 . 史记［M］. 北京：中华书局 .2014：479.

③ 班固 . 汉书［M］. 北京：中华书局 .1962：81.

④ 司马迁 . 史记［M］. 北京：中华书局 .2014：1049-1050.

⑤ 《汉书・文帝纪》云：“夫农，天下之本也，其开籍田，朕亲率耕，以给宗庙粢盛。民谪作县官及贷种食未人、入未备者，皆赦之。……农，天下之大本也，民所恃以生也，而民或不务本而事末，故生不遂。朕忧其然，故今兹亲率群臣农以劝之。其赐天下民今年田租之半。”

了农业人口以及可耕作土地的问题，为农业的发展打下了基础。在增加人口与耕地数量的同时，汉代也注重改进生产工具，从而提高生产效率。在汉初，“文帝之时，纵民得铸钱、冶铁、煮盐”①，官方宽松的政策促进了冶铁技术在汉初的发展，铁制工具得到改良并普及到农业生产领域，铁制工具在农业生产领域的广泛应用，“使更大面积的田野耕作，广阔的森林地区的开垦，成为可能；它给手工业提供了一种其坚硬和锐利非石头或当时所知道的其他金属所能抵挡的工具”②。所以在汉初的农业生产当中，铁制农具成为“民之大用也”，③“铁器者，农夫之死士也。死士用，则仇雠灭；仇雠灭，则田野辟，田野辟则五谷熟”④。总之，以铁犁为代表的铁制农具的改良，伴随着牛耕方式的普遍使用，极大地提高了农业生产的效率，从而促进了汉代农业生产的发展。

在汉初统治集团内外兼顾地调整了农业领域的逐项政策之后，生产力得到极大的恢复和提高，以农业为基础的汉初经济在几十年间不断向前发展，成功地改变了建国初期萧条残破、国库空虚的破败景象，民众安居乐业，社会经济稳步前进，出现“文景之治”的盛世图景，在经济繁荣基础上的封建统治得到有效巩固。这种局面延续到汉武帝时期，“国家无事，非遇水旱之灾，民则人给家足，都鄙廪庾皆满，而府库余货财。京师之钱累巨万，贯朽而不可校。太仓之粟陈陈相因，充溢露积于外，至腐败不可食。众庶街巷有马，阡陌之间成群，而乘字牝者傧而不得聚会。守闾阎者食粱肉，为吏者长子孙，居官者以为姓号。故人人自爱而重犯法，先行义而后

① 盐铁论 . 陈桐生译注［M］. 北京：中华书局 .2015：17.

② 恩格斯 . 家庭、私有制和国家的起源［M］. 中共中央马克思恩格斯列宁斯大林著作编译局，译 . 北京：人民出版社，2003：169.

③ 盐铁论 . 陈桐生译注［M］. 北京：中华书局 .2015：135.

④ 盐铁论 . 陈桐生译注［M］. 北京：中华书局 .2015：22.

绌耻辱焉”[①]。经济日趋繁荣，人民生活开始富裕，这种经济的变化与发展，使思想家从事教化活动成为可能，这些都为董仲舒教化思想的产生提供了经济基础。

2.1.1.2 汉初经济领域存在的问题

在汉初社会经济恢复与发展的同时也存在着一些问题。首先，汉文帝虽被赞节俭[②]，然“未央前殿至奢，雕文五采，尽华榱壁珰，轩槛皆饰以黄金，其势不可以书囊为帷。奢俭好丑，不相副侔”[③]。皇帝如此，官员民众也纷纷效仿，富豪商贾更是奢华无度。汉初虽然重农抑商，但随着社会经济的恢复，商业在文帝时有了很大的发展，这也造成当时社会中交朋结友或婚姻嫁娶都喜攀富贵的不良风气。“取富嫁子，非有权势，吾不与婚姻；非有贵戚，不与兄弟；非富大家，不与出入。因何也？今俗侈靡，以出相骄，出伦逾等，以富过其事相竞。今世贵空爵而贱良，俗靡而尊奸富，民不为奸而贫，为里骂；廉吏释官，而归为邑笑；居官敢行奸而富，为贤吏；家处者犯法为利，为材士。故兄劝其弟，父劝其子，则俗之邪至于此矣。”[④]其次，随着社会财富的增加，贫富差距也进一步拉大。汉文帝时，晁错曾上书认为，以农民为代表的弱势群体在土地兼并的背景下，承受着来自地主和富商的双重剥削，加之时有发生的自然灾害，个体小农的生活日益窘迫，这是关系到国计民生的重大问题。另外，文帝时期的贾谊针对一些富商家族的衣食排场超过皇室规格的现象，也痛切陈词。这都表现出由于商人财富的膨胀所造成的贫富差距不断拉大等问题，富商阶层往往与地方诸

---

① 司马迁 . 史记［M］. 北京：中华书局 .2014：1714.

② 班固 . 汉书［M］. 北京：中华书局 .1962：120.

③ 应劭 . 风俗通义校注 (上). 王利器校注［M］. 北京：中华书局 .2014：61.

④ 贾谊 . 新书校注 . 阎振益、钟夏校注［M］. 北京：中华书局 .2000：77.

侯相互勾结，逐渐演化为与统一政权相对抗的分离势力。《史记·平准书》中记载了汉武帝前期的盛况，但也记载了同时存在的一些社会问题："网疏而民富，役财骄溢，或至并兼豪党之徒，以武断于乡曲。宗室有士公卿大夫以下，争于奢侈，室庐舆服僭于上，无限度。物盛而衰，固其变也。"① 连年对匈奴的战争，又筑朔方城，使得武帝时期"费数十百巨万，府库益虚"②。

总之，汉初经济上实行与民休息使得社会财富大大增加，但真正富裕的还是地主豪强、诸侯贵族和商贾，广大农民仍处于相对贫困之中，所以经济上的矛盾和斗争还是很激烈的。汉初社会经济的复杂状况，也让董仲舒觉得汉王朝在某种程度上是在延续秦朝的道路，他指出："今汉继秦之后，如朽木、粪墙矣，虽欲善治之，亡可奈何。法出而奸生，令下而诈起，如以汤止沸，抱薪救火，愈甚亡益也。"③ 董仲舒对此进行了深入的思考，认为当务之急就是要利用教化在全社会推行儒家伦理道德以提高人性修养，形成社会规范，从而稳固王朝统治。

2.1.2　汉初政治环境

马克思主义唯物史观认为，经济的发展必然要求建立一套与之相适应的上层建筑，人类历史的发展也证明了这一点。通过汉初在经济领域的恢复与发展不难发现，这种经济领域的改革是在统治阶级的主导下，由上而下展开的，这就必然涉及中央的各项举措能否在全国范围内顺利落实的问题，也就是政令是否通畅的问题。基于农业经济领域的生产大发展，政治上必然要求有一套与之相适应的上令下行的统一政治模式，这也正是汉初

---

① 司马迁 . 史记［M］. 北京：中华书局 .2014：1714.

② 司马迁 . 史记［M］. 北京：中华书局 .2014：1716.

③ 班固 . 汉书［M］. 北京：中华书局 .1962：2504.

几代统治者在政治领域的不懈追求。

2.1.2.1 汉初政治的恢复与发展

关于封建集权专制体制在汉代的发展，不得不提及秦王朝的政治状况。公元前221年，秦国征服六国，建立了统一的封建王朝，从而结束了自春秋以来在政治上的混乱局面。自此，在政治体制层面，封建集权制的专制制度也开始活跃在中国历史之中。秦帝国所采取的这样一种统一集权体制，向世人展示了自身强大的威力，在幅员辽阔的帝国版图之中，封建政治家的野心得到了极大的满足，“普天之下，莫非王土”①的政治理想也得到了实现。从政治体制内部来看，以“郡县制”和“三公九卿”为基础的一系列政治制度将国家权力系于封建帝王一身，既强化了君主权力，又加强了政治权力对整个社会的控制力，可以使秦王朝在短时期内迅速聚集起强大的社会力量，完成诸如长城、秦始皇陵等一系列令后人都惊叹不已的巨大工程。这种新出现的强大政治形态是以往历史中所不曾见的，李斯等人说道：“昔者五帝地方千里，其外侯服夷服诸侯或朝或否，天子不能制。今陛下兴义兵，诛残贼，平定天下。海内为郡县，法令由一统，自上古以来未尝有，五帝所不及。”②这种专制主义政治制度的强大，以及集国家大权于一身的集权特点，使中国历代封建王朝的统治者都乐于采取这种制度。

从西汉初年的政治局面来看，这种形成于秦帝国的中央集权专制主义政治形态遭受很大的挑战，从统治的领地来看，汉高祖时中央直接统治的地区不过十五郡，仅占全国土地的三分之一，边患时起，加上各诸侯国的

---

① 诗经．程俊英译注［M］．上海：上海古籍出版社，2012：227.

② 司马迁．史记［M］．北京：中华书局．2014：304.

挤压，中央所统治的领地经常受到威胁。更为严重的是君主政治权力的控制力在这一时期严重地弱化了，汉初以黄老之学为治国指导思想，所谓“黄老之学”，是借黄帝之名，取老子之学，兼采各家的一种综合性学术思想，其术主守道任法，无为而治。如前所述，黄老之学之所以成为汉初的统治思想，是因为清静无为的治国之道适应了当时社会经济发展的需要，但清静无为的黄老之学实际上弱化了君权和中央的政治干预能力，致使统一的中央政权和政治格局时刻面临着来自羽翼逐渐丰满的地方势力的挑战。这种混乱的政治局面与当时统治者渴求加强集权的政治愿望显然背道而驰。高祖大封同姓王的本意是打击异己，巩固自己的权力，但这种做法的结果却是给以后的几代统治者留下了更多需要解决的问题。汉文帝就曾为了加强中央的权力而设法打击对自己造成威胁的诸侯王，文帝六年，淮南王刘长被诬以谋反，后绝食而死，文帝十六年，又分齐为六国，分淮南为三国，以分散诸侯大国的力量。景帝即位后，因“削藩”政策遭到多个诸侯国的反叛，终于在景帝三年时爆发了以吴王刘濞为首的“七国之乱”，这次叛乱最终被镇压，“诸将破七国，斩首十余万级。追斩吴王濞于丹徒。胶西王卬、楚王戊、赵王遂、济南王辟光、菑川王贤、胶东王雄渠皆自杀”。[①]景帝也借此机会痛击了地方分离势力，此外他还将地方诸侯国的行政权及官吏任免权收归中央，赢得军事和政治上的双重胜利。经过几代统治者的努力，地方诸侯国的力量受到了相当大的削弱，但仍然对中央政权具有一定威胁。汉武帝时地方分离势力受到极大打击，但仍留有祸患，地方诸侯“缓则骄奢为淫乱，急则阻其强而合从以逆京师”。[②]为了进一步削弱诸侯力量，主父偃向汉武帝进言：“愿陛下令诸侯得推恩分子弟，以地侯之。彼

① 班固．汉书［M］．北京：中华书局．1962：150．

② 班固．汉书［M］．北京：中华书局．1962：2681．

人人喜得所愿，上以德施，实分其国，不削而稍弱矣。”[①] 主父偃“推恩令”的建议被汉武帝采纳，这一做法也取得了良好的政治效果。除此之外，武帝还连续除去几个势力比较大的诸侯王。“十一月，淮南王安、衡山王赐谋反，诛。党羽死者数万人。”[②] 地方诸侯的力量受到严重削弱，对中央政权难以构成大的威胁，大一统的中央集权专制政治在武帝时得到巩固和加强。

2.1.2.2 汉初政治领域存在的问题

伴随着经济繁荣和政治大一统局面的出现，汉代社会也出现了一些新的问题。首先是刑罚过于严酷。在汉初虽然有高祖的“约法三章”及文景时的废除肉刑、改革刑制等个别举措，但在刑罚领域大体上还是沿袭了秦代的做法，即汉承秦制，“作为大一统专制统治的重大工具，在董氏时代，几乎也可以说是唯一的工具，是继承秦代的刑法。此种刑法之酷，臣民受害之烈，只要一读《汉书·刑法志》及《酷吏列传》，……无不怵目惊心”[③]。班固在《汉书》中也对此状况进行了总结性的叙述：“今郡、国被刑而死者岁以万数，天下狱二千余所，其冤死者多少相覆，狱不减一人，此和气所以未洽者也。”[④] 其次，官吏素质有待提高。汉定天下以后，承袭了秦代“以吏为师”的做法，“吏以文法教训辨告，勿笞辱”[⑤]，“夫吏者，民之师也”[⑥]，可见“教训”民众是官吏的重要职责之一，因此官吏素质的高低对于社会风气的好坏就显得尤为重要。汉初官吏的主要来源是军事将领，文帝时又

---

① 司马迁．史记［M］．北京：中华书局．2014：3585.

② 班固．汉书［M］．北京：中华书局．1962：157.

③ 徐复观．两汉思想史（第2卷）［M］．上海：华东师范大学出版社，2001：183.

④ 班固．汉书［M］．北京：中华书局．1962：1101.

⑤ 班固．汉书［M］．北京：中华书局．1962：44.

⑥ 班固．汉书［M］．北京：中华书局．1962：149.

允许“入粟拜爵”[①]，使得大量商贾入仕，至武帝时，因为对匈奴的战争导致国库空虚，所以决定可以用钱买官。这样的官吏来源不仅难以担负起民众教化的重任，而且造成了“吏道益杂，不选，而多贾人矣……吏道杂而多端，则官职耗废”[②]的现实局面。再次，关于人才与教化。在汉高祖时期，虽然已经对知识分子在治国当中的重要性有所认识，但由于当时政权尚未巩固，战事频繁，不得不重用武将，尚顾不得教化之事，通过兴教化来培养执政人才还不现实；到惠帝时仍然延续着“公卿皆武力有功之臣”[③]的局面；到了汉文帝时期，由于其本身对黄老的无为之学极为推崇，儒家学者并未得到足够的重视；景帝时“不任儒者，窦太后又好黄老之术，故诸博士具官待问，未有进者”[④]。在这一阶段，由于全社会处于休养生息的状态，治国理政人才的缺失表现得并不明显。但到了武帝时期，在社会财富积累之后，必然要求有为政治的施行，这导致对治国人才的需求大增，人才与教化的问题就显得尤为迫切。在汉武帝执政初期，正面临着社会转型，上述问题集中爆发，情势较为严峻。在与诸侯国的关系方面，虽然依靠武力镇压可以打击猖獗的分离势力，但这也非根本之策，加之日益严重的贫富分化现象所带来的各种社会矛盾，都使得政权形势面临着难以预见的动荡。在人才和教化问题上，武帝即位后条件发生了变化，汉初的军功官吏大多已因年老而退出政治舞台，但大一统国家的治理又迫切需要

---

① 汉文帝时政论家晁错提出的一项用粮食换取爵位的制度。自汉初至文帝时期，汉朝的经济有了恢复和发展，出现商人普遍比较富裕、农民普遍比较贫困的情况，与汉高祖时重农抑商政策已然不符，针对这种情况，晁错提出了“入粟拜爵”的政策，被汉文帝采纳，并于公元前 12 年颁布实施。实施以后国家国库充盈，从而减轻了对农民的赋税，降低了农民的负担。商人用粮食换取了爵位，提高了自身的社会地位，农民也因商人需要购买粮食换取爵位，从而使粮价得到了增长，生活水平得到了提高。

② 司马迁 . 史记［M］. 北京：中华书局 .2014：1717.

③ 司马迁 . 史记［M］. 北京：中华书局 .2014：3787.

④ 司马迁 . 史记［M］. 北京：中华书局 .2014：3587–3788.

大批文官的辅助，汉武帝的有为政治更是需要大量的有才能之士加以辅佐，因此人才问题显得极为迫切。

上述所有问题都指向了一个原因，那就是统治思想出现了问题。现实状况促使汉武帝反思黄老无为而治的统治思想是否还适合当时的社会状况。“一般而论，汉初以黄老‘无为而治’思想为指导，这明显是当时历史条件和社会背景下的选择，如果历史条件与背景变了，国家的指导思想也需要发生变化。”① 汉武帝即位后，面临着指导思想和文化政策是沿是革的问题，时代为统治者和思想界提出了新的命题，即何种学说可以成为新的指导思想？对时代命题的解答，还需要考察汉初的思想文化环境。

2.1.3 汉初文化环境

在汉初社会经济政治发展的同时，汉初思想文化领域也出现了学术思想的复兴与发展。董仲舒在《天人三策》中认为，汉初的思想界呈现出“百家殊方，指意不同”② 的局面，这一现象在《史记》中也可以得到证实，司马迁说：“于是汉兴，萧何次律令，韩信申军法，张苍为章程，叔孙通定礼仪，则文学彬彬稍进，诗书往往间出矣。自曹参荐盖公言黄老，而贾生、晁错明申、商，公孙弘以儒显。”③ 这表明在汉初黄老思想统治的几十年里，先秦一些重要学说都不同程度地得到复兴和发展，这是先秦时期“百家争鸣”在汉初的延续。造成这种学术现象的原因有以下三点：首先，汉初文化氛围较为宽松，汉初实行“无为而治”的治国思想，在学术界也较少管制，诸子学说得以自由发展。其次，汉初统治者吸取秦朝对思想界过于压制的教训，不仅在无为思想指导下任由各派思想发展，而且采取积极措施

---

① 杨生民 . 汉武帝传［M］. 北京：人民出版社，200：17.

② 班固 . 汉书［M］. 北京：中华书局 .1962：2521.

③ 司马迁 . 史记［M］. 北京：中华书局 .2014：4009.

促进思想的传播，如汉惠帝四年（公元前 191 年）除挟书律；高后元年（前 187 年）除三族诛、妖言令；孝文帝时（前 178 年）除诽谤法；等等。上述政策改变了秦朝对思想学术的打压做法，营造了一个相对宽松的思想文化氛围，正是在这种环境下，先秦诸子的思想逐步得到恢复发展，并进一步传播[①]。最后，由于汉初地方诸侯国的大量存在与相互竞争，使得在中央之外出现了一批地域性的学术中心，这些学术中心的出现又在一定程度上促进了先秦诸子的复兴与传播。当时一些诸侯王或出于政治野心，或出于个人学术兴趣，往往喜欢招募有影响的思想家，如梁孝王刘武、淮南王刘安、河间献王刘德等人的周围都聚集了一批学者[②]，这都为知识分子的自由流动与思想学说的自由传播提供了良好的社会环境。但复兴并不意味着完全复制先秦时期的学说，伴随着政治环境的转变，这一时期的诸子学说也呈现出与时俱进的特点，主要体现在以下两个方面。

首先，伴随着汉初政治上的统一，思想文化领域也趋于统一，各学说之间呈现出相互融合的特点。在先秦诸子百家复兴繁荣的背后，各家各派也呈现出不同的发展结果，除儒家、道家等个别学派是作为一个整体在汉初得到恢复之外，更多的是各个学派当中的某一思想或某些思想得以延续，往往以融合于其他学派之中的形式得以传承，而其原本所属的学派却已难

---

① 以《尚书》的整理为例。秦始皇采纳李斯“别黑白而定一尊”的建议，下令禁私学，实行文化专制政策，造成秦以前的中国古典文献，除自然科学（医药、种树）及神学（卜筮文献，如《周易》）以外，几乎焚烧殆尽，其中又以儒家的《诗》《书》等首当其冲。伏生是秦朝博士，他为了保存《尚书》，将其藏于墙壁之中，汉定天下之后，孝文帝欲求能治《尚书》者，得知天下唯有伏生能治《尚书》，但伏生年已九十有余，于是伏生口授讲解，由晁错整理，得《尚书》残本二十九篇，成为后来官方承认的定本。从这个事例可以看出，统治者采取的学术宽松政策和支持态度，对于汉初诸子的复兴起到了一定的推动作用。

② 梁孝王刘武好辞赋，“梁客皆善属辞赋”；淮南王刘安崇尚道术，“招致宾客、方术之士数千人”，为其著书立说；而以河间献王刘德为首更是形成了一个儒学中心，“山东诸儒多从而游”。

寻踪迹，这以阴阳家和法家为代表。[①]事实上，早在战国末年，许多学派就都强烈地要求结束百家争鸣的局面，用自己的学说来统一思想，比如《荀子》中的《非十二子》篇和《韩非子》中的《显学》篇等，其中最为成功的尝试当属《吕氏春秋》。《吕氏春秋》是战国末期秦相国吕不韦组织门客编写的著作，全书分为“八览”“六论”和“十二纪”三部分，共计二十余万言，博采各家学说，在汉代被认为是杂家的代表作。《吕氏春秋》成书的目的是企图超出学派门户成见，综合诸子学说之长，给未来的秦帝国制定政治法典，这也是一种统一思想的方案。但是在诸侯割据称雄的时代，这些统一思想的要求只是具有先见之明的思想家对未来局面的憧憬，由于统一的形势尚未具体化，他们的设想也只能停留在设计的阶段。只有在统一帝国已经建立的情况下，思想文化上的统一才作为一个紧迫的现实问题提到议事日程上来。秦第一次实现了大一统的格局，但秦的统一大体上是政治和军事上的，而在思想文化方面，秦帝国的尝试并不成功。汉承秦制，建立了大一统的中央帝国，政治上和思想上的双重需求共同铸造出时代的理论取向，追求思想界的统一也就成了时代的发展趋势。与这种趋势相一致的就是不同学派相互融合的趋向，于是“分久必合，这也成了思想发展的一种必然趋势”[②]。

始于战国末期并成为汉初治国指导思想的黄老之学就表现出这种合流的趋向，司马谈在《论六家要旨》中谈到道家时说：“其为术也，因阴阳之大顺，采儒、墨之善，撮名、法之要。”司马谈所说的道家就是汉初的

① 对比阴阳家，法家在汉初的发展又具有一定的特殊性。秦朝作为中国历史上第一个实现大一统中央集权专制制度的王朝，它采取法家学说作为治国思想，片面崇尚法令，迷信暴力，导致二世而亡。汉初思想家在反思秦亡的教训时，无不把法家学说作为批判的对象，这就直接导致了法家学说的没落。但并不是说法家思想已经消失，在汉初诸子复兴并相互融合的过程中，法家思想被吸收到道家及儒家思想之中，依然对中国古代政治进程产生着深刻的影响。

② 周桂钿．董学探微［M］．北京：北京师范大学出版社，1989：325.

黄老之学，可见汉初的黄老之学兼容并包了儒、墨、法、阴阳等各家思想，成为汇集各家观点的集合体。《淮南子》正是以道家思想为主干，在内容上大量包含儒、法、阴阳等诸家思想，形成庞大的理论体系，也被认为是汉代杂家的代表。《淮南子》所采取的以一家思想为主干，兼收并蓄其他学派合理成分的做法，对董仲舒建构兼容阴阳、法、道的新儒学体系提供了极好的参照，事实上在董仲舒之前，儒学在汉初的发展已经表现出较强的兼容性。以汉高祖刘邦为代表的汉初统治集团不太重视儒家学说，但叔孙通改变了这种局面，他提出“夫儒者难与进取，可与守成”[①]。道出了儒生在巩固政权方面所能起到的作用。在刘邦的支持下，叔孙通制定了一整套朝廷礼仪，在实施的过程中刘邦感受到皇帝的尊贵，并逐步认识到儒生的作用。叔孙通所制定的这套朝廷礼仪已经不同于传统儒家所推崇的周礼，而是根据时代的进步，主动融合了秦仪的部分内容和形式，这已经体现出儒学在汉初关注现实、注重实用性的新趋势。陆贾、贾谊等儒家学者也注重借鉴道、法、阴阳等诸子的合理成分改造传统儒学过于理想主义的缺陷，使儒学越来越关注现实，与政治生活的关系也愈益密切。总之，汉初儒生在复兴儒学方面所进行的不懈努力，不仅为董仲舒实现儒学转型奠定了基础，而且他们博采众家之长以改造儒学的方法也为董仲舒构建新儒学范式提供了思考路径。显然，儒学在汉武帝时获得独尊的地位决不仅仅是凭借董仲舒的一己之力，相反，董仲舒所做的只是顺应汉初思想界相互融合的发展趋势，正如郭沫若所说：“所有先秦以前的诸子百家，差不多全部都汇合到秦以后的所谓儒家里面去了。”[②]

其次，如何“安治天下”成为思想家共同思考的时代课题。春秋战国

---

① 司马迁 . 史记［M］. 北京：中华书局 .2014：3296.

② 郭沫若 . 青铜时代［M］. 北京：中国人民大学出版社，2005：295.

时期，周天子是名义上的天下共主，因此这一时期思想家所关注的焦点是如何建立一个稳定统一的国家，而汉初中央集权的封建专制制度已经确立，这时思想家所关注的重心自然就转移到如何更好地治理国家上来。对此，司马迁总结道：“易大传：‘天下一致而百虑，同归而殊途。’夫阴阳、儒、墨、名、法、道德，此务为治者也，直所从言之异路，有省不省耳。”[①] 各学派的传承者都努力把自己的学说与如何“安治天下”联系起来，这不仅是思想家关注的问题，统治者对这个问题的关注更为迫切。在经历了文景之治后，尽管大一统的中央集权制度已经趋于稳定，但是武帝仍然没有停止对“帝王之道”的思考，他通过“策问”的形式来征集天下“贤良文学之士”的治国良策，并在第二问中提出：“盖闻虞舜之时，游于岩郎之上，垂拱无为，而天下太平。周文王至于日昃不暇食，而宇内亦治。夫帝王之道，岂不同条共贯与？何逸劳之殊也？”[②] 武帝在这里提出两种迥然不同的治国之道，即无为和有为，究竟哪一种才能使“万世之统”传之无穷呢？这表明在武帝即位之时，由于黄老之学已经不适应现实的需要，治国为政之路该往何处去已经成为一个迫切需要解决的问题。董仲舒生逢其时，目睹了上述经济、政治及文化上的新变化，也察觉到其中存在的问题，这就为董仲舒重构儒学体系，实现治国之道从“无为而治”到“有为教化”的转变提供了契机。作为有志于发扬儒家传统治国学说的一代大儒，董仲舒选择顺应时代潮流，发展儒家学说以解决社会问题，从而为封建大一统王朝的巩固做出贡献。

---

① 司马迁 . 史记［M］. 北京：中华书局 .2014：3993.

② 班固 . 汉书［M］. 北京：中华书局 .1962：2502.

2.2 董仲舒教化思想的理论基础

2.2.1 董仲舒的天道观

徐复观认为汉代思想家受《吕氏春秋》中阴阳观念的影响极深，“尤其是董仲舒所受的影响最为深刻，他由此而把阴阳四时五行的气，认定是天的具体内容，伸向学术、政治、人生的每一个角落，完成了天的哲学大系统，以形成汉代思想的特性”①。在董仲舒的哲学体系中，天是最高的存在和最终的范畴，是人世间万事万物的本源，人道应当效法天道，从这个意义上说，董仲舒的哲学就是天道哲学。董仲舒试图构建一个本体性的“天”，从而为其教化理想提供终极根据。余治平认为：“董学是兼蓄内外、圣王之精髓的，是真正的儒家。中国思想史上，董仲舒的特别之处就在于，第一次建构出天的本体系统，并通过天道的阴阳、五行来言性情、释人事，以为现实的政治伦常生活寻求正当性与合理性，而这一切又是在儒学哲学的基础上进行的。应该说董仲舒的努力是相当成功的，他具体地阐述了天人之际的关系结构，有效地证明出天与人相感应、相附和的机制、中介和路径，指出了天人沟通的可能性与现实性。作为帝国内政治哲学和帝王行为指南的董仲舒之学，充分体现儒学面向社会生活、解决现实问题的外王气质。”②

事实上自商周以来就存在天帝与天命信仰，王权的神圣性与合法性都建立于这一天命神权之上。经过春秋时期理性的发展、文化的提升和人文思想的强化，天命信仰逐渐被淡化、削弱。汉代秦后，政权的合法性问题始终没有得到有效的解释，为汉王朝新政权的确立与统治寻找一个至上性

---

① 徐复观. 两汉思想史（第2卷）[M]. 上海：华东师范大学出版社，2001：183.

② 余治平. 唯天为大 [M]. 北京：商务印书馆，2003：3.

依据也就成为思想领域亟待解决的首要问题，所以董仲舒天道哲学的一个重要理论建树就是重新树立了“天”的权威与对“天”的信仰。更重要的是，董仲舒天道哲学对其教化思想具有重要的理论指导意义，即为什么要推行教化、教化的地位如何、教化的内容是什么等都与“天”直接相关，都可以从“天”那里找到依据。

2.2.1.1 董仲舒对“天”的尊崇与诠释

董仲舒不太关注万物的生成过程，而是非常注重论述“天”的本体性。《春秋繁露》中谈论“天”本体性的文字非常多，而谈论“天”如何化生万物的文字却不是很多，董仲舒尊崇本体性的“天”，就是为了让人们信仰它，只要懂得“唯天为大”[①]就可以了，至于万物的生成过程，则不是他所要考虑的内容。董仲舒之所以要树立“天”的权威，是因为这适应了统一王朝现实政治统治的要求，“一般说来，打天下需要破坏被推翻政权的天的保护伞，打消天的权威，消除人们对天这把保护伞的恐惧，然而在建立政权后，就需要凭借天的权威来巩固、稳定社会秩序和思想，建立对天的敬畏”[②]。正由于“天”的这种威慑和影响力，董仲舒认为要加强大一统国家的凝聚力，就要重新恢复对“天”的敬畏，于是他把“天”论证为所有事件与理论的终极根源，“天者，百神之大君也”[③]，“天者，万物之主也”[④]。“道之大原出于天。天不变，道亦不变。”[⑤]“是故仁义制

① 董仲舒．春秋繁露．张世亮、钟肇鹏、周桂钿译注［M］．北京：中华书局．2012：357.

② 张立文．儒教的宗教性问题，儒学评论（第3辑）［C］．中国人民大学孔子研究院编．石家庄：河北大学出版社，2007：19.

③ 董仲舒．春秋繁露．张世亮、钟肇鹏、周桂钿译注［M］．北京：中华书局．2012：536.

④ 董仲舒．春秋繁露．张世亮、钟肇鹏、周桂钿译注［M］．北京：中华书局．2012：537.

⑤ 班固．汉书［M］．北京：中华书局．1962：2516.

度之数，尽取之于天。”[①] 这就把“天”的地位无限拔高，也为教化提供了合法性支持，最终把儒家教化神圣化、权威化。《春秋繁露》中与“天”直接相关者有十一篇[②]，从这十一篇的内容来看，当董仲舒论本体之天时，并没有明确界定“天”的具体含义，反而杂糅了诸多含义于其中。[③] 本书认为董仲舒思想体系中的“天”是多层次的复合存在，是一个综合体，至少包含有“自然之天”“神灵之天”和“道德之天”三层内涵，但这并非像有些学者所理解的那样，表示董仲舒关于“天”的思想体系存在着内在的矛盾与对立，恰恰相反，这三种层次的“天”在董仲舒的天道思想中是统一的。

首先，关于自然之天。古代社会思想家对“天”的认识首先是从对自然之天的认识开始的，作为自然之天，主要是指天道运行的自然规律，包括季节气候的寒暑交替、日月星辰的运行规律以及其间的联系等。董仲舒对“天”的分析论证也首先从自然之天的角度开始，“在天而象天者，莫大日月，继天地之光明莫不照也；星莫大于辰，北斗常星，部星三百，卫星三千，大火二十六星，伐十三星，北斗七星，常星九辞，二十八宿，多

---

① 班固．汉书［M］．北京：中华书局．1962：2516.

② 分别是：官制象天、为人者天、天容、天辨在人、天道无二、人副天数、循天之道、天地之行、如天之为、天地阴阳、天道施。

③ 关于董仲舒思想中的天到底具有几种含义，学界有着不同看法，具有代表性的观点如冯友兰先后在《中国哲学史》《中国哲学史新编》中提出的“董仲舒所谓之天，即与地相对之天，有时系指有智力有意志之自然。有智力有意志之自然一名词，似乎有自相矛盾之处，然董仲舒所说之天，实有智力有意志，而非一有人格之上帝，故此谓之为自然也”。“他（董仲舒）把物质的天人格化了，看成为有人的意识和情感的实体。但这个人格化了的天，又不就是和人类的形体相类似的‘上帝’。”又如任继愈的两义说，包括“天”的宗教意义和“天”至善的道德属性。韦政通的六义说，包括：至上神、万物之本、道德义、自然义、天有十端、天为人君的化身。以上观点影响深远，而近几年一些学者对此问题亦有独特见解，如余治平认为：“天有着三层不同的含义：一方面是包容万物的、规律性的宇宙总体结构；另一方面，天又具有人性化、伦理化的品格；第三方面，天更是人心信仰的源出，是人不得不尊崇和敬畏的对象。”

者宿二十八九，……日月食并告凶，不以其行。有星茀于东方，于大辰，入北斗，常星不见，地震，梁山、沙鹿崩，宋、卫、陈、郑灾”[①]。董仲舒在这里所说的“在天而象天者”就是指日月星辰，并且紧接着列举了各个星辰的名称及数量。在董仲舒看来，星辰的运行与人间的灾异现象有直接联系，这是从地震等人间的灾异现象附会天道系统的异常运行。董仲舒借用阴阳理论解释了在这种自然规律背后起作用的力量，他说：“阳气始出东北而南行，就其位也，西转而北入，藏其休也；阴气始出东南而北行，亦就其位也，西转而南入，屏其伏也。是故阳以南方为位，以北方为休；阴以北方为位，以南方为伏。阳至其位，而大暑热；阴至其位，而大寒冻；阳至其休，而入化于地；阴至其伏，而避德于下。是故夏出长于上，冬入化于下者，阳也；夏入守虚地于下，冬出守虚位于上者，阴也。阳出实入实，阴出空入空，天之任阳不任阴，好德不好刑如是也，故阴阳终岁各一出。”[②]继而，“天之道，初薄大冬，阴阳各从一方来，而移于后，阴由东方来西，阳由西方来东，至于中冬之日，相遇北方，合而为一，谓之曰至；别而相去，阴适右，阳适左，适左者，其道顺，适右者，其道逆，逆气左上，顺气右下，故下暖而上寒，以此见天冬右阴而左阳也，上所右而下所左也。冬月尽，而阴阳俱南还，阳南还，出于寅，阴南还，入于戌，此阴阳所始出地入地之见处也。至于中春之月，阳在正东，阴在正西，谓之春分，春分者，阴阳相半也，故昼夜均而寒暑平，阴日损而随阳，阳日益而槛，故为暖热，初得大夏之月，相遇南方，合而为一，谓之曰至；别而相去，阳适右，阴适左，适左由下，适右由上，上暑而下寒，以此见天之夏右阳而左阴也，上其所右，下其所左。夏月尽，而阴阳俱北还，阳北还而入于申，阴北还

① 董仲舒．春秋繁露．张世亮、钟肇鹏、周桂钿译注［M］．北京：中华书局.2012：354.

② 董仲舒．春秋繁露．张世亮、钟肇鹏、周桂钿译注［M］．北京：中华书局.2012：438.

而出于辰，此阴阳所始出地入地之见处也。至于中秋之月，阳在正西，阴在正东，谓之秋分，秋分者，阴阳相半也，故昼夜均而寒暑平，阳日损而随阴，阴日益而槛，故至于季秋而始霜，至于孟冬而始寒，小雪而物咸成，大寒而物毕藏，天地之功终矣”①。

通过阴阳观念的引入，董仲舒将天道运行与季节更替联系了起来，在当时认识水平普遍较为低下的前提下，为自然现象提供了一种相对合理的解释。董仲舒认为当阳气运行至南方，达到极盛之时，人间就会暑热，而当阴气运行至北方，达到极盛之时，人间相应地达到大寒。阴气和阳气按照各自的轨迹运行，在天道系统中发挥着各自的作用，当阴气运行至南方则“伏”，同样，阳气运行至北方则“休”，可见阴阳二气的运行并不冲突。四季的更替、岁月的变更都是在阴阳的循环运行中自然实现的，是一种客观的自然运行。“阳出实入实，阴出空入空”是阴阳二气循环的前提，正是在这种前提下实现着自然界的阴阳平衡，从而引起四季循环交替。若阴阳之气运行异常，就会打破自然界的这种平衡状态，从而引起人世间的灾异现象，“禹水汤旱，非常经也，适遭世气之变而阴阳失平”②。可见，董仲舒对自然之天的论述是以阴阳理论为基础的，这也是董仲舒天道观的特色或创新之处，为自然现象提供了一种不同于前人的哲学解释。董仲舒还论述了自然之天的组成部分，“天、地、阴、阳、木、火、土、金、水、九，与人而十者，天之数毕也，故数者至十而止，书者以十为终，皆取之此。圣人何其贵者，起于天，至于人而毕，毕之外，谓之物，物者，投其所贵之端，而不在其中，以此见人之超然万物之上，而最为天下贵也”③。

---

① 董仲舒 . 春秋繁露 . 张世亮、钟肇鹏、周桂钿译注［M］. 北京：中华书局 .2012：449-450.

② 董仲舒 . 春秋繁露 . 张世亮、钟肇鹏、周桂钿译注［M］. 北京：中华书局 .2012：460.

③ 董仲舒 . 春秋繁露 . 张世亮、钟肇鹏、周桂钿译注［M］. 北京：中华书局 .2012：646.

其中天地、阴阳以及五行作为客观物质性的存在，是天道运行变化的基本要素，而人作为兼具社会性与自然性双重属性的存在亦能列于其中，足可见董仲舒对人类地位的重视与彰显。人类按照“天”的规定来生成和活动，超然于万物之上，为天下最尊贵的存在，所以被纳入构成宇宙的十个基本要素之内，这种“以天为始、以人为终”的论述并不是董仲舒偶然为之，而是蕴含着丰富理论深意的。人作为“天”的一端虽然没有直接参与宇宙的生成过程，但天地生养万物，却是有赖于人而成之的，也就是说，如果没有了人类与人类社会，自然界仍只是那个苍茫的自然界，只有当人类出现之后，自然界才具有了意义与价值，因而“天”为人而生养万物，万物有赖于人而最终生成。

董仲舒论述自然之天的思想理路，显然是在传统天人自然观的角度上有所发挥后的结果，这就是引入阴阳五行的概念来说明宇宙演化模式。在自然之天“十端”之内的苍穹与大地、阴阳之二气，作为构成万物之基本元素的五行，以及拥有社会性、自然性双重属性的人类，突出表现的都是各自所具备的物质自然性。除作为物质自然性之外，董仲舒自然之天还表现在，其运动的必然性和规律性是不受人类控制的。虽然董仲舒这样解释自然现象也不尽科学，但从他的出发点来看，用天道阴阳的运行来说明自然现象，而否定人为或神为的因素，却也具有时代进步性，这也表明了“天”作为宇宙万物本原的自然属性。在董仲舒的思想中，“天”的自然意义及其所表现出的规律性，并没有成为“天”论的终点，反而是拉开了董仲舒天道哲学的序幕。如果仅有自然之天，董仲舒在《天人三策》中试图建立起宇宙运行之必然与人类社会秩序之应然互为贯通的关系就难以成立。既然单纯的自然之天无法体现人类社会的应然实为，董仲舒就必须继续寻找一个可供自然之天发挥作用的理论，也就引出了董仲舒“天”论中的第二层含义——神灵之天。

其次，关于神灵之天。神灵之天的发展演变经历了从殷周时期的天神崇拜，到春秋战国时期的式微，再到董仲舒尝试恢复神灵之天的权威性。神灵之天的特征是具有意志，是人格化的神，作为最高的意义存在，不仅主导着自然社会的正常运转，而且深刻影响着人间秩序。董仲舒之所以要恢复神灵之天的至上地位，一个很重要的原因就是试图解决自然之天与人类应然世界的隔阂。所以当以阴阳论天道时，董仲舒认为："天意难见也，其道难理，是故明阴阳入出、实虚之处，所以观天之志；辨五行之本末、逆顺、小大、广狭，所以观天道也。"[①] 董仲舒在阴阳运行、万物生长的自然之天基础上，提出了"天意""天志"的观念，使得客观的自然之天主观化、意志化，从而由自然之天转化为神灵之天。"天"的这种意志难以察觉，只有通过对阴阳五行的运行变化及自然现象的观察才能够察觉，这与传统的天神观又有着明显的不同。首先，传统天神观很大程度上是具有宗教意义的自然神形象，往往以某一个单一的自然物形式存在，而董仲舒神灵之天虽具有宗教意义，但在形式上成为自然界与人类社会乃至整个宇宙万事万物复合体的统称，统一于"天"；其次，不同于粗陋直观的原始天神崇拜，董仲舒对神灵之天的解释结合了阴阳五行等朴素唯物主义的元素，带有理性认识的光辉，这是理性思维发展到一定阶段的表现。因此，董仲舒思想中的神灵之天，既可以"天者，百神之君也，王者之所最尊也"[②] 或"天者，百神之君也。事天不备，虽百神犹无益也"[③] 这样的原始至上神形式出现，又可以以"唯天子受命于天，天下受命于天子"[④] 或"受命之君，

---

① 董仲舒．春秋繁露．张世亮、钟肇鹏、周桂钿译注［M］．北京：中华书局 .2012：650.

② 董仲舒．春秋繁露．张世亮、钟肇鹏、周桂钿译注［M］．北京：中华书局 .2012：541.

③ 董仲舒．春秋繁露．张世亮、钟肇鹏、周桂钿译注［M］．北京：中华书局 .2012：536.

④ 董仲舒．春秋繁露．张世亮、钟肇鹏、周桂钿译注［M］．北京：中华书局 .2012：400.

天意之所予也”[①]这样的天命意志形式出现。前者突出的是高高在上的天的宗教意义，如在宗庙祭祀时，依照四时的变化举行其他祭祀，唯有祭天在新岁之初于郊，而当“天”与君权相较衡量时，“天”作为至上神的地位更是可以使得在国君死后宗庙祭祀一概停止的情况下，祭天活动照常进行，“唯祭天为越丧而行事”[②]。后者则是侧重于“天”与人世的沟通，“天子受命于天，诸侯受命于天子，子受命于父，臣受命于君，妻受命于夫。诸所受命者，其尊皆天也，虽谓受命于天亦可”[③]。人本于“天”，君臣、父子、夫妇等人之大伦归根结底都受命于“天”，“天”是万物之祖，并由此与人类社会建立起血缘伦理关系，即“父者，子之天也；天者，父之天也。无天而生，未之有也”[④]。

最后，关于道德之天。道德之天是董仲舒对神灵之天意志性的进一步发展，而且这种发展是在继承西周时期“敬德保民”思想的基础上展开的。西周时期就已经出现了将伦理道德上升到“天”的高度的倾向，在这一倾向的影响下，要求君王行仁德之政，但这一时期的这种道德天意化倾向不是很清晰，且缺乏逻辑论证与理论途径，说到底是没有将“天”的道德性与人间的德行取得实在关联。在董仲舒看来，“仁，天心，故次以天心”[⑤]。“仁之美者在于天，天仁也，天覆育万物，既化而生之，有养而成之，事功无已，终而复始，凡举归之以奉人，察于天之意，无穷极之仁也。人之受命于天也，取仁于天而仁也，是故人之受命天之尊，父兄子弟之亲，有忠信慈惠之心，有礼义廉让之行，有是非逆顺之治，文理灿然而厚，知广大有而博，唯人

---

① 董仲舒．春秋繁露．张世亮、钟肇鹏、周桂钿译注［M］．北京：中华书局．2012：368.
② 董仲舒．春秋繁露．张世亮、钟肇鹏、周桂钿译注［M］．北京：中华书局．2012：543.
③ 董仲舒．春秋繁露．张世亮、钟肇鹏、周桂钿译注［M］．北京：中华书局．2012：559.
④ 董仲舒．春秋繁露．张世亮、钟肇鹏、周桂钿译注［M］．北京：中华书局．2012：557.
⑤ 董仲舒．春秋繁露．张世亮、钟肇鹏、周桂钿译注［M］．北京：中华书局．2012：186.

道为可以参天。”[①]“天”的这种道德性在人间处处得以体现，在赋予“天”道德性的同时，也体现了道德之天的主宰性，从而确立了“天”的至上地位，天地间的周而复始、万物生成，乃至人间的道德伦理、社会秩序，都是道德之天主宰性的体现。

董仲舒的“天”论思想中，自然之天、神灵之天和道德之天的含义分疏即如此。三者在董仲舒思想体系中的关系表现为：“自然之天”是“神灵之天”表现其意志的外在形式，伦理道德是“神灵之天”内在意志的实际内容，“神灵之天”具备了“道德之天”的意义后，又通过“自然之天”的变化来体现其道德性的意志。许多学者之所以认为董仲舒的“天”论因兼备自然之义、神灵之义和道德之义而存在理论上的内在矛盾，正是由于仅从表面形式出发着手分析，所以认为在“天”的诸种内涵间存在着矛盾，并因此导致混乱。事实上，在董仲舒的思想体系中，“天”是作为一个综合体而存在的，是一个整体性的存在，董仲舒在论“天”时根本没有像今人这般层层剖析与分类，自然之天、神灵之天与道德之天的含义也只是董仲舒在论述具体问题时的应时之用，这种方法也是与中国传统哲学讲求整体性的思维方式相符合的。忽略历史与思想自身的发展规律，以今人之眼光衡量古人之思想，对于董仲舒的天道哲学就容易得出存在矛盾的结论。在理解董仲舒天道哲学的完整含义之前，必须秉持历史客观的分析方法，兼顾历史自身的发展规律及其时代局限性，在尊重古人思想原貌的前提下得出自己的结论。单论董仲舒的“天”，自然可以得出其思想存在着理论的含混与矛盾，但结合历史现实与董子本人的思想产生过程来看，董仲舒思想中的“天”是作为一个整体出现的，本书将“天”分别以自然之天、

① 董仲舒．春秋繁露．张世亮、钟肇鹏、周桂钿译注［M］．北京：中华书局.2012：421–422.

神灵之天、道德之天进行论述，也只是进行分析的权宜之举。

总之，对中国古代思想家来说，“天”是他们认识到的最高意义的本体性存在，如果离开了“天”或“天命”，他们就无法把握形而上的道德原则与现实的政治生活赖以依存的规律。同样对于董仲舒来说，他构建多重含义的“天”，其用意就在于为君王地位的合法性和政治体制、政治结构的合理性以及儒家教化思想的必要性寻求形而上的根据。董仲舒以自然之天、神灵之天、道德之天作为本体之天所表现出的不同侧面，通过外在意志与目的的表达，实现“天”的本体之用。他关注的焦点不是个体的道德修养，而是社会现实生活的应然依据，所以人取仁于“天”，受命于“天”，最终落实到“有父兄子弟之亲，有忠信慈惠之心，有礼义廉让之行，有是非逆顺之治”[①]的教化效果上。

2.2.1.2 “天人感应”理论及其方法论意义

天人之间的感应现象作为一种模糊的观念，在民间的思想认识中早已存在。墨子是较早对“天人感应”现象进行系统论述的思想家之一，在《天志》等作品中，墨翟系统阐述并极力宣扬“天人感应”理论，作为一种理论工具，借以阐发其“兼爱”“非攻”等政治思想。发展至战国后期，“天人感应”理论的工具价值逐渐被思想家和统治者所看重，遂成为统治阶级的思想工具并得到迅速普及，成为当时一股重要的哲学思潮，作为先秦思想集成之作的《吕氏春秋》也大量借用“天人感应”理论对历史循环论进行解释论证。董仲舒在此基础之上，结合阴阳家的五行学说、法家的刑罚学说以及道家的气论学说，重新构建了比先秦学说更具逻辑性、创新性与体系性的，将天道、王道、人道融为一体的全新“天人感应”学说。在董仲舒这里，“天

① 董仲舒．春秋繁露．张世亮、钟肇鹏、周桂钿译注［M］．北京：中华书局.2012：421.

人感应”理论在形式上发生了变化，他借助阴阳思想对先秦的“天人感应”进行了改造，对汉王朝政权的合法性进行了论证，标志着天人关系在汉代发展到新的阶段，也借此为儒学发展找到了新的平台。在贤良对策中，汉武帝问道：“盖闻五帝三王之道，改制作乐而天下洽和，百王同之。当虞氏之乐莫盛于《韶》，于周莫盛于《勺》。圣王已没，钟鼓管弦之声未衰，而大道微缺，陵夷至乎桀、纣之行，王道大坏矣。夫五百年之间，守文之君，当涂之士，欲则先王之法以戴翼其世者甚众，然犹不能反，日以仆灭，至后王而后止，岂其所持操或誖缪而失其统与？固天降命不查复反，必推之于大衰而后息与？乌乎！凡所为屑屑，夙兴夜寐，务法上古者，又将无补与？三代受命，其符安在？灾异之变，何缘而起？性命之情，或夭或寿，或仁或鄙，习闻其号，未烛厥理。伊欲风流而令行，刑轻而奸改，百姓和乐，政事宣昭，何修何饬而膏露降，百谷登，德润四海，泽臻草木，三光全，寒暑平，受天之祜，享鬼神之灵，德泽洋溢，施乎方外，延及群生？”[①]显然，汉武帝正是在垂问天人之间的感应问题，董仲舒的回答也开宗明义地明确了天人之间的联系：“臣谨案《春秋》之中，视前世已行之事，以观天人相与之际，甚可畏也。国家将有失道之败，而天乃先出灾害以谴告之，不知自省，又出怪异以警惧之，尚不知变，而伤败乃至。”[②]先秦的“天人感应”理论只是偶然地把自然现象与人间政治联系在一起，还没有形成系统的学说，包括汉初的思想家陆贾，虽然他也说过“恶政生于恶气，恶气生于灾异”，[③]但对于天人之间为什么能够感应、如何感应并没有做出详细的论证。完成这一任务的是董仲舒，他融合阴阳五行思想，从“天人同类相感”的分析方法出发，对“天人感应”理论做出了系统而详细的论证，“天人感应”

① 班固 . 汉书［M］. 北京：中华书局 .1962：2502.

② 班固 . 汉书［M］. 北京：中华书局 .1962：2503.

③ 新语校注 . 王利器校注［M］. 北京：中华书局 .2012：62.

理论也就随即演化为一种分析和论证社会现实的工具，因而具有方法论的意义。

首先，“天人同类”的分析方法。董仲舒说：“以类合之，天人一也。”[①]天人同类，并且人是“天”的副本，即“人副天数”，这就是说“天”有什么，人也就有什么，人的生理结构与“天”相类，“天地之符，阴阳之副，常设于身，身犹天也，数与之相参，故命与之相连也。天以终岁之数，成人之身，故小节三百六十六，副日数也；大节十二分，副月数也；内有五脏，副五行数也；外有四肢，副四时数也；占视占瞑，副昼夜也；占刚占柔，副冬夏也；占哀占乐，副阴阳也；心有计虑，副度数也；行有伦理，副天地也；此皆暗肤着身，与人俱生，比而偶之弇合，于其可数也，副数，不可数者，副类，皆当同而副天一也”。[②]因为人源出于“天”，所以人的身体生理结构是与“天”同一的，“天”是人的模型，人是“天”的缩影，人的性情与“天”相类。在董仲舒看来，不仅人的生理结构与“天”相类，人的性情也来源于“天”的性情：“人之形体，化天数而成；人之血气，化天志而仁；人之德行，化天理而义；人之好恶，化天之暖清；人之喜怒，化天之寒暑；人之受命，化天之四时；人生有喜怒哀乐之答，春秋冬夏之类也。喜，春之答也，怒，秋之答也，乐，夏之答也，哀，冬之答也，天之副在乎人，人之性情有由天者矣。”[③]“天有寒有暑，夫喜怒哀乐之发，与清暖寒暑其实一贯也，喜气为暖而当春，怒气为清而当秋，乐气为太阳而当夏，哀气为太阴而当冬，四气者，天与人所同有也，非人所能蓄也，故可节而不可止也，节之而顺，止之而乱。”[④]这些说法实际上是把人的

① 董仲舒．春秋繁露．张世亮、钟肇鹏、周桂钿译注［M］．北京：中华书局.2012：445.

② 董仲舒．春秋繁露．张世亮、钟肇鹏、周桂钿译注［M］．北京：中华书局.2012：477.

③ 董仲舒．春秋繁露．张世亮、钟肇鹏、周桂钿译注［M］．北京：中华书局.2012：398.

④ 董仲舒．春秋繁露．张世亮、钟肇鹏、周桂钿译注［M］．北京：中华书局.2012：423-424.

各种情感强加于自然界，将自然拟人化，反过来再把人说成是“天”的“副本”。在此基础上，董仲舒还认为国家的官制也与“天”相类，《春秋繁露·官制象天》就是对这一观点的集中论述：“天之数，人之形，官之制，相参相得也，人之与天多此类者，而皆微忽，不可不察也。”[①]人类社会的政治制度和结构的设置要以“天之数”作为其存在的合理依据和说明。至此，董仲舒不仅为汉王朝的政权统治确立了建基于宇宙本原的合法性依据，同时也为汉王朝的具体政治制度奠定了形而上的根基。

其次，“天人相感”的分析方法。在《春秋繁露·同类相动》篇中，董仲舒从物类的机械感应入手进行论述，他说：“今平地注水，去燥就湿；均薪施火，去湿就燥；百物去其所与异，而从其所与同。故气同则会，声比则应，其验皦然也。试调琴瑟而错之，鼓其宫，则他宫应之，鼓其商，而他商应之，五音比而自鸣，非有神，其数然也。美事召美类，恶事召恶类，类之相应而起也，如马鸣则马应之，牛鸣则牛应之。”[②]董仲舒认为同类事物之间是能够产生感应的，在平地上灌水，水会避开干燥的地方而流向潮湿的地方；在均匀平铺的木柴上点火，火会避开潮湿之处而趋向干燥之处。可见事物都是避开与其相异的事物，而与其相类的事物亲近，所以“气”相同的事物就相会合，“声”相同的事物就会感应而发出共鸣，这些自然现象表明同类相感是存在的，而且这种感应有其内在的规律性，好事招来同类的好事，坏事招来同类的坏事，即“美事召美类，恶事召恶类，类之相应而起也”。按照董仲舒的逻辑，相类的东西存在相互感应，天地之间的同类事物能够相互影响，产生共鸣，从而发生相互感应的作用。而“天”与人相类，具有相同的生理和道德本质，也就顺理成章地得出了“天”与

---

① 董仲舒．春秋繁露．张世亮、钟肇鹏、周桂钿译注［M］．北京：中华书局.2012：271.

② 董仲舒．春秋繁露．张世亮、钟肇鹏、周桂钿译注［M］．北京：中华书局.2012：480.

人之间也存在相互感应的结论。在董仲舒看来，天人之间的感应是“天”表达意志的方式，通过这种方式使人了解天意。“故琴瑟报，弹其宫，他宫自鸣而应之，此物之以类动者也，其动以声而无形，人不见其动之形，则谓之自鸣也，又相动无形，则谓之自然，其实非自然也，有使之然者矣，物固有实使之，其使之无形，尚书传言：‘周将兴之时，有大赤鸟衔谷之种，而集王屋之上者，武王喜，诸大夫皆喜。周公曰：茂哉！茂哉！天之见此以劝之也。’恐恃之。”[①]“天”创造人是要人来实现“天”的意志，人的行为符合天意，“天”就喜欢；违反天意，“天”就震怒。董仲舒论证天人感应的主要目的是为现实政治以及广行教化寻找依据，君王行仁政、兴教化，就会得到“天”的奖赏，否则就会受到“天”的惩罚。董仲舒这种“天人相感”的分析方法是对殷周时期“天命”观的进一步发展与深化，殷周时的“天命”强调人们无法直接感知和把握，但在董仲舒这里逐渐变得具体，“天”可以通过某些现象如日食、地震、水灾、火灾、动植物的反常变异等方式来实现意志的传达。

总之，董仲舒“天人感应”思想的意义在于借天意来指导人的行为，而这一目的的实现，始终不能脱离教化，“天”对君王有威慑作用，从而使君王更加称职，君王若要得到上天的宠爱，就必须做好自己分内的事情，即体察天意以教化万民，这体现了“天人感应”思想中的人文关怀。董仲舒“天人感应”理论的核心是人，他天人系统的现实皈依在很大程度上便是以儒家道德为核心的教化体系，董仲舒通过教化沟通了三种层次上的“天”和人之间的关系，建构了一个二者统一的宇宙观。从这个角度来看，可以认为“天人感应”理论在董仲舒的整个思想体系中具有方法论的意义。董仲舒构建的这套天人感应神学理论体系，就其精神实质而言，它所表述

① 董仲舒．春秋繁露．张世亮、钟肇鹏、周桂钿译注［M］．北京：中华书局．2012：484.

的显然不是一种宇宙哲学，而是一种政治哲学或教化哲学，它所宣扬的“唯天为大”和“天人感应”，都是和现实政治紧密相连的，旨在借助于这种神学形式来表达自己的理论观点，是出于为现实政治服务的需要，只要揭开董仲舒天道哲学的神秘外衣，是不难看出这一学说的实际社会政治功能及教化寓意的。

2.2.2 董仲舒的人性论

从人性出发思考教化之道是董仲舒教化思想的特点之一，从人性的角度可以解释人们行为乃至思想产生的原始动因。从现实政治的角度考虑，对人性的分析和研究是政治制度及教化政策制定的重要理论依据，是构建合理社会秩序或群体生活关系的指导思想。人性与教化之间具有天然的联系，一方面人性学说为教化提供依据，另一方面教化的重要内容之一就是探寻人性改良的规律，以期通过教化活动提高人们的伦理道德水平。中国古代的思想家能够认识到教化对社会良好道德环境的形成具有重要作用，同时也在思考人性论中的一个基本问题，即人性究竟是恶是善？肇始于先秦时期，绵延中国封建社会两千多年的关于人性问题的种种争论，基本上都是围绕人性善恶问题展开的。这是由于伴随着封建制社会的发展完善，在此基础上的人性探讨也必然是为封建制度的巩固和进一步发展服务的，目的在于使人的道德水平符合封建制度的要求，强调的是对封建道德的维护，追求绝对的善恶观。当然，这也在一定程度上禁锢了个性的完善与思想的发展。

中国古代关于人性问题的诸多思想成果促进了教化思想的发展，丰富了外在教化和内在修养的内容与途径。儒家传统的教化学说同样以人性学说为基础，虽然儒学在其发展过程中，不同时期、不同学派有不同的观点，“但其要旨都是因时变革，以便更好地论证人伦教化的合理性、必要性和可行性，强调道德本性乃儒家教化思想的共同特征”①。以教化为主要方法改造人性，在传统的儒家思想中体现得很突出，这种人性改造表现为两个维度，一是个体维度，二是社会维度，传统教化思想在个体维度上体现为对个体心性的修养，但目的是指向个体对社会总体的适应性。总体上看，教化是自上而下的，是“圣化”的实施，其目的也指向现行的政治伦理措施，历代统治阶级非常看重教化对国民性格的塑造，将教化的功用提高到了“建国君民，教学为先”②的地位，在不同的历史时期，教化所追求的理想人格也因统治阶级的不同需要而有所不同，就这一角度而言，人的确是被统治阶级的意识形态所教化的产物，教化已成为人的一种存在方式。正是由于教化具有这样一种功能，在一段时间内，抢占人的思想领地就成为教化的主题，人的思想领地不被一种意识所占领就会被另外一种意识所占领。

董仲舒和先秦儒家一样，也非常重视人性问题，他认为人性关系着人才的培养选拔、教化的推行效果甚至国家的安危治乱。毫无疑问，董仲舒在人性问题上的看法继承了传统儒家的观点，尤其是对孟子和荀子的人性论，董仲舒颇有研究。董仲舒的“性三品”说与孔子的“唯上智与下愚不移”③似亦不无关联；他的“善质非善”说吸收了孟子的“性有善端”思想；他的“性者质也”又与荀子“生之所以然者谓之性”④的提法相似；他的教化思想则来源于荀子的圣王“起礼仪，制法度”⑤。在此基础上，董仲舒的人性学说也有其独到之处，他的人性学说并不是孤立存在的，而是与他的天道哲学，特别是其中的阴阳思想融为一体的，这也可以说是董仲舒

① 黄书光．论中国传统教化的理论基础与组织特征［J］．教育学报，2005（4）：49.
② 礼记（上）．胡平生、张萌译注［M］．北京：中华书局．2017：217.
③ 论语译注．杨伯峻译注［M］．北京：中华书局．2006：211.
④ 荀子集解．王先谦译注［M］．北京：中华书局．1988：440.
⑤ 荀子集解．王先谦译注［M］．北京：中华书局．1988：447.

天道观在人性论上的体现，人之情性来源于阴阳之气的赋予。他提出的“性善情恶”与“中民之性”思想，化解了孟子与荀子在人性善恶问题上的分歧，并且为教化思想的阐发提供了直接的理论依据。他强调教化对于万民成善的决定性作用，这不仅有助于加强君王的政治责任和树立君王的至上权威，而且同他政治理念中以教化为为政之本的思想融合在一起。由此也表明，董仲舒的人性学说是与他的天道哲学以及教化思想紧密相连的。

2.2.2.1 孟子和荀子的人性观

先秦人性问题的提出，与春秋时期神学天命观的动摇及人文主义的兴起有很大的关系。“性”是中国传统政治哲学中最基本的命题之一，但纵观整部《论语》，孔子很少提及“性”，子贡曾说：“夫子之言性与天道，不可得而闻也。”[①] 在人性问题上，孔子仅仅是提出“性相近也，习相远也”[②] 的命题，但并未进一步展开。孔子慎言“性”也为后继的儒家学者提供了广阔的阐发空间，继孔子之后，孟子和荀子分别对人性做出不同假定，并把人性论作为他们政治学说的逻辑起点，各自发展了孔子思想中的“仁”和“礼”两个方面。

孟子把人性归结为先验的善，并且通过心善进而论证性善。在孟子看来，“人之所以异于禽兽者几希”[③]。孟子在肯定了人具有同动物一样的生理本能之外，还认为“恻隐之心，人皆有之；羞恶之心，人皆有之；恭敬之心，人皆有之；是非之心，人皆有之。恻隐之心，仁也；羞恶之心，义也；恭敬之心，礼也；是非之心，智也。仁义礼智，非由外铄我也，我

① 论语译注 . 杨伯峻译注［M］. 北京：中华书局 .2006：52.
② 论语译注 . 杨伯峻译注［M］. 北京：中华书局 .2006：211.
③ 孟子译注 . 杨伯峻译注［M］. 北京：中华书局 .1960：166.

固有之也，弗思耳矣”[①]。这肯定了人之所以为人，就在于人具有“心之善端”，即“仁义礼智”四端，孟子还通过“今人乍见孺子将入于井”[②]的例子来论证心之善端是为人所固有的。虽然人的本性是善的，但这种善端并不会必然导致“人皆可以为尧舜”[③]的出现，人有善端只是说明人具有向善的无限可能，但这不是一种必然。孟子的人性本善并不会导致人人平等思想的产生，这是由于“庶民去之，君子存之”[④]，每个人扩充善端的程度不同，最终决定了君子和小人的分别以及其社会政治地位的高低。在此基础上，孟子将“不忍人之心”推行到政治生活中，形成“不忍人之政”，提出他的仁政学说。首先，孟子发展了西周末年以来的重民思想，认为“民为贵，社稷次之，君为轻”[⑤]。他认为民心的向背决定着君王的去留，只有“制民恒产”“助而不税”[⑥]才能使“天下之士皆悦”[⑦]，而一旦赢得人民的拥护，就会“得乎丘民而为天子”[⑧]。孟子对君与民这对比较敏感的古代政治关系做出了说明，并为后世儒者所效法。其次，孟子从得民心而得天下的思想出发，区分了“王道”和“霸道”。他反对“以力服人”的霸道，推崇“以德服人”的王道，并且设计了一套“王天下”的措施，比如省刑罚、薄税赋，要求统治者推行仁政，反对武力征服等。再次，他认为如果要确保仁政的实施，就必须使“贤者在位，能者在职”[⑨]。孟子建立在性善论基础上的仁政思想极大地丰富和发展了儒家的政治伦理学说，然而由于当

① 孟子译注 . 杨伯峻译注［M］. 北京：中华书局 .1960：257.
② 孟子正义 . 沈文淖点校［M］. 北京：中华书局 .1987：185.
③ 孟子译注 . 杨伯峻译注［M］. 北京：中华书局 .1960：79.
④ 孟子正义 . 沈文淖点校［M］. 北京：中华书局 .1987：567.
⑤ 孟子译注 . 杨伯峻译注［M］. 北京：中华书局 .1960：324.
⑥ 孟子译注 . 杨伯峻译注［M］. 北京：中华书局 .1960：3.
⑦ 孟子正义 . 沈文淖点校［M］. 北京：中华书局 .1987：221.
⑧ 孟子译注 . 杨伯峻译注［M］. 北京：中华书局 .1960：326.
⑨ 孟子正义 . 沈文淖点校［M］. 北京：中华书局 .1987：192.

时诸侯争雄，他的政治学说并没有得到实行，反而是后世一些开明君主受其思想的影响，能够做到尊贤使能，推行仁政。孟子的性善论为他的仁政学说提供了逻辑前提和立论基础，回答了优良的政治生活何以可能的问题。但是也应当看到，孟子的性善论走的是内在超越的理路，在他看来，人拥有天生的善端，通过“扩而充之”和“反求诸己”[①]的方法，也就是自我道德内省的方法发现并弘扬善端，使每个人都成为有道德的人，“不忍人之政”就会顺理成章得以实现。但是既然人人皆有善性，反求诸己即可，那君王以及整个教化系统又如何而且何须发挥作用？圣人制作的礼仪法度又如何发挥作用？这些显然是孟子的性善论难以回答的问题。

在批判孟子人性学说的基础上，荀子构建了与其观点截然相反的性恶论。首先在对“性”的界定上，荀子认为“不可学、不可事、而在人者，谓之性”[②]。在此基础上，荀子提出了对人性善恶的基本看法，即“人之性恶明矣，其善者伪也”[③]。进而论述道：“今人之性生而有好利焉，顺是，故争夺生而辞让亡焉；生而有疾恶焉，顺是，故残贼生而忠信亡焉；生而有耳目之欲有好声色焉，顺是，故淫乱生而礼仪文理亡焉。然则纵人之性，顺人之情，必出于争夺，合于犯分乱理而归于暴。”[④]荀子认为人性是自然的，表现为生而好利、好声色，并且“凡性者，天之就也，不可学，不可事”[⑤]。相比孟子来说，荀子对人性的界定是悲观的，但他同时也认为“涂之人可以为禹”[⑥]，也就肯定了人性有改善的空间。荀子否定孟子内在超越的成善理路，主张“化性起伪”的成善方法，“今人之性恶，必将待师法然后正，

---

① 孟子正义 . 沈文淖点校［M］. 北京：中华书局 .1987：197.

② 荀子集解 . 王先谦译注［M］. 北京：中华书局 .1988：434.

③ 荀子集解 . 王先谦译注［M］. 北京：中华书局 .1988：434.

④ 荀子集解 . 王先谦译注［M］. 北京：中华书局 .1988：438.

⑤ 荀子集解 . 王先谦译注［M］. 北京：中华书局 .1988：442.

⑥ 荀子集解 . 王先谦译注［M］. 北京：中华书局 .1988：440.

得礼义然后治。今人无师法，则偏险而不正，无礼仪，则悖乱而不治。古者圣王以人之性恶，以为偏险而不正，悖乱而不治；是以为之起礼义、制法度、以矫饰人之情性而正之，以扰化人之情性而导之也。”[①] 通过圣人制礼以及效法君王等途径，人性可以得到提升。荀子这种以人性恶为前提，继而强调“隆礼重法”在道德养成方面重要作用的论证思路对后代思想家影响深远。在荀子的人性学说中同样存在着一些问题，既然人性皆本恶，那么圣人的善如何存在？君王又为何可以教化民众？更为根本的问题是，荀子缺乏对人性得以由恶向善转化可能性方面的论证，这些都是后代思想家需要解决的理论难题。

2.2.2.2 董仲舒的人性学说与王道教化

为消融先秦人性学说的诸多分歧与缺陷，董仲舒在批判继承孟子和荀子人性学说的基础上，将人之本性进行分类，创造性地提出“性三品”理论，初步解决了孟子和荀子在人性学说中的遗留问题。董仲舒进一步利用阴阳思想分析人性，以天之阴阳论证人之性情，提出“性善情恶”的基本判断，使人性理论进一步细化和深化。董仲舒对先秦人性学说的改造不仅独具创造性，而且直接引出了其人性学说的政治目的，也就是王道教化。

首先，董仲舒解释了人性的本质及内涵。董仲舒十分重视《春秋》中的“正名”思想，“春秋别物之理，以正其名，名物必各因其真，真其义也，真其情也，乃以为名”[②]。在董仲舒看来，“名”是能够反映事物本质属性的，并且“名则圣人所发天意，不可不深观也”[③]。这是说“名”是圣人所发现的上天的想法，因而不得不深入研究。因此考察人性的本质，首先就要

---

① 荀子集解．王先谦译注［M］．北京：中华书局．1988：440.

② 董仲舒．春秋繁露．张世亮、钟肇鹏、周桂钿译注［M］．北京：中华书局．2012：389.

③ 董仲舒．春秋繁露．张世亮、钟肇鹏、周桂钿译注［M］．北京：中华书局．2012：367.

对人性概念进行科学的界定，他说："今世闇于性，言之者不同，胡不试反性之名？性之名，非生与？如其生之自然之资，谓之性。性者，质也。"[①]在董仲舒看来，人性就是先天具有的资质，生来就有的资质叫作本性，本性就是本质。在董仲舒的天道哲学中，人的一切包括身体构造、善恶德行、喜怒好恶，都来源于"天"，人性的内涵自然也来源于"天"。董仲舒认为："人之诚有贪有仁，仁贪之气两在于身。身之名取诸天，天两，有阴阳之施，身亦两，有贪仁之性。"[②]董仲舒开始借助阴阳学说分析人性善恶，"天"有阴阳两种气质，"天"之阴气形成"贪"，阳气形成"仁"，所以人就相应地具备了"贪"和"仁"两种秉性，都属于人性生来俱有的一部分。接着，董仲舒又用"性情"来诠释"仁贪"，他说："身之有性情也，若天之有阴阳也。"[③]这里所说的"性"就是人性中"仁"的部分，是人性中的善质，来源于天道中的阳气，是人性得以向善发展的主要依据；这里所说的"情"就是人性中"贪"的部分，是人性中的恶质，来源于天道中的阴气，是人性向恶发展的内在根源。"性"和"情"是董仲舒借助阴阳理论对人性进行分析后得出的两个基本元素，"情"虽然是恶的，但它同样是人性不可分割的组成部分，"情"作为"性"的对立面是客观存在于人性之中的，"言人之质而无其情，犹言天之阳而无其阴也"[④]。董仲舒接着分析："阳之出也，常悬于前而任事；阴之出也，常悬于后而守空处。此见天之亲阳而疏阴，任德而不任刑也。"[⑤]因为"天之亲阳而疏阴"，所以在人性中"性"的比重要大于"情"，也就是说人性中善质是主要的，

---

① 董仲舒．春秋繁露．张世亮、钟肇鹏、周桂钿译注［M］．北京：中华书局.2012：367.

② 董仲舒．春秋繁露．张世亮、钟肇鹏、周桂钿译注［M］．北京：中华书局.2012：367.

③ 董仲舒．春秋繁露．张世亮、钟肇鹏、周桂钿译注［M］．北京：中华书局.2012：367.

④ 董仲舒．春秋繁露．张世亮、钟肇鹏、周桂钿译注［M］．北京：中华书局.2012：367.

⑤ 董仲舒．春秋繁露．张世亮、钟肇鹏、周桂钿译注［M］．北京：中华书局.2012：367.

这也是天道“任阳不任阴”[①]在董仲舒人性论上的体现。对于“情”在人性发展中的负面作用，董仲舒认为可以用教化来进行限制，“天有阴阳禁，身有情欲栣，与天道一也。是以阴之行不得干春夏，而月之魄常厌于日光。乍全乍伤，天之禁阴如此，安得不损其欲而辍其情以应天。天所禁而身禁之，故曰身犹天也，禁天所禁，非禁天也。必知天性不乘于教，终不能栣。”[②]董仲舒认为人性由善质和恶质两部分构成，由此使得人性存在向善和向恶两种发展趋势，但要效法天道，“禁天所禁”，通过教化来发扬人性中的善，限制人性中的恶。

其次，董仲舒诠释了“善质非善”及其教化意义。虽然人性中包含有善质，并且占据人性的主要方面，但善质还并不是完全的善，董仲舒认为：“诘性之质于善之名，能中之与？既不能中矣，而尚谓之质善，何哉？性之名不得离质，离质如毛，则非性已，不可不察也。”[③]人性的成善虽然建立在善质基础之上，但不能因此就简单地用善质来代替人性的善，他说：“故性比于禾，善比于米；米出禾中，而禾未可全为米也；善出性中，而性未可全为善也。善与米，人之所继天而成于外，非在天所为之内也。天之所为，有所至而止，止之内谓之天性，止之外谓之人事，事在性外，而性不得不成德。”[④]这就是董仲舒著名的“性禾善米”说，在《实性》篇中，董仲舒也做了类似的论证：“善如米，性如禾，禾虽出米，而禾未可谓米也；性虽出善，而性未可谓善也。米与善，人之继天而成于外也，非在天所为之内也；天所为，有所至而止，止之内谓之天，止之外谓之王教，王

---

① 董仲舒．春秋繁露．张世亮、钟肇鹏、周桂钿译注［M］．北京：中华书局 .2012：367.
② 董仲舒．春秋繁露．张世亮、钟肇鹏、周桂钿译注［M］．北京：中华书局 .2012：377.
③ 董仲舒．春秋繁露．张世亮、钟肇鹏、周桂钿译注［M］．北京：中华书局 .2012：375.
④ 董仲舒．春秋繁露．张世亮、钟肇鹏、周桂钿译注［M］．北京：中华书局 .2012：378.

教在性外，而性不得不遂。”[①] 禾虽然包含着米，但仍要经过后天的人为劳动才能转化为米。同样的道理，人性中虽然包含着善质，但若没有后天的教化就不能转化为人性的善，反而可能使恶质得到发展，生成人性的恶。董仲舒的“善质非善”论主要是对孟子学说的批判，即否认孟子所说的人性生而即善。但同孟子一样，董仲舒也对人性成善的前景做出了乐观的估计，并且道出了这种可能的现实途径在于后天的王道教化，也就是他所说的“王教在性外，而性不得不遂”，人性能否成善的关键还在于教化，可见董仲舒分析人性，处处离不开教化。此外，在对待“善”的标准上，董仲舒也不赞同孟子的观点，认为孟子所说的善是与禽兽做比较，标准太低，而董仲舒对善的追求则以“圣人之善”为标准，“性有善端，动之爱父母，善于禽兽，则谓之善。此孟子之善。循三纲五纪，通八端之理，忠信而博爱，敦厚而好礼，乃可谓善。此圣人之善也”[②]。对“善”的认识不同，直接导致了董仲舒和孟子对人性善恶的判断结论不同，“孟子下质于禽兽之所为，故曰性已善；吾上质于圣人之所为，故谓性未善。”[③] 董仲舒认为：“善过性，圣人过善。”[④] 在他看来，只有圣人才能达到最终的善，而孔子又说，“圣人，吾不得而见之矣”，因此足可见人性成善的问题并非孟子所认识的那样简单。

董仲舒之所以在人性善恶问题上对孟子进行如此激烈的批判，是因为孟子看到的是从善端向成善的自然过渡，这一思想“启动了儒家道德实践中的一个重要转变，这就是儒家的道德完成，更多地借重于自我的精神反

① 董仲舒 . 春秋繁露 . 张世亮、钟肇鹏、周桂钿译注［M］. 北京：中华书局 .2012：386.
② 董仲舒 . 春秋繁露 . 张世亮、钟肇鹏、周桂钿译注［M］. 北京：中华书局 .2012：383.
③ 董仲舒 . 春秋繁露 . 张世亮、钟肇鹏、周桂钿译注［M］. 北京：中华书局 .2012：383.
④ 董仲舒 . 春秋繁露 . 张世亮、钟肇鹏、周桂钿译注［M］. 北京：中华书局 .2012：383.

思，这是一种自我完善的过程，孟子称之为‘养心’‘尽心’‘求放心’”。[①]在人性成善问题上的这种自足性必然导致对教化作用的忽视，这与董仲舒重视教化的政治理念完全相悖，所以董仲舒通过对“善质非善”的论证，将人性的最终成善归因于教化。董仲舒“善质非善”说的逻辑目的在于论证性待教而善，并且为王者承天意以教化万民提供了直接的根据，从而赋予王道教化在人性成善问题上的关键性地位，杨国荣称之为“权威主义价值观在成人理论上的延伸”[②]。马克思也曾指出人的最大特性在于其发展性，人具有发展性说明人是可以改变的，马克思在《德意志意识形态》中指出：“‘一般的人性’之根本规律便是：就社会事实的表现，可知人类本质地（intrinsically）且永远地（persistently）具有一种保持及改进其物质的生存形态的趋向。”[③]正是由于人具有这样一种保持并改进其物质生存形态的趋向，教化也就成为人的一种存在方式，“人只有通过教化才能成为人”。[④]人性发展理论为教化发挥功用预留了空间，于是，依靠人来塑造人便成为教化的目的。对于教化而言，追求与塑造“理想的人”是永恒的主题，教化总是起于“现实中的人”，而指向“理想中的人”。应当指出的是，董仲舒过分重视外在教化的逻辑思路确实忽视了人性自我完善的可能性，忽视了自我道德修养的内容，但这在汉代社会需要尽快从教化层面赋予君王至上权威的政治大背景下，也是可以理解的。

再次，董仲舒对人性品级进行划分并重视“中民之性”。早在孔子“唯上智与下愚不移”的思想中就已经包含有人性划分的思想萌芽，董仲舒则将人性明确地划分为“圣人之性”“斗筲之性”以及“中民之性”三种，

---

① 崔大华．儒学引论［M］．北京：人民出版社，2001：51.

② 杨国荣．善的历程——儒家价值体系研究［M］．上海：上海人民出版社，2006：156.

③ 马克思恩格斯选集（第1卷）［M］．北京：人民出版社，1995：372.

④ ［德］康德．论教育学［M］．赵鹏，译．上海：上海人民出版社，2005：5.

并且认为“圣人之性不可以名性，斗筲之性又不可以名性，名性者，中民之性”[①]。所谓“圣人之性”是指历史上以三王五帝为代表的一些具有先验善性的人性，它们是伦理道德的典范，与之相对，“斗筲之性”则是具有先验恶性的人性，没有向善的可能。“中民之性”居于两者之间，在社会构成中占大多数，对社会风俗的好坏具有决定作用，所以董仲舒认为“名性者，中民之性”。东汉儒生王符则从另一个角度解释了董仲舒的论断，他说：“上智与下愚之民少，而中庸之民多。中民之生世也，犹铄金之在铁也，从范变化，惟冶所为，方圆厚薄，随镕制耳。是故世之善否，俗之厚薄，皆在于君。”[②]王符这里所说的“皆在于君”道中了董仲舒强调“中民之性”的目的，董仲舒对“圣人之性”及“斗筲之性”的述而不论，显然是因为后天教化对二者的影响较小，所以董仲舒虽然对人性做了品级划分，但他所言之性基本上是特指中民之性，“名性，不以上，不以下，以其中名之”[③]。正如有学者所言：“假如世界上所有的人都是‘圣人之性’或‘斗筲之性’，那么还需要王道教化干什么，国家机器、社会规范、伦常秩序等就必然失去存在的合理性和产生的土壤。董仲舒专门选择‘中民之性’作为其人性学说立论基础和评议重心，极大地突出了孔儒原先所始终坚持的那种直面现实、介入生活的外王精神。”[④]

在对人性品级进行划分之后，董仲舒进而对“中民之性”进行了具体的分析：“中民之性，如茧如卵，卵待覆二十日，而后能为雏；茧待缫以涫汤，而后能为丝；性待渐于教训，而后能为善；善，教训之所然也，非质朴之

---

① 董仲舒 . 春秋繁露 . 张世亮、钟肇鹏、周桂钿译注［M］. 北京：中华书局 .2012：388.
② 潜夫论 . 马世年译注［M］. 北京：中华书局 .2018：587.
③ 董仲舒 . 春秋繁露 . 张世亮、钟肇鹏、周桂钿译注［M］. 北京：中华书局 .2012：380.
④ 董仲舒 . 春秋繁露 . 张世亮、钟肇鹏、周桂钿译注［M］. 北京：中华书局 .2012：388.

所能至也，故不谓性。”① “性如茧、如卵，卵待覆而成雏，茧待缫而为丝，性待教而为善，此之谓真天。天生民性有善质而未能善，于是为之立王以善之，此天意也。”② 董仲舒对中民之性的论述类同于上文的“性禾善米”说，他形象地将民性比作茧和卵，既然卵尚待二十天的孕育才能孵出雏，茧需要过水煮沸方可成丝，那么相应地，先天的民性也需要在教化的引导下才能成为真正的善。通过这种论证，董仲舒再次强调了王道教化对社会秩序与风俗的重要意义。

最后，董仲舒以其人性学说论证了王道教化的必要性。董仲舒之前的儒家学者关注人性问题的目的在于完善人的伦理道德修养，也就是人何以成善的问题。以孟子和荀子为代表的两派学者在各自人性学说的基础之上发展出两种途径，一是以孟子为代表，强调主体自身的道德自觉，通过自我反省实现道德修养的提升；另一种以荀子为代表，强调外部对内心向善的强制作用，通过教化实现人性成善。总体而言，董仲舒倾向于选择荀子的思维路径，强调的是外部王道教化的功能作用。具体而言，在如何处理人性中分别代表善端和恶端的“性”和“情”两种秉性的问题上，董仲舒认为应当“扬善禁恶”，通过“心”来遏制“情”。“栣众恶于内，弗使得发于外者，心也，故心之为名，栣也。”③ 但要从根本上抑制恶端的发展，还是离不开现实的教化，“必知天性不乘于教，终不能栣”④。董仲舒进一步分析道：“天生民性有善质而未能善，于是为之立王以善之，此天意也。民受未能善之性于天，而退受成性之教于王，王承天意以成民之性为

---

① 董仲舒 . 春秋繁露 . 张世亮、钟肇鹏、周桂钿译注［M］. 北京：中华书局 .2012：380–381.

② 董仲舒 . 春秋繁露 . 张世亮、钟肇鹏、周桂钿译注［M］. 北京：中华书局 .2012：376.

③ 董仲舒 . 春秋繁露 . 张世亮、钟肇鹏、周桂钿译注［M］. 北京：中华书局 .2012：377.

④ 董仲舒 . 春秋繁露 . 张世亮、钟肇鹏、周桂钿译注［M］. 北京：中华书局 .2012：377.

任者也；今案其真质而谓民性已善者，是失天意而去王任也。万民之性苟已善，则王者受命尚何任也？”[①] 这又是从君权神授的高度论证了王道教化的可能性，董仲舒认为君王之所以存在，就是要通过教化抑制人性中的恶端，促成人性中的善端，使民性之中的向善潜能转化为一种现实的善，并从反面指出如果民性生而即善，就违背了上天设立君王的意图，在论证人性并非生而即善的同时，更为王道教化的施行做足了准备。董仲舒通过赋予君王教化万民的权力而使其相应地拥有了至上的道德权威地位，也就是在理论上给予君王一顶“圣人”的头衔，这就在加强君王至上权威的同时论证了君王教化的合法性，徐复观先生认为此举可以“加强政治领导者的责任”[②]。

总而言之，董仲舒试图建立起不同于先秦诸子的系统的人性学说，但他的人性论并没有能彻底消除先秦诸子的印记，特别是孟荀的人性论，董仲舒在其基础之上进行了理论创新，不但提出了初具规模的“性三品”说，而且初步解决了孟子和荀子人性学说中的缺陷。董仲舒人性学说的最大特点在于把天道思想阐发融入人性学说之中，先秦儒家的人性论一般从人自身出发，而董仲舒则把人性与天道阴阳相联系，人受命于天道之阴阳，具有善恶二端，也就是在人性之中还包含着“性善情恶”，此外君王教化万民成善的责任也来源于“天”。韦政通先生以反问的形式肯定了董仲舒的这种尝试：“何尝不可以了解为，这是为专制体制里天子的存在建立了人性上的根据？”[③] 董仲舒的人性学说不仅建立在天道哲学的基础之上，而且与他法天而行的王道教化思想浑然一体。

---

① 董仲舒．春秋繁露．张世亮、钟肇鹏、周桂钿译注［M］．北京：中华书局.2012：381.

② 徐复观．两汉思想史（第2卷）［M］．上海：华东师范大学出版社，2001：248.

③ 韦政通．董仲舒［M］．台北：东大图书公司，1986：115.

2.3 董仲舒对传统儒学的继承与发展

董仲舒借鉴先秦诸子思想中的合理成分对儒学进行继承与发展，完成了对儒学的时代化改造，经他改造的汉代新儒学也呈现出“大一统”的综合性时代特征，与传统儒家相比有其突出特点。作为一名怀揣治国平天下理想的博学儒生，面对着处于上升期的封建统一帝国，董仲舒承受着政治和学术的双重压力，社会经济的发展需要思想理论的更新，董仲舒敏感地意识到在新的平台上应当也有可能有所作为，他以传统儒学为主体，博采众家之长，有效解决了先秦儒学过于理想主义，因而在现实政治生活中解决问题乏术的缺陷，克服了诸多弊端，更多地关注社会现实，并用儒家思想加以分析，创造性地提出建议，从而为儒学的普及注入新的动力。在获得统治阶级的认可后，儒学在封建专制体制内得到进一步发展和延续，潜移默化地影响着中国传统文化及政治生活的进程。董仲舒认为在大一统的社会政治背景下，思想领域也有待大一统，而担任思想统一重任的，正是经过董仲舒精心改造和论证的儒家学说，在这种改造中，董仲舒突出了儒学的教化色彩，这既是关系社会良好秩序养成的重要问题，也是大一统政治背景下的统治策略问题。自此，教化作为治理国家的一种重要手段逐渐成为历代思想家的共识。

2.3.1 董仲舒对传统儒学的继承

历史唯物主义观点认为，一套思想理论的产生，除了需要具备特定的经济政治环境外，作为理论来源的“思想资料的前后继承性”也是必不可少的。董仲舒的教化思想也不例外，它首先体现为对传统儒学的一种继承与发展，也正是由于站在先秦及汉初儒家所构建的良好平台之上，董仲舒才可能在教化理论方面有所建树。所以对董仲舒教化思想的把握，首先应当从源头上探究。

2.3.1.1 先秦儒家教化学说

周公主张明德慎罚，重视教化并开教化之端；春秋战国时期，孔子主张仁者爱人，提倡有教无类，反对不教而杀；孟子主张仁政，强调教以人伦；荀子主张隆礼重法，提倡先教后诛，反对不教而诛。这些内容构成了先秦儒家的教化体系，儒家教化思想逐步形成并发展。

首先，周公的教化思想。周人在对商朝灭亡的反思中逐步认识到教化的重要性，文王“克明德慎罚……闻于上帝……天乃大命文王”①。正是由于文王的明德慎罚，使周朝得以兴起，这可以看作是君权神授的最早形式，这里所谓的明德慎罚，就是要求重视德教而慎用刑罚，行德政、践德行，而德教又以君王的以身作则为前提，所以周公很重视对统治阶级的教化，主张敬德保民。西周时，在王城和诸侯国都是设有学校的，这些学校“专门为奴隶主贵族子弟设立，只有极少数平民中的上层分子经过挑选偶尔有机会能跟贵族子弟一道学习”②。可见，除了对王室成员的教导，周代对贵族等社会上层阶级的教化普遍非常重视。周代对于普通民众的教化也有所认识，普遍认为对民众教化不利就会遭受上天的责罚。③《周礼》中的教化内容非常庞杂，包括农耕、战事、人伦、道德、律法、音乐、舞蹈等，其中最主要的是孝道教化，这对后世影响很大。此外，在西周很多官员的职责中也都规定了教化的内容。

其次，孔孟的教化理论。孔子自称“吾从周”，他继承周公的教化传统，重视为政者的德政和德行。孔子作为私学教师，主张有教无类，其教

---

① 孙皇衍．尚书今古文注疏［M］．北京：中华书局．1986：487.

② 张瑞璠．中国教育史研究（先秦卷）［M］．上海：华东师范大学出版社，2009：19.

③ 如《尚书·康诰》云：“今惟民不静，未戾厥心，迪屡未同，爽惟天其罚殛我。”

化对象已经不局限在王室贵族之中，更多出身贫寒的子弟进入受教范围，教化对象下移。这首先要归因于孔子更清楚地看到了教民的重要性，他说："道之以政，齐之以刑，民免而无耻；道之以德，齐之以礼，有耻且格。"[①]孔子将教化与刑罚进行对比，指出"不教而杀谓之虐"[②]，从而得出教化对于社会具有深远意义的结论，与周公的"明德慎罚"具有异曲同工之妙。孟子继承发挥了孔子的思想，提出"善政不如善教"的观点，认为"善政，民畏之；善教，民爱之。善政得民财，善教得民心"[③]。在孟子看来，善教才是上策，能让人心悦诚服。孔孟的教化主张在其所处的时代并未受到为政者的青睐，也就更谈不上推行实施了。

最后，荀子的礼乐教化思想。周公孔孟的教化思想虽然内涵丰富，却并未明确提出"教化"一词，荀子首次将"教""化"连用，使用"教化"一词，这在儒家教化史上具有划时代的意义，这既是历史发展的必然，也是荀子创造性思考的结果。荀子从国家政治的角度来看待教化问题，认为全社会都是教化的对象，使教化更具有普遍的适用性。虽然荀子教化思想的提出颇具理论影响和意义，但"孙卿迫于乱世，鳍于严刑，上无贤主，下遇暴秦，礼义不行，教化不成"[④]。所以在荀子生活的时代，教化并没有得到政治家们的认可而付诸实践，还仅仅是作为一种理论学说而存在。

董仲舒在传统儒家学说，特别是荀子思想的基础上，不仅认识到教化对治国安邦的重要性，而且赋予思想理论以可操作性，使其具备实践价值，通过设立太学等一系列可行性方案，将儒家教化学说提升到一个新的高度。

---

① 论语译注．杨伯峻译注［M］．北京：中华书局．2006：20.

② 论语译注．杨伯峻译注［M］．北京：中华书局．2006：235.

③ 孟子正义．沈文淖点校［M］．北京：中华书局．1987：268.

④ 荀子集解．王先谦译注［M］．北京：中华书局．1988：698.

2.3.1.2 汉初儒家教化学说

作为以统治思想为目标的主动行为，儒家思想在汉初黄老思想统治时期不断进行调整改造，从叔孙通开始，儒家思想经历了一系列革新，终到董仲舒手中形成了最为完备的形式。在这个过程中，陆贾、贾谊等思想家对儒家的改造之功至为重要，陆贾、贾谊虽然不是纯儒，但陆贾将儒家“仁义”思想与黄老无为相结合，贾谊则进一步彰显“仁义”的礼制意义，这都为董仲舒新儒学体系的形成提供了极为有益的参考。

首先，叔孙通是使儒学在汉初引起统治者重视的第一人。汉政权建立初始，儒学的存在并没有得到以刘邦为首的统治集团的足够重视，叔孙通向刘邦提出“夫儒者难与进取，可与守成”[①]，认为儒生可以在治国安邦方面发挥其才能。在刘邦的授意下，叔孙通着手制定了一整套朝廷礼仪，在儒家所称颂的周代礼乐基础上，主动融合秦仪，在朝廷之上首次施行后，“自诸侯王以下莫不振恐肃敬”[②]，这使得高祖刘邦对儒生的力量刮目相看。叔孙通这种以变通求发展的做法虽被后人诟病，但也显示出儒学所具有的强大包容力，预示着汉初儒学兼容各家、顺应时代发展、关注现实问题的发展趋势。在汉初随后的几十年间，陆贾、贾谊等儒生无不结合现实社会政治需要来改造儒学，从而发展儒学，使儒学与现实社会生活的结合更为紧密，虽然在面貌上与先秦理想主义学说不尽相同，但使儒学在新的时代背景下重新焕发活力，愈益引起统治者的关注，为董仲舒“独尊儒术”建议的提出铺平了道路。

其次，陆贾是西汉初期提出“文武并用”思想的第一人。陆贾认为要维护政权，仅依靠刑罚的力量是不够的，还需要有教化。陆贾强调使用德

---

① 司马迁．史记［M］．北京：中华书局．2014：3803.

② 司马迁．史记［M］．北京：中华书局．2014：3994.

治教化与武力刑罚两种统治手段，向刘邦建议文武并用才是“长久之术也”。人们“好利恶难，避劳就逸”，这是人的天性使然，所以“民知畏法而无礼义，于是中圣乃设辟雍庠序之教，以正上下之仪，明父子之礼，君臣之义，使强不凌弱，众不暴寡，弃贪鄙之心，兴清洁之行”①。伦理道德的意义在于辅助政治，道德教化和刑罚武力是维护政治不可或缺的两种手段。秦王朝失败的历史教训让新上台的汉统治者记忆犹新，他们意识到对人民不能剥削过重，刑罚要尽量轻缓，他们不得不考虑民众的负担承受能力和民心向背问题。陆贾说：“天地之性，万物之类，怀道者众归之，恃刑者民畏之。归之则附其侧，畏之则去其域。故设刑者不厌轻，为德者不厌重，行罚者不患薄，布赏者不患厚。所以亲近而致疏远也。”②陆贾在《新语》中一再强调统治者要“怀仁仗义”，不能“恃刑”，他说：“圣人怀仁仗义，分明纤微，忖度天地，危而不倾，佚而不乱者，仁义之所治也。”③陆贾“文武并用”思想的侧重点在于强调“仁义”的作用，陆贾继承了先秦儒家以民为本的教化思想，强调以仁义为本，刑罚为用，对董仲舒“德主刑辅”思想的形成起到了思想先导的作用。

最后，贾谊是汉初系统论述教化思想的第一人。贾谊吸取了秦朝“秦任刑法不变”以致迅速灭亡的教训，主张先用礼义教化，而后用刑罚。贾谊认为，在取得政权后，守天下应重在礼义教化，他系统论述了“礼”与“法”作为两种统治手段在治理国家中各自发挥的不同功能，“礼者禁于将然之前，而法者禁于已然之后”④，刑罚只能禁止人们作恶，而礼义教化可以使老百姓根本不产生作恶的念头。贾谊还认为人的品质是可以随着

① 新语校注．王利器校注［M］．北京：中华书局．2012：2.
② 新语校注．王利器校注［M］．北京：中华书局．2012：118.
③ 新语校注．王利器校注［M］．北京：中华书局．2012：2.
④ 班固．汉书［M］．北京：中华书局．1962：2222.

所受教化的改变而改变的，他注重“礼”“习”，认为经过教化可以成性，所以对民众应当进行礼义教化。按照他的说法，“道之以德教者，德教洽而民气乐；驱之以法令者，法令极而民风哀”①，只有加强礼义教化，施行仁政，才能改良社会风气。贾谊的主张受到当时占统治地位的黄老思想的排斥，黄老学派的学者屡次诋毁贾谊“洛阳之人年少初学，专欲擅权，纷乱诸事”②。汉文帝也因此而疏远之，贾谊提出的教化主张虽没能得到完全的实施，但成为汉初儒家教化思想的先驱。

综上，以叔孙通、陆贾、贾谊等为代表的汉初儒生，在儒学复兴的道路上做出了不懈的努力，不仅使新时期的儒学在内容与形式上焕然一新，为儒学的发展注入新的动力，更为重要的是，汉初儒生在改造儒学时所体现出的这种关注现实的倾向与借鉴诸子的方法，对董仲舒儒学教化体系的构建也具有重要的思考价值。汉初儒生的努力使儒学获得不同地域间的广泛传播，不断扩大其影响。儒学发源于邹鲁，至汉代初年，基本上还是一个地方性学派，到文景时期，儒学开始向燕赵和丰沛地区扩展。景帝时，修学好古的河间献王不惜重金从民间搜求先秦经传说记，其学举六艺，并设置《诗》《左氏春秋》博士，言行一准于儒家礼仪，从而吸引了一大批儒家学者。与此同时，在燕赵一带也出现了一批有成就的儒家学者，如毛公、贯公、贯长清河胡常，广川孟但等，从而在董仲舒的家乡广川一带产生了浓厚的儒学文化氛围。正是基于这样的学术文化背景，董仲舒的教化思想得以形成并发展。

2.3.2 董仲舒对传统儒学的发展

董仲舒对传统儒学的发展，主要体现为对先秦诸子学派思想的借鉴与

---

① 贾谊 . 新书校注 . 阎振益、钟夏校注［M］. 北京：中华书局 .2000：378.

② 班固 . 汉书［M］. 北京：中华书局 .1962：2224.

整合。应当说，董仲舒的教化思想体系之所以能够最终建立，是与他对先秦诸子思想的借鉴与整合密不可分的。虽然教化思想在本质上从属于中国传统儒学范畴，但在董仲舒引入阴阳五行学说之后显然具有了阴阳家的特点，“阴阳五行”作为“天人感应”思想体系的构架与运行规律，连通着宇宙间各部分。“天人感应”思想体系的复兴可以归因于汉初兴盛发展的黄老之学，董仲舒不仅完全吸收了这一思想，还进一步发展出“阳尊阴卑”与君臣关系等理论。除此之外，董仲舒还借鉴整合了道家、法家及墨家的部分思想内容。

2.3.2.1 董仲舒对阴阳五行思想的借鉴

除了儒、墨、道、法等显学之外，还有一个学术派别盛行于战国时期，那就是邹衍所创立的阴阳五行学说。随着战国时期阴阳五行观念的盛行，儒生开始把儒家的伦理政治观念和阴阳五行思想结合在一起，这种结合首先体现在《易传》之中，此书正是通过阴阳观念解读《易》经。到了汉代，阴阳五行思想更是在社会中广泛流行，顾颉刚曾有过一段极为精审的概说：“汉代人的思想的骨干，是阴阳五行。无论在宗教上、政治上，在学术上，没有不用这套方式的。……其结果，有阴阳之说，以统辖天地、昼夜、男女等自然现象，以及尊卑、动静、刚柔等抽象观念；有五行之说，以木、火、土、金、水五种物质与其作用统辖时令、方向、神录、音律、服色、食物、嗅味、道德等等，以至于帝王的系统和国家的制度。”① 阴阳家的思想不仅对汉初天文学、医学等自然科学，而且对道家、儒家的哲学体系也产生了深刻的影响。

对阴阳五行思想的吸收也是董仲舒改造儒学的方法之一，“汉兴，承

① 班固．汉书［M］．北京：中华书局．1962：2498．

秦灭学之后，景、武之世，董仲舒治春秋公羊，始推阴阳”①。董仲舒通过阴阳五行来建构本体论的天道，从而为其理想的王道政治提供终极道德支持。“正是通过对阴阳五行的创新和发明，天，才会有性情，才可以与人相感应交通，才会有人世伦常生活的依托和帝国政治执行的根据，最终才实现了对原始儒学的改造和重构。所以，研究董仲舒哲学如果忽视或轻视阴阳五行的问题，说明还没有真正地读懂过董仲舒，就等于还停留在董学的门外，更谈不上升堂入室去探得董学的真谛。”②董仲舒通过阴阳五行的有序运行与相互作用，把天与人、天与伦理纲常结合在一起。在董仲舒之前的汉初几十年间，并不是没有人提过教化，如前所述，汉初儒者如陆贾、贾谊等人都对秦亡的原因进行过深入思考，他们以史为鉴，针对汉初的现实状况提出教化才是治国理政的长久之道。遗憾的是，他们的主张在当时没有得到足够的重视，或许其中原因之一就是他们的观点没有新意，与先秦儒家所倡导的观念基本上是一样的，套用今天的话来说，就是没有实现先秦儒家教化思想的“汉代化”，自然也就难以得到统治者的重视。董仲舒在给汉武帝的对策中同样非常强调教化，但是，他较之于陆贾、贾谊有个重大的不同，那就是认为“天”是教化策略的终极原因，并通过阴阳家的阴阳五行理论进行了论证。正如有学者所言：“董仲舒比陆贾、贾谊更进一步的地方，就是他说明了任德不任刑的根据，那就是天意。天意的具体表现，就是阴阳二气的运动。”③汉武帝是一个神学趣味非常浓厚的封建君主，他大力提倡公羊学说，在很大程度上促使董仲舒对《春秋》进行神学化改造，并提出天道阴阳的思想。董仲舒首次把“天”和“阴阳”结合起来，认为“阴阳”是“天”得以运行的基本元素，“阴阳”就是天道，

---

① 班固 . 汉书［M］. 北京：中华书局 .1962：2498

② 余治平 . 唯天为大［M］. 北京：商务印书馆，2003：123.

③ 李申 . 简明儒学史［M］. 北京：中国人民出版社，2006：57.

由此形成系统的天道阴阳理论，即所谓“天道之大者在阴阳”①。

正是因为董仲舒把阴阳五行思想融入儒学之中，通过阴阳五行的运行构建形而上的天道，为教化思想提供终极根据，并且将儒家古典人文精神的价值关怀落实到现实政治的操作层面，所以儒学才能定于一尊，被尊为汉代的官方政治哲学。更重要的是，阴阳五行理论作为一种分析论证工具，并没有在实质上改变传统儒学的基本内容，余英时先生也认为：“阴阳五行学说所提供的主要是一个宇宙的框架：儒、道、法虽都采用其间架，基本上并未改变他们关于文化、政治、社会的理论内容。”②儒学与阴阳学相混合的现象说明儒学是一个有生命力的“大传统”，“大传统”一旦融入民间，和“小传统”或通俗文化合流，那么其发生形式上的变化就是不可避免的。经历了与阴阳五行学说的整合，儒学不仅没有消亡，反而焕发了新的生机，而另一方面，阴阳五行思想也正是由于融入儒学之中，才最终成为中华传统文化中不可缺少的组成部分。

2.3.2.2 董仲舒对黄老思想的吸收融合

黄老学说在汉初意识形态领域的成功留给董仲舒丰富的思想资源。董仲舒对黄老学说的借鉴整合突出表现在对“无为而治”思想的关注。作为黄老学说的核心内容之一，“无为而治”要求行事清净寡淡，生活节俭有度，但这里的“无为”并非整个社会的无所作为或顺其自然，而是特指君王的无为，这种“无为”建立在臣民有为的基础之上，是一种由朝廷百官各尽其职、各自有为而形成的稳定的统治秩序之上的君道无为。也就是说，黄老“无为而治”的基础是君、臣、民从上到下各安其位，不同的等级之

① 班固．汉书［M］．北京：中华书局．1962：2502.

② 余英时．士与中国文化［M］．上海：上海人民出版社，1987：140.

间按照身份地位的不同要求各行其是，这样社会就可以自然运作，从而达到协调有序。这种学说的价值为董仲舒所看重，进而融合于其新儒学体系之中，借以阐发治国之道、君臣之道，董仲舒极力倡导臣道有为基础上的君道无为，“天高其位而下其施，藏其形而见其光；高其位，所以为尊也，下其施，所以为仁也，藏其形，所以为神，见其光，所以为明；故位尊而施仁，藏神而见光者，天之行也。故为人主者，法天之行，是故内深藏，所以为神，外博观，所以为明也，任群贤，所以为受成，乃不自劳于事，所以为尊也，泛爱群生，不以喜怒赏罚，所以为仁也。故为人主者，以无为为道，以不私为宝。立无为之位，而乘备具之官，足不自动，而相者导进，口不自言，而摈者赞辞，心不自虑，而群臣效当，故莫见其为之，而功成矣，此人主所以法天之行也”①。这段话可以看作是董仲舒论述无为思想的总纲，包含三层内容。

首先，董仲舒为“君道无为”建立了自然依据与天道依据。黄老学说基于“养生与治国一理”的立场，由养生思想附会治国思想，为“无为而治”寻找自然基点。董仲舒“参道家之旨”，在儒家中和思想及中庸之道的基础上，结合道家清净养生的内容，提出了守意安神、爱气持中等一系列养生主张，进而以治身论治国，支持无为而治的原则，为无为思想寻求自然生理方面的根据。此外，董仲舒将“君道”上升为“天道”的高度，从而为“无为而治”建立了至上依据。董仲舒说，“位尊而施仁，藏神而见光者，天之行也”。人道效法天道，“故居倡之位而不行倡之势，不居和之职而以和为德，常尽其下，故能为之上也”②。具体到君王，“为人君者居无为之位，行不言之教，寂而无声，静而无形，执一无端，为国源泉”③。

---

① 董仲舒 . 春秋繁露 . 张世亮、钟肇鹏、周桂钿译注［M］. 北京：中华书局 .2012：190.
② 董仲舒 . 春秋繁露 . 张世亮、钟肇鹏、周桂钿译注［M］. 北京：中华书局 .2012：199.
③ 董仲舒 . 春秋繁露 . 张世亮、钟肇鹏、周桂钿译注［M］. 北京：中华书局 .2012：206.

君主的无为是社会治理的根本，依据则是效法至上的天道，“人君贵居冥而明其位，处阴而向阳，恶人见其情，而欲知人之心。是故为人君者，执无源之虑，行无端之事，以不求夺，以不问问”①。这是君道无为的一般原则。

其次，董仲舒的“君道无为”包括“贵神”和“执权”两个方面。其中“贵神”是君道无为的关键与根本，他说：“为人君者，其要贵神。神者，不可得而视也，不可得而听也。是故视而不见其形，听而不闻其声。”②所谓“贵神”，是说君王不能事必躬亲，而应当处静不变，通过号令臣下解决具体事务，从而达到对社会的有效控制。可见董仲舒所说的“贵神”并不是不理朝政，而是应当抛开具体繁杂的事务，专注于国家宏观层面大政方针的制定，并且在此基础上充分放权，赋予官吏行事的充分自主权，“是以群臣分职而治，各敬而事，争进其功，显广其名，而人君得载其中，此自然致力之术也，圣人由之，故功出于臣，名归于君也”③。这里所谓“功出于臣，名归于君也”也就是董仲舒“无为”思想的第二层含义：“执权”。“执权”是“贵神”的结果，同样值得统治者重视，真正实现君道的无为，是以“执权”为基础的，董仲舒认为：“国之所以为国者，德也；君之所以为君者，威也，故德不可共，威不可分，德共则失恩，威分则失权，失权则君贱，失恩则民散，民散则国乱，君贱则臣叛。是故为人君者，固守其德，以附其民，固执其权，以正其臣。”④“执权”的反面是“失权”，会导致“君贱臣叛”的后果，这是从反面强调了“执权”的重要性。所以在“贵神”基础上，君王的威严德行通过各级官吏的具体行为在社会中得以体现，但这种威严德行却不能与官吏分享，这又涉及董仲舒对黄老学说中君臣伦理的吸收，

① 董仲舒．春秋繁露．张世亮、钟肇鹏、周桂钿译注［M］．北京：中华书局.2012：199.
② 董仲舒．春秋繁露．张世亮、钟肇鹏、周桂钿译注［M］．北京：中华书局.2012：198.
③ 董仲舒．春秋繁露．张世亮、钟肇鹏、周桂钿译注［M］．北京：中华书局.2012：206.
④ 董仲舒．春秋繁露．张世亮、钟肇鹏、周桂钿译注［M］．北京：中华书局.2012：204.

从而在君道无为的前提下巩固了尊卑贵贱的封建伦理秩序。

最后，实现“君道无为”的关键在于“臣道有为”。董仲舒认为“君道无为”建立在“臣道有为”之上，“为人臣者，法地之道，暴其形，出其情，以示人，高下险易，坚耎刚柔，肥铄美恶，累可就财也，故其形宜不宜，可得而财也。为人臣者，比地贵信，而悉见其情于主，主亦得而财之，故王道威而不失，为人臣常竭情悉力，而见其短长，使主上得而器使之，而犹地之竭竟其情也，故其形宜可得而财也”①。董仲舒在这里对为臣之道提出了很高的要求，认为臣道取象于地，一方面做事勤勉谨慎，对君王诚实忠心，全心全力地辅佐君王，另一方面又不能养成傲气，不贪功，而是将仁义美名归于君王，这是臣道有为的标准。官吏能否做到这一点直接决定着“君道无为”能否实现。“君道无为”是建立在“臣道有为”基础之上的，所以董仲舒认为君王应当做到任贤使能，量材授官。在制度设计方面，董仲舒提出循名责实的考绩之法。循名责实的考绩之法或许根源于孔子的“正名”思想，但从具体内容来看，黄老学说的相关内容对董仲舒的影响更为直接，循名责实也是黄老学说的核心内容之一，董仲舒的许多论述与其不谋而合，两者间的渊源昭然若揭。虽然董仲舒对黄老“无为而治”思想借鉴颇多，但其最终落脚点在于任贤使能，还是与儒家正论保持了一致，并未丧失传统儒学的合理内核。

2.3.2.3 董仲舒对法家和墨家思想的整合

法家学说同样是董仲舒思想的重要理论来源之一。董仲舒从法家那里汲取思想是非常明显的，这主要体现在两个方面：一是董仲舒明确肯定了刑罚的必要性与合理性，并将刑罚当作教化的辅助手段。列宁曾说过：“所

---

① 董仲舒．春秋繁露．张世亮、钟肇鹏、周桂钿译注［M］．北京：中华书局．2012：191.

有一切压迫阶级，为了维持自己的统治，都需要有两种社会职能：一种是刽子手的职能，另一种是牧师的职能。刽子手的任务是镇压被压迫者的反抗和暴乱。牧师的使命是安慰被压迫者，给他们描绘一幅在保存阶级统治的条件下减少苦难和牺牲的前景（这做起来特别方便，只要不担保这种前景一定能‘实现’……），从而使他们顺从这种统治，使他们放弃革命行动，打消他们的革命热情，破坏他们的革命决心。”[①] 董仲舒在强调教化的同时也需要“刽子手”的辅助，在借鉴法家思想的基础上通过刑罚作为辅助手段，意在钳制人性中的恶。董仲舒教化思想的一个突出特点就是在论述了刑罚与教化关系的基础上，肯定了刑罚作为教化辅助手段而存在的意义，进而为汉政权的巩固和稳定提出了一套以刑罚辅助教化的思想主张，这是对法家赏罚并用思想的部分吸收。二是受到法家“海内为郡县，法令由一统”[②] 思想的影响，董仲舒认识到思想统一对社会政治稳定的重要意义，从而提出以儒学思想统领意识形态的主张。

墨子学说中的合理成分同样被董仲舒所吸收，如前述及，董仲舒的天道哲学明显受到墨家“天志”说的启发。就内容来看，“天”在二人的思想体系中都扮演着至高无上的终极存在角色，是“百神之大君也”[③]；就思维路径来看，与墨子的思路相同，董仲舒也是通过赋予自然界的“天”以道德意义，从而创造出一个可以决定人间秩序的人格化的“天”。这种人格化的“天”代表着最高的伦理道德，其对人间社会的影响和指示又是通过阴阳二气的运行所造成的自然现象的变化来体现的，通过这种带有神秘色彩而具有权威性的“天”来证明政权合法性的

① 列宁全集（第 21 卷）［M］. 北京：人民出版社，1988：248.

② 司马迁 . 史记［M］. 北京：中华书局 .2014：304.

③ 董仲舒 . 春秋繁露 . 张世亮、钟肇鹏、周桂钿译注［M］. 北京：中华书局 .2012：536.

同时，董仲舒的天道观更是以“屈民而伸君，屈君而伸天”[①]为最终目的的，这与墨子“天志”说的内在旨趣是一脉相承的。除对“天志”思想的借鉴，墨子“明鬼”思想也以“天出灾异谴告”的变相形式融合在董仲舒的天人体系之中，而墨子的“尚同”思想更是在董仲舒的“大一统”理论中得以发展和实现。

总之，董仲舒根据时代需要，全面借鉴和融合阴阳家、道家、法家、墨家等先秦诸子的思想，重新诠释了儒家学说。他把各家各派中关于自然和社会发展变化的思想与有利于集权统一、尊君爱民、发展生产、繁荣文化、富国强兵的主张兼容并蓄起来，通过对各家各派的分析比较并根据时代需要，对前人的思想学术成果进行全面的批判总结并予以继承和提高，从而建构了一个完整的理论体系，形成了自己的思想学说，也使儒学由“朴学”发展为“辨学”[②]，成为当时中国思想学术的集大成者，这也为他丰富而深刻的教化思想奠定了理论基础。董仲舒的这种改造顺应了时代的发展，在汉初几十年的发展之后，终于得到汉武帝的重视，最终取代黄老之术，上升为汉代官方意识形态，从而进入儒学发展史的一个新阶段。以儒家思想治国是董仲舒思想体系的根本宗旨，其思想之根在于儒学，所以虽然说董仲舒兼融先秦各家学说，但历代却少有人在其学派归属问题上产生争议。从学术上看，董仲舒提出的“独尊儒术”不仅不是百家争鸣消失的原因，相反正是对结束分争而建立综合性思想体系的历史要求的回应与实践，从而为儒学在汉代的发展奠定了基础与方向。

---

① 董仲舒．春秋繁露．张世亮、钟肇鹏、周桂钿译注［M］．北京：中华书局．2012：30.

② 先秦儒学以礼乐为核心，重视现实的人伦秩序和具体的行为规范，而在董仲舒改造之后的汉代儒学思想中，有了一个系统的宇宙模式，为现实伦理道德找到了形而上学的依据，增强了理论的思辨性，使儒学发展到了一个新的阶段。

2.3.3 董仲舒教化思想的提出

董仲舒通过对传统儒学的继承与发展，完成了对先秦儒学的时代化改造，赋予汉代儒学新的内容。基于对教化的强调，董仲舒在汉代社会“独尊儒术”的大背景下，提出了其教化思想学说。

费孝通先生说过：“文化和政治的区别就在这里：凡是被社会不成问题地加以接受的规范，是文化性的；当一个社会还没有共同接受一套规范，各种意见纷呈，求取临时解决办法的活动是政治。文化的基础必须是同意的，但文化对于社会的新分子是强制的，是一种教化过程。”① 费孝通先生在这里是从政治与文化相比较的角度来认识教化的，由这番见解也可以解释政治在汉代“独尊儒术”政策推行背后所起的作用，以及“独尊儒术”政策本身对于文化和教化所具有的意义。董仲舒作为西汉王朝中期代表地主阶级利益的一个大思想家和政治家，立足于维护封建制度的巩固和发展，提出了王道仁政的政治思想以及与之相适应的、以具体的礼教内容为核心的教化思想。董仲舒为加强封建中央集权和封建等级政治制度而论述了一系列包括国家教化制度、人性的形成、教化的内容和方法等方面的问题，构成了以儒学为指导思想而颇具规模的教化体系。董仲舒“独尊儒术”的主张完全贯彻在汉王朝的教化领域之中，使儒学思想成为学术与教化的内容，实现了汉代教化的儒学化。如果说汉王朝虽然采取儒学作为统治思想，但在实际政治操作中实行的却是“霸王道杂之”② 的话，那么在教化领域则确实体现着儒学精神，而且显著和切实地贯彻着“独尊儒术”政策。

---

① 费孝通 . 乡土中国 · 生育制度［M］. 北京：北京大学出版社，1998：50-51.

② 班固 . 汉书［M］. 北京：中华书局 .1962：277.

2.3.3.1 汉代“独尊儒术”现象及原因分析

“罢黜百家，独尊儒术”是董仲舒《天人三策》的核心题目，也是儒学形式上入主统治阶级意识形态的标志。就汉初的客观社会政治形势而言，新兴的汉政权急于为巩固王朝的统治而在思想界寻找适合的意识形态，并围绕这一意识形态创设相应的上层建筑。同为中央集权的封建君主制王朝，秦王朝在历史发展中的经验教训对汉王朝具有重要的借鉴价值，秦始皇希望通过“焚书坑儒”这样的残暴措施来实现由法家学说统一思想界的失败尝试令汉武帝有所忌惮，也直接宣告了法家学说在汉代的破产。而以黄老学说形式出现的道家思想虽然对汉初的社会恢复与进步有所贡献，但其“无为而治”的原则已不适合武帝时期内忧外患的政治局面。所以新的统治思想需要满足两个条件：一是不同于道家或法家且具有较强的吸融能力，二是要符合当时政治和思想都需要统一的局面并与汉武帝的认识水平相符。就这样，经过汉初几十年的发展，新儒学凭借其所表现出的对其他诸子思想较强的包容性和协调性，以及在此基础上强调统一的学说倾向，从而脱颖而出，成为意识形态的最佳选择，董仲舒所要做的，就是使这一学说的内容真正符合汉武帝的认识水平，进而得到统治阶级的认可和推行。时代选择了董仲舒完成这一历史使命，在汉武帝策问古今之道时，董仲舒连对三策，在百余人间脱颖而出，他明确向汉武帝建议：“《春秋》大一统者，天地之常经，古今之通谊也。今师异道，人异论，百家殊方，指意不同，是以上亡以持一统；法制数变，下不知所守。臣愚以为诸不在六艺之科孔子之术者，皆绝其道，勿使并进。邪辟之说灭息，然后统纪可一而法度可明，民知所从矣。”[①] 这段话揭示了“独尊儒术”产生的理论根据和现实价值。随后，董仲舒结合武帝的策问，相继回答了汉政权存在的合法性以

① 班固．汉书［M］．北京：中华书局．1962：2500．

及国家的统治策略等问题，并根据当时的社会问题提出若干具体的建议，由此获得汉武帝的赏识和重视。汉武帝根据董仲舒的建议，提出“罢黜百家，独尊儒术”的文教政策，标志着儒学在形式上入主官方意识形态。当然，这里所说的“儒术”已经是经过董仲舒精心改造的新儒学，是先秦儒家思想在适应时代发展的前提下吸收诸子学说而形成的新儒学，它的立论前提是为了统一人们的思想、意志、行为和主张，这正满足了汉武帝在先辈六七十年休养生息后所奠定的雄厚经济基础上，变无为的寡欲政治为扩张皇权的多欲政治，变约法省禁为王霸政治的现实统治需要，于是被汉武帝采纳并得以在全国迅速推广。

由这一过程可见，儒学在汉初几十年间经历了从不受重视到逐渐发展，再到最终统一思想界的转变，这种转变的发生除了时代的需要以及儒生的改造之外，儒学自身的特点更是起到了关键作用。吕思勉先生曾指出：“然则自孝景以前，诸子之学，未尝不平流而进，而何以其兴盛卒不逮儒家邪？则知学术之盛衰，宗派之隆替，实与社会风尚之关系深，而与国家政令之关系浅矣。”[①] 此番言论可谓一语中的，道出了儒学独尊的根本原因，那就是其与社会风尚之间的密切关联，应当说，儒家的重新崛起与儒学特有的这种优势息息相关。首先，儒学提倡德政和礼教，体现着文明社会的本质，符合人类情感理智的一般需求，具有普世价值并符合中国宗法社会的传统与现实。在文明社会，道德伦理永远是人们生活中的重要内容之一，即使经历混乱战争年代的动荡，一旦社会重新稳定，以儒家伦理为代表的社会基本价值又会重新回到人们的视野，基于对这种基本价值的认可而形成的稳固社会秩序，也是社会稳定的必要条件之一。更为关键的是，儒学的礼乐制度与中国宗法制度弥合无间，其中所蕴含的现实政治价值更是自不待

① 吕思勉．秦汉史［M］．上海：上海古籍出版社，2005：69.

言。其次，儒家占据文化和经典的高位，独具教化优势。与先秦其他诸子只侧重于某一方面不同，儒家“六经”具有极强的涵盖力，典籍丰富且视野宽广，儒家尤其强调对历史的尊崇，这使得儒生可以提供历史上的经验教训为当政者所借鉴，可以说儒学深谙政治稳定的智慧。尤为核心的是，儒家具有体系井然的经典传授制度和较为完备的教化体系，这使得儒家具备其他诸子都无法拥有的经典和文化掌控力，其教育组织的优势对于文官制度的培养也具有不可替代性。再次，儒学在发展中日益体现出自身的包容性。作为一个开放的体系，儒学能够在调和众家之长的基础上不断更新发展，在融合的同时，儒家又能坚持以儒学为主而不入杂家之弊。正是因为具有这些内在价值，所以在中国历史上，成熟的王朝都将儒家学说选择为本阶级的主流文化。

针对汉武帝以后儒学的发展，徐复观在将其与其他诸子进行比较之后，也指出了儒学成为主流思想的必然性。他说：“而在今日可以看到的诸子百家中，也只有‘六艺之科，孔子之术’可以在政治上担当此种责任，因为这代表了人道主义的大方向，且包容性较大而流弊较少。”① 儒学所代表的这种人道主义方向，使其在推行中无需法家的强制手段，而是表现出较大的柔性，取得良好的效果。此外，也有学者从儒学与汉代社会需要间关系的角度来解释儒学的复兴，如周桂钿先生认为：“实际上，儒学的兴起是有基础的，它最适合封建社会的经济基础，也是思想发展的必然。从汉高祖刘邦开始，汉初几代皇帝对儒家都不感兴趣……四代几十年间，皇帝未尝奖励儒学，一般不用儒者，而儒学却不断发展，儒者层出不穷。这可以从另一角度证明儒学是适应当时社会的需要的，皇帝的冷淡态度压抑不住它的蓬勃发展。赵绾、王臧、辕固、申培、胡毋子都、董仲舒等都是

① 徐复观 . 两汉思想史（第 2 卷）［M］. 上海：华东师范大学出版社，2001：263-264.

在汉景帝不任儒者时开始研究儒学的。当然，汉武帝独尊儒术，对儒学的发展起了促进的作用，说明这种政策正确地反映了社会发展的需要。”①尽管儒学存在上述种种的内在价值，但这并不意味着儒学的兴起和发展可以自动完成，所谓“人能弘道，非道弘人”②。儒学的兴盛是靠儒生群体的卓绝努力换来的，在汉初儒生的奋斗历程中，董仲舒对新儒学体系的构建以及“天人三策”无疑起到了不可替代的历史作用，它的意义正如钱穆先生所言：“仲舒所论，正为东方儒学传统在政治理论上之正式抬头，此乃秦廷焚书坑儒以来政学思想一大转变。”③

“独尊儒术”在使儒学意识形态化的同时也造成了儒学的经学化。在先秦时期，儒家学说只不过是诸子百家中的一家，但在独尊儒术之后，它不再只是百家中的一家，而是凌驾于其他各家学说之上的官方之学，成了统治者维护其统治的意识形态，汉武帝立五经博士之后，儒学经学化的程度大大提高了。学术思想一旦成为意识形态，就会为统治阶级服务，服从于统治阶级的意志，这就在一定程度上失去了学术与政治间的张力，使学术难以自由发展，从而失去自我。徐复观先生认为：“立五经博士以后的博士，其水准反不如未立五经博士以前。通观古今中外，学术与现实政治，必有一相当距离，使其能在社会上生根，学术乃有发展可言，政治乃能真得学术之益。所以仲舒一时地用心过当，终于是贻害无穷的。”④但总体而言，“独尊儒术”在汉代的出现不是偶然的，思想的统一可以为政治的统一服务，一个政权如果没有一套理论作为指导思想是不会成功的，董仲舒的这套思想为汉武帝大一统国家的实现做出了很大贡献，充实了中国文化的内涵，

---

① 周桂钿 . 董学探微［M］. 北京：北京师范大学出版社，1989：342–343.

② 班固 . 汉书［M］. 北京：中华书局 .1962：2501.

③ 钱穆 . 秦汉史［M］. 北京：三联书店，2010：104.

④ 徐复观 . 两汉思想史（第 2 卷）［M］. 上海：华东师范大学出版社，2001：264.

完善了中国文化的基本形态，加强和巩固了汉王朝的封建中央集权政治，有利于社会的稳定和国家的团结统一，增强了社会凝聚力，把西汉的文治武功推向了全盛时期，对西汉政治、经济、文化、思想、科技的发展和繁荣都起到了很大的作用，最终成就了中国历史上的光辉一页。

2.3.3.2　“独尊儒术”背景下董仲舒教化思想的正式提出

“理论在一个国家实现的程度，总是决定于理论满足这个国家的需要程度。”① 到了西汉中期，经过董仲舒改造的儒学已经成为一种兼收并蓄并对维护封建统治特别有利的思想体系，能够为封建统治者所采纳。“独尊儒术”的直接后果是儒家社会教化模式的确立，在“独尊儒术”的大背景下，董仲舒得以全面提出并展示其教化思想，他以儒家的政治理论为指导，以儒家的伦理道德学说为主要内容，系统地提出了他的教化思想。

汉武帝在策问中说：“盖闻‘善言天者必有征于人，善言古者必有验于今’。故朕垂问乎天人之应，上嘉唐虞，下悼桀、纣，浸微浸灭浸明浸昌之道，虚心以改。”② 董仲舒当然同意汉武帝的观点，他说：“夫古之天下亦今之天下，今之天下亦古之天下，共是天下，古以大治，上下和睦，习俗美盛，不令而行，不禁而止，吏亡奸邪，民亡盗贼，囹圄空虚，德润草木，泽被四海，凤皇来集，麒麟来游，以古准今，壹何不相逮之远也！安所缪而陵夷若是？意者有所失于古之道与？有所诡于天之理与？试迹之于古，返之于天，党可得见乎。”③ 由于汉武帝相信古可鉴今，所以董仲舒把古今的天下看成是“共是天下”，这样就可以以古代的历史经验来进一步提出自己的教化思想。董仲舒接着说：“古者修教训之官，务以德善化民，

① 马克思恩格斯选集（第 1 卷）［M］. 北京：人民出版社，1995：11.
② 班固 . 汉书［M］. 北京：中华书局 .1962：2497.
③ 班固 . 汉书［M］. 北京：中华书局 .1962：2497.

民已大化之后，天下常亡一人之狱矣。今世废而不修，亡以化民，民以故弃行谊而死财利，是以犯法而罪多，一岁之狱以万千数。以此见古之不可不用也，故《春秋》变古则讥之。天令之谓命，命非圣人不行；质朴之谓性，性非教化不成；人欲之谓情，情非度制不节。是故王者上谨于承天意，以顺命也；下务明教化民，以成性也；正法度之宜，别上下之序，以防欲也；修此三者，而大本举矣。”①董仲舒要求君王以德化民，并列举古代的例子来证明此思想，“武王行大谊，平残贼，周公作礼乐以文之，至于成康之隆，囹圄空虚四十余年，此亦教化之渐而仁谊之流，非独伤肌肤之效也。至秦则不然。师申商之法，行韩非之说，憎帝王之道，以贪狼为俗，非有文德以教训于下也。”②最终，董仲舒以史为鉴，提出了他的教化思想：“古之王者明于此，是故南面而治天下，莫不以教化为大务。立太学以教于国，设庠序以化于邑，渐民以仁，摩民以谊，节民以礼，故其刑罚甚轻而禁不犯者，教化行而习俗美也。”③汉武帝在董仲舒这番建议的基础上，自上而下建立了较为完备的教化体系，通过多种形式向社会各阶层进行全方位的灌输，从而保证儒家教化思想在汉代社会的全面铺开。

董仲舒以教化思想统领儒学，儒学也由此逐渐成为中国传统文化的主流。秦亡的教训使董仲舒不再主张以法为教，而是以“六艺之科、孔子之术”为教化的内容，无论是太学、庠序，还是私学，都以儒学为教学的内容，国家也以儒学考试来选拔官吏，于是儒学无论是在官方还是在民间，都获得了绝对的统治地位，为儒学成为中国传统文化的主干奠定了基础。与法家思想在秦帝国所取得的主导专制主义政治地位不同，主张仁德之政的儒家思想在汉初各派思想的斗争和融合中胜出，最终成为汉代及其之后中国传

① 班固 . 汉书［M］. 北京：中华书局 .1962：2497-2498.

② 班固 . 汉书［M］. 北京：中华书局 .1962：2498.

③ 班固 . 汉书［M］. 北京：中华书局 .1962：2499.

统政治指导思想的主流，这实际上也反映了董仲舒对当时现实政治生活的深刻反思。在董仲舒的思想体系中，儒学对教化的支配作用可以归结为三个方面：第一，儒家经籍作为官学和私学的基本教材，成为封建时代进行道德教化和知识传授的主要内容；第二，儒学作为国家政策的理论根据，通过政治手段成为教化制度和措施的重大制约力量；第三，儒学作为社会意识中的指导思想，通过对人们思维内容和方式的影响，为教化的施行奠定了社会基础。总之，中国封建时代的教化内容、制度和思想理论，在儒家学说的支配下构成了一个统一体，从而形成具有中国特色的古代教化模式。

“独尊儒术”已经成为历史，但是在中国，传统历来具有十分强大的力量，儒家的思想观念及传统教化的特点至今仍可使我们感受到它的存在，这是因为当今社会虽然发生了根本变革，但是在经济和社会生活的许多方面仍然受到传统的影响。董仲舒“独尊儒术”思想的结果是使儒学成为传统中国社会中的正统思想，人们在行为中潜移默化地受其影响，遵循其规则行事，在这一过程中，儒学也逐渐成为中华文化的主干，并且渗透到社会生活的各个方面，在促进社会进步、养成民族意识以及认同统一国家等方面意义重大。更为重要的是，汉代教化制度及其思想体系的建立是“独尊儒术”政策的直接产物，反过来又有力地巩固了儒学的独尊地位。董仲舒的教化思想在功能、目标、原则及内容等方面为后来整个封建时代的教化奠定了坚实的基础，中国传统教化的一些主要特点，如教化为封建政治服务、道德教育居首、学校教育作为教化的重要组成部分、多种形式的办学途径、培养人才与选拔人才紧密结合以及儒家经籍对教化的支配性影响等等，在董仲舒这里都已显现端倪。自此之后，儒家教化思想成为整个中国封建社会教化的主流，儒家思想也成为封建社会教化活动的指导思想。

3 董仲舒论教化的目标、原则与功能

董仲舒之所以重视教化是基于以下两个原因：一是秦王朝灭亡的历史教训，二是汉王朝实现政治统一的现实需要。秦王朝从辉煌统一到二世而亡的历史教训，说明虽然对外的武力征讨可以夺取政权，但在政权建立之后，如果将这种对外的武力征讨转换为对内的暴力镇压，希望以此来维系社会的稳定和政权的巩固，则是完全行不通的。在汉代建立之初，儒家的有识之士就认识到了这一点，他们秉承儒家精神的内核，认为广施教化才是治国的根本之策，才能稳固政权。“这种思想一方面是说打天下和巩固政权不是一回事，打天下可以靠武力，而巩固政权主要不是靠武力；另一方面是说，巩固政权要有武力，但更要教化。”[①]包括董仲舒在内的汉初儒生都秉持着这种传统儒学精神，基于巩固汉政权统治以及治理国家的需要而强调教化，较之先秦，这就更加突显了教化在治国理政方面的意义。“如果说在西汉以前教化的主要含义是教育和伦理概念，那么从西汉时起，

① 曹影．教化的意蕴［R］．光明日报．2004–07–06.

教化就提升到巩固国家政权，关乎国家命运的高度，这既是西汉对教化地位作用的高度重视，也是西汉为教化注入的政治内涵。”① 在董仲舒之后，通过教化来治理国家和巩固政权的思想不断得到继承发展，为维护两千多年封建中国的正常社会秩序做出了重要的贡献。本章论述董仲舒教化思想中关于教化的目标、原则以及功能三个方面。

3.1 教化的目标

对董仲舒的教化思想进行分析，不难发现其中包含着提高人性修养、培养国家栋梁以及维护社会稳定等三个方面的目标。

3.1.1 化性为善，提高人性修养

中国古代的思想家尤其是儒家学者都注重对人性的培养，认为人性修养是最根本的教化。人性修养历来是儒家所追求的目标，人性需要修养方可成人，从而真正融入社会。就每一个个体而言，出生时其本性各不相同，孔子最早提出人生来就存在“上智”和“下愚”的区别，有“好仁、好智、好信、好直、好勇、好刚”六蔽，也就是说人性各有其特点，只有通过人性修养才能使人们各具特点的禀性合乎社会正常的伦理道德规范，从而融入社会。孟子则从完整的人性角度看待修养，他认为若不具备“恻隐之心、羞恶之心、恭敬之心、是非之心”，就不是真正意义上的人。荀子主张人之为人在于其“有辨”，也就是遵守圣王制定的道德规范，其实就是遵守儒家的伦理道德，遵从以儒家伦理道德为内容的生活模式，只有通过人性的修养才能自觉融入这一生活模式，从而自在地生活。除此之外，由于外在的社会环境对人性的发展具有重要影响，也有必要强调人性的修养。“文

① 曹影．教化的意蕴［R］．光明日报．2004-07-06.

武兴则民好善，幽厉兴则民好暴”[①]，“富岁子弟多赖，凶岁子弟多暴”。[②]只有从内在的角度进行自我修养，人们才能避免受到不良社会风气的侵蚀，受到传统儒家思想观念的影响。董仲舒也认为合乎儒家道德规范的生活才是真正的人的生活，所以特别将提高人性修养作为施行教化的目标之一，他说：“臣闻良玉不瑑，资质润美；不待刻瑑，此亡异于达巷党人不学而自知也。然则常玉不瑑，不成文章；君子不学，不成其德。”[③]在董仲舒看来，大多数人只有通过学习才能提高修养，成就道德。董仲舒强调教化应当以纯化人性、促成社会化道德人格的形成为目标，因此董仲舒的教化思想中也包含着人性修养的内容。董仲舒将儒家伦理道德的内容作为教化的基本原则，认为这些原则可以通过修养内化为人的思想和本质，从而按照儒家的伦理标准修养成善。具体而言，董仲舒认为教化一方面可以促进人性中善质的发展，另一方面还能遏制人性中的恶质，也就是限制人们的利欲之心。经过一个积累渐进的过程，人性中的善质和恶质此消彼长，人们可以达到自觉遵循道德规范而不需要外在强力约束的境界，这也就完成了儒家的人性修养目标。

在提高人性修养的具体途径方面，董仲舒首先提出了“积习渐靡”的思想，教导人们注重平时习惯的养成。他讲道：“积习渐靡，物之微者也，其入人不知，习忘乃为常然若性，不可不察也。”[④]除此之外，董仲舒还强调对消极的或错误的苗头必须“贵微重始”[⑤]，即着力于察微慎始的功夫。董仲舒要求防微杜渐，是要预见、明察和防止一切有害于美德善行的不良

① 孟子译注．杨伯峻译注［M］．北京：中华书局．1960：79.

② 孟子译注．杨伯峻译注［M］．北京：中华书局．1960：79.

③ 班固．汉书［M］．北京：中华书局．1962：2501.

④ 董仲舒．春秋繁露．张世亮、钟肇鹏、周桂钿译注［M］．北京：中华书局．2012：655.

⑤ 董仲舒．春秋繁露．张世亮、钟肇鹏、周桂钿译注［M］．北京：中华书局．2012：175.

兆端，对于恶行要“预禁于未然之前”[①]，要“诛恶而不得遗细”[②]，由此除恶从善。董仲舒的“积习渐靡”与“贵微重始”表现出他注意培养良好习惯的思想，也就是积善养德，进行“渐以致之”的功夫，这都是可贵的修身见解。其次，关于人性修养，董仲舒还要求“内视反听”。[③]“内视”就是自我省察，“反听”就是接受别人的意见，将两者相结合发挥反思和自律的作用，是提高人性修养的一种可行方法。董仲舒的“内视反听”要求“明于天性与知其本心”[④]，也就是强调修养要有视、听、思、省的功夫，这是有一定积极意义的。最后，董仲舒还提出了“有为”和“自得”的人性修养境界。他讲道：“有为而得义者，谓之自得。”[⑤]在这里，他强调“有为”的意义，即要求在道德行为上发挥主观能动性，“强勉行道则德日起而大有功”[⑥]，也就是说通过主观努力，发奋有为而达到修养境界，使道德观念意识在内心中自然产生，这就是“自得”。这种“自修自得”的人性修养发挥了主体的内部动力，能够取得完善自足的效果，这也要求修养主体不应只是消极被动地接受教诲和灌输，而是应当积极发挥主观能动性。应该说董仲舒在人性道德修养方面提出的“自得”功夫，能够使人在道德修养上心意自如，认识与实践合拍深化，这是一条颇具正当见解且值得我们认真考虑和谨慎汲取的德育原则。

董仲舒主张在人性修养方面达到心安气舒、意畅神怡的自乐自如情景，也就是他要求的那种融洽适当的“中和之德”，董仲舒在《循天之道》中阐述“中和之德”道：“夫德莫大于和，而道莫正于中，中者，天地之

---

① 董仲舒．春秋繁露．张世亮、钟肇鹏、周桂钿译注［M］．北京：中华书局 .2012：487.
② 董仲舒．春秋繁露．张世亮、钟肇鹏、周桂钿译注［M］．北京：中华书局 .2012：104.
③ 董仲舒．春秋繁露．张世亮、钟肇鹏、周桂钿译注［M］．北京：中华书局 .2012：484.
④ 董仲舒．春秋繁露．张世亮、钟肇鹏、周桂钿译注［M］．北京：中华书局 .2012：484.
⑤ 董仲舒．春秋繁露．张世亮、钟肇鹏、周桂钿译注［M］．北京：中华书局 .2012：319.
⑥ 董仲舒．春秋繁露．张世亮、钟肇鹏、周桂钿译注［M］．北京：中华书局 .2012：403.

美达理也，圣人之所保守也，诗云：‘不刚不柔，布政优优。’此非中和之谓与！是故能以中和理天下者，其德大盛，能以中和养其身者，其寿极命。……和者，天之正也，阴阳之平也，其气最良，物之所生也，诚择其和者，以为大得天地之奉也。……举天地之道，而美于和。”① 董仲舒在人性修养方面讲中和、安神、寂静，对汉朝统治者来说，就是通过“君逸臣劳”以得百姓和谐之功效，以及调和阶级矛盾之效果；对于被统治者来说，则是使人们节情制欲，心平气和地为统治者服务。董仲舒讲求“心平和而不失中”，为人要和谐中正、心安理顺，这是儒家追求的理想品德，是一种高度的人性修养，也是中华民族精神文明积淀的一种传统美德，有应予肯定之处。

3.1.2 选拔贤才，培养国家栋梁

董仲舒尊崇儒学的教化政策，对于西汉封建国家的人才培养具有十分重大的意义。在封建社会，政府官员的任免完全取决于皇帝的意志，然而皇帝本人不可能亲自去挑选每一个官员，所以必须借助某种固定的程序或机制，按照君主首肯的原则去选拔和任用官员，这就是选士制度产生的原因。古代皇帝视天下为自家私产，在主观愿望上也希望能够选拔贤才来辅佐自己治理好国家，所以古代的选士制度能够在一定程度上表现出不论门第、尚贤使能的特点。而从巩固政权的角度来看，“一个统治阶级越能把被统治阶级中的最杰出的人物吸收进来，它的统治就越巩固”。② 董仲舒正是认识到了这一点，所以非常重视通过教化来任贤使能，为封建国家培养栋梁之才。

---

① 董仲舒．春秋繁露．张世亮、钟肇鹏、周桂钿译注［M］．北京：中华书局．2012：609.

② 马克思恩格斯全集（第 25 卷）［M］．北京：人民出版社，2001：679.

汉武帝即位后下诏书要各郡国推荐人才，许多郡国有几十万的人口，却推荐不出一个人来，这引起了董仲舒的思考。他认为这有两方面的原因，一方面是由于“士素不厉也”[①]，知识分子平常不努力读书，不认真研究社会问题和理论问题，在国家需要时无法为国效力；另一方面则是由于统治者“不素养士”，平时不注意培养知识分子，平时不培养，临时抱佛脚，自然也不行。针对这两方面的原因，董仲舒分析道：“故养士之大者，莫大乎太学；太学者，贤士之所关也，教化之本原也……臣愿陛下兴太学，置明师，以养天下之士，数考问以尽其材，则英俊宜可得矣。”[②]根据董仲舒的建议，汉武帝于元朔五年（公元前 124 年）置博士弟子，直接目的就是为政府培养贤才，贤才是道德和学识在个体身上的体现，国家兴办学校，造就贤才并加以提拔录用，也就为所有人提供了效仿的榜样和努力的方向，从而引导整个社会崇学重儒，归于教化，而“崇学重儒”的社会风尚反过来也会促进学校教育的发展。官学教育培养出来的人才虽然有限，但教化广施所带来的良好道德风尚的建立却影响深远，其作用是社会性的，其价值要远大于培养若干人才。在董仲舒的建议下，太学为朝廷输送了大批优秀人才，出现了“汉之得人，于兹为盛”[③]的局面，逐步扩大了封建王朝的统治基础，对于巩固封建政权、发展封建经济和文化事业都起到了积极作用。正如李泽厚先生所言：“进教化，立官制，重文士，轻武夫；建构一个由‘孝悌’、读书出身和经由推荐、考核而构成的文官制度，作为专制皇权的行政支柱。这个有董仲舒参与、确立于汉代的政治—教育（‘士—官僚’）系统是中国历史上的一件大事，也是了解自秦汉以来中

① 班固．汉书［M］．北京：中华书局．1962：2497．
② 班固．汉书［M］．北京：中华书局．1962：2497．
③ 班固．汉书［M］．北京：中华书局．1962：2628．

国历史的重大关键之一。”①

董仲舒本人也亲自授学，直接为汉王朝培养了大批优秀人才。董仲舒在当时以治《公羊春秋》而闻名，他的弟子很多，其中见于史册的有“兰陵褚大，广川殷忠，温吕步舒”②等。此外，董仲舒“子及孙皆以学至大官。”③可见董仲舒在授徒和培养人才方面也是很有能力的，同时也能很好地教育儿孙后辈。董仲舒终生勤奋踏实地做学问，忠于教化事业，专心竭诚地培育后代，表现出董仲舒对孔子“学而不厌，诲人不倦”精神的继承和发扬。在亲身从事教学的过程中，董仲舒总结出一套独特的教学经验，他说：“善为师者，既美其道，又慎其行，齐时蚤晚，任多少，适疾徐，造而勿趋，稽而勿苦，省其所为，而成其所湛，故力不劳而身大成，此之谓圣化，吾取之。”④这就是说，在教学过程中，老师首先应该了解学生，根据其才能的不同安排学习时间，考虑学生的接受程度以安排不同的教材。教学进度要快慢合宜，不要使学生感到紧张，更不要使学生苦于接受。教师要善于观察学生的学习情况以分别辅导，协助学生完成其感兴趣的课业。只有教师真正这样做，学生才能以最少的付出获得最大的成就，而教师在这一过程中也完成了“圣化”。董仲舒还指出：“大节则知闇，大博则业厌，二者异失同贬，其伤必至，不可不察也。”⑤这是就讲授知识的广度而言，“大节”和“大博”作为两个极端，都是有害于学习的，一定要注意避免。可见，董仲舒对教化思想的实践不仅从国家层面设计了一套有效的制度，而且对于教书育人也是亲力亲为的，这也体现出董仲舒对通过教化培养人

---

① 李泽厚．新版中国古代思想史论［M］．天津：天津社会科学院出版社，2008：73.

② 班固．汉书［M］．北京：中华书局.1962：2502.

③ 司马迁．史记［M］．北京：中华书局.2014：3800.

④ 董仲舒．春秋繁露．张世亮、钟肇鹏、周桂钿译注［M］．北京：中华书局.2012：36.

⑤ 董仲舒．春秋繁露．张世亮、钟肇鹏、周桂钿译注［M］．北京：中华书局.2012：45.

才这一目标的重视。

3.1.3 天下和洽，维护社会稳定

教化作为国家意识形态的一种制度化推行，其目的就在于使统治阶级的思想成为全社会的主导思想，从而维护社会秩序的稳定。马克思认为："国家作为第一个支配人的意识形态力量出现在我们面前。社会创立一个机关来保护自己的共同利益，免遭内部和外部的侵犯。这种机关就是国家政权。它刚一产生，对社会来说就是独立的，而且它越是成为某个阶级的机关，越是直接的实现这一阶级的统治，它就越独立。"[①] 从维护社会稳定的角度出发，国家必然要对个体实施教化，以使个体能够适应当下的社会现实生活，马克思认为："人不是抽象的蛰居于世界之外的存在物。人就是人的世界，就是国家、社会。"[②] 在有阶级存在的社会形态中，国家必然充当着教化实施的主体，而教化的内容便是各种社会规范，这样便会造成两种结果，一是个体接受教化的内容而成功地进入特定的社会生活之中，接受教化是成功进入特定社会生活的通行证，接受教化就是个体对社会成员资格的获取，从这个意义上来讲，"首先应当避免重新把'社会'当作抽象的东西同个体对立起来"[③]，"正像社会本身生产作为人的人一样，社会也是由人生产的"。[④] 其二是个体在进入社会之后不会安于现状，而总是试图从"现实的我"向"理想中的我"进行不断的超越，这本身就是社会生活的内在规定性，社会生活中的一切都处在绝对的变异之中。

这可以解释董仲舒从维护社会稳定的角度追求教化的目标，通过对历

① 马克思恩格斯选集（第 4 卷）［M］. 北京：人民出版社，1995：253.
② 马克思恩格斯选集（第 1 卷）［M］. 北京：人民出版社，1995：1.
③ 马克思恩格斯选集（第 3 卷）［M］. 北京：人民出版社，1998：302.
④ 马克思恩格斯选集（第 3 卷）［M］. 北京：人民出版社，1998：301.

史的考察，董仲舒认为维护社会稳定的最好办法莫过于实施教化。教化对于维护社会稳定目标的达成是通过扭转社会风俗来实现的，如前文所述，随着汉初社会经济的发展，富贵奢靡之风日起，互相攀比、结交权贵的现象比比皆是，贪求富贵而引起的犯罪活动也日渐增多，“刑者甚众，死者相望，而奸不息，俗化使然也”。[①] 针对这些不良社会风气，董仲舒认为可以通过教化来扭转，他建议“立太学以教于国，设庠序以化于邑，渐民以仁，摩民以谊，节民以礼”。[②] 董仲舒希望通过改变社会中的不良风气来保证社会的稳定，他通过“以古鉴今”的方式指出：“古者修教训之官，务以德善化民。民已大化之后，天下常亡一人之狱矣。今世废而不修，亡以化民，民以故弃行谊而死财利，是以犯法而罪多，一岁之狱以万千数。以此见古之德教不可不用也。”[③] 事实证明，自汉武帝采纳董仲舒的建议而长期推行教化之后，“百姓向化，孝子弟弟贞妇顺孙日以众多，田者让畔，道不拾遗，养视鳏寡，赡助贫穷，狱或八年亡重罪囚，吏民向于教化，兴于行谊，可谓贤人君子矣”。[④] 孝子贞妇的增多、社会风气的改善，以及狱中没有罪行严重的罪犯，这些都说明汉代教化对于社会稳定所起的作用，整个社会为之一变。总之，经过两汉政府长期推行董仲舒的教化思想，整个社会形成忠孝、仁爱、节俭的良好风气，这有助于协调社会关系，缓和阶级矛盾，对维护社会稳定产生了积极的作用。

董仲舒还通过“春秋决狱”使儒家伦理观念渗透于司法实践，从而起到维护社会稳定的作用。“春秋决狱”是肇始于汉武帝时期，经董仲舒开始的一种借由儒家经籍《春秋》的基本原则作为处理案件依据的做法，其

---

① 班固 . 汉书［M］. 北京：中华书局 .1962：2498.

② 班固 . 汉书［M］. 北京：中华书局 .1962：2496.

③ 班固 . 汉书［M］. 北京：中华书局 .1962：2502.

④ 班固 . 汉书［M］. 北京：中华书局 .1962：3626.

实质在于以儒家伦理指导司法实践。董仲舒本人概括了“春秋诀狱”的基本精神：“春秋之听狱也，必本其事而原其志。志邪者，不待成；首恶者，罪特重；本直者，其论轻。”[①]可见，“春秋决狱”的基本精神在于要在案件具体事实的基础上重点考虑行为动机，即“重志”：对于动机不良的人，即使其犯罪行为尚未完成或没有造成社会危害，也要对其课以刑罚，对为首作恶之人要特别加重处罚；而对于没有不良动机的人，即使客观上造成了危害后果，也应当从轻处理。董仲舒在《天人三策》中认为汉律同秦律一样，普遍存在“诛名而不察实，为善者不必免，而犯恶者未必刑也”[②]的问题，因而反对机械的依照刑律进行处罚。虽然“原心论罪”也容易造成主观随意[③]，但人的善恶乃本于内心，从善恶观念出发来进行司法审判，对改革当时严苛的刑罚制度颇有作用。应当说在古代封建社会的伦理法律体系尚不成熟之时，“春秋决狱”的出现和运用更有助于社会公平，更为重要的是，通过儒家伦理对司法活动的渗透，真正使刑罚在实际运用中起到了辅助教化推行的作用，有助于实现教化稳定社会秩序的目标。

“春秋决狱”由董仲舒提倡并得到汉武帝的支持，由董仲舒指导的大量案例汇编成《春秋决事比》一书，逐渐成为两汉时期司法断案的重要参考，可惜此书现已失传，仅有少数几个案例在《太平御览》等书中记载而得以留存。从现有的几个案例来看，董仲舒是通过儒家“先圣”之名，在具体的案件中由儒家的伦理道德原则去代替当时具体的法律规定而得出案件结论，通过限制严刑峻法，确立儒家的伦理道德在司法实践中的指导地位。董仲舒的“春秋决狱”其实就是将《春秋》中的“重民、重义、重志”

---

① 董仲舒．春秋繁露．张世亮、钟肇鹏、周桂钿译注［M］．北京：中华书局 .2012：91.

② 班固．汉书［M］．北京：中华书局 .1962：2497.

③ 如马端临在《文献通考·春秋决事比》中评价道：“盖汉人专务以《春秋》决狱，陋儒酷吏，遂得以因缘假饰。”

思想体现在法律方面，也就是教化和刑罚相结合的体现。《太平御览》卷六百四十引《春秋决狱》一个案例，很好地说明了这一点："甲父乙与丙争言相斗，丙以配刀刺乙，甲即以杖击丙，误伤乙，甲当何论？或曰：殴父也，当枭首。论曰：臣愚以父子至亲也，闻其斗，莫不有怵怅之心，扶杖而救之，非所以欲殴父也。《春秋》之义，许止父病，进药于其父而卒，君子原心，赦而不诛。甲非律所谓殴父，不当坐。"[①] 在这个案例中，儿子虽出于救父的目的，但由于惊慌失措而误伤父亲，或被按照"殴父"处理，但董仲舒按照《春秋》"原心论罪"的特点认为"君子原心，赦而不诛"，由于儿子并无伤害父亲的故意，相反是为了救父亲，这与"父为子纲"的伦理要求是符合的，故不应判处刑罚。可见，董仲舒反对机械照搬刑律，希望通过伦理道德的温情化解现实刑罚的暴戾，这是对当时"汉承秦制"严刑峻法的一种否定，在特定的历史条件下有其合理性，对刑罚的滥用具有限制作用。

在董仲舒看来，刑罚正确合理，就能使教化的原则更加明确，更多的民众受到教化，使封建伦理教化得到推广实行；相反，若刑罚过于严苛甚至与教化的基本原则相悖，这种道德原则的混乱就会造成社会民众迷惑不解，必然妨碍教化的社会效果。董仲舒"春秋决狱"的做法直接影响了汉代的治狱，对汉代较为严格的刑律起到了修正作用，更为重要的是，这种修正使得儒家经义得以深入民心，在一个个具体案件的处理中使民众得到教化，使民众的行为自觉符合社会规范，进而达到维护社会稳定的目标。

3.2 教化的原则

道德教育是董仲舒教化思想体系的核心，他在向汉武帝奏陈建国方略

---

① 李昉 . 太平御览［M］. 北京：中华书局 .1995：63.

时，就强调儒家的“导之以德，齐之以礼”[①]思想，强调道德教育的重大意义，要求以仁义道德养士，以德善化民，这充分体现了董仲舒的重德思想。他以天道观及人性论为理论依据，发挥儒家传统的伦理道德思想，结合西汉社会的现实要求，遵循儒家传统，把孔子“孝悌”“忠恕”等道德规范加以精致化，对教化理论进行再创造，提出“三纲五常”之道，通过阐述一系列纲常道德教化原则及其实施方法，用以教化人们的思想品行，以实现其教化目标，维护封建等级秩序及汉王朝的专制统治。在董仲舒看来，将“三纲五常”作为教化的基本原则加以推广并使其内化为全体社会成员的信念守则，可以保证社会的稳定以及王朝的长治久安。“三纲五常”是董仲舒对先秦儒家伦理道德规范的体系化、系统化总结，为儒家伦理道德思想的传承开辟了新的道路，在儒学发展史上起到了承前启后的重要作用。

3.2.1 董仲舒“三纲五常”的提出

董仲舒在《天人三策》中提出以“六艺之科、孔子之术”统一思想界。“六艺”即儒家六经：《诗经》《尚书》《礼》《乐》《周易》《春秋》。“六艺”何以具有如此重要的地位，董仲舒认为：“君子知在位者之？不能以恶服人也，是故简六艺以赡养之。《诗》《书》序其志，《礼》《乐》纯其美，《易》《春秋》明其知，六学皆大，而各有所长。《诗》道志，故长于质；《礼》制节，故长于文；《乐》咏德，故长于风；《书》着功，故长于事；《易》本天地，故长于数；《春秋》正是非，故长于治人。”[②]董仲舒主张以“六艺”的内容进行教化，“六艺”就是精神食粮。“六艺”都很重要，但又各有其长处，《诗》《书》培养人的远大志向，是道德方面的教化，《礼》

① 班固．汉书［M］．北京：中华书局．1962：1101．

② 董仲舒．春秋繁露．张世亮、钟肇鹏、周桂钿译注［M］．北京：中华书局．2012：35–36．

《乐》用以培养审美情趣，《易》《春秋》则是培养人的聪明才智。《汉书·儒林传》开篇就讲："古之儒者，博学乎六艺之文，六学者，王教之典籍，先圣所以明天道，正人伦，致至治之成法也。"[①] 这就是说，"六艺"是最基本的教材，是伦理政治的教科书。"六艺"中包含着丰富的儒家伦理、政治等内容，董仲舒从中提炼出"三纲五常"，并以"天"之阴阳、五行分别作为"三纲""五常"的形而上根据。此后，"三纲五常"作为中国古代社会中最基本的伦理道德原则，逐渐成为中国古代调解人伦关系的基本准则，并对中国古代政治产生深刻影响，韦政通形象地称之为"伦理政治化"[②]。

"三纲"一词首见于《春秋繁露》，它并非凭空产生，而是由董仲舒在儒家传统思想基础上提炼总结而成。《论语》中就曾记载过孔子与齐景公的一段对话："齐景公问政于孔子。孔子对曰：'君君，臣臣，父父，子子'。"[③]可见孔子认为好的政治在于建立等级有序的宗法制度，君仁臣忠、父慈子孝。君臣属于政治关系，父子属于伦理关系，孔子在这里把君臣与父子关系并举，不仅说明儒家非常重视君臣和父子这两对基本社会关系，而且体现出早期儒家所具有的伦理政治化倾向。子思发展孔子的这种思想，认为基本的社会关系还包括夫妇、兄弟和朋友，即"君臣也，父子也，夫妇也，昆弟也，朋友之交也"。[④] 在具体的论述方面，子思较为重视父子这一对基本关系，他说："子以事父，臣以事君，弟以事兄，朋友先施之。"[⑤] 子思将父子之间的"子以事父"放在首位，正是为了强调血缘宗法性在人

---

① 班固．汉书［M］．北京：中华书局．1962：3596.

② 韦政通．董仲舒［M］．台北：东大图书公司，1996：129.

③ 论语译注．杨伯峻译注［M］．北京：中华书局．2006：140.

④ 论语·大学·中庸．陈晓芬、徐儒宗译注［M］．北京：中华书局．2015.342.

⑤ 论语·大学·中庸．陈晓芬、徐儒宗译注［M］．北京：中华书局．2015.351.

伦关系方面的突出地位。子思还比较强调夫妇间的关系，他说：“君子之道，造端乎夫妇，及其至也，察乎天地。”[①]这大概是出于家庭稳定的考虑。至战国后期，孟子又提出了“五伦”说：“父子有亲，君臣有义，夫妇有别，长幼有序，朋友有信。”[②]在这里，孟子同样强调古代社会的血缘宗法性质，故首先论述父子、君臣和夫妇这三对关系，孟子的“五论”模式逐渐被固定下来。此外，法家韩非也认为“臣事君，子事父，妻事夫，三者顺则天下治，三者逆则天下乱。此天下之常道也，明王贤臣而弗易也”。[③]这些人伦思想都为董仲舒“三纲”理论的形成提供了内容方面的参考。在此基础上，董仲舒将阴阳思想引入人道伦常之中，论证道：“君臣、父子、夫妇之义，皆取诸阴阳之道。君为阳，臣为阴，父为阳，子为阴，夫为阳，妻为阴，阴阳无所独行，其始也不得专起，其终也不得分功，有所兼之义。是故臣兼功于君，子兼功于父，妻兼功于夫，阴兼功于阳，地兼功于天。……王道之三纲，可求于天。”[④]董仲舒意谓君臣、父子、夫妇之伦是王道之纲纪，“三纲”之说后为《白虎通》所宣扬，进而成为维护皇权专制统治以及封建等级制度的护身符。

关于“五常”的提法，首见于董仲舒的《天人三策》：“夫仁、谊、礼、知、信五常之道，王者所当修饬也；五者修饬，故受天之晁，而享鬼神之灵，德施于方外，延及群生也。”[⑤]这同样是对先秦儒家道德思想的继承和发展。孔子首先构造了包括“仁、礼、义、信、孝、悌、忠、恕、中庸、勇、智、恭、宽、敏、惠”等诸多道德条目在内的先秦儒家道德体系，其中又以“仁”

① 论语・大学・中庸 . 陈晓芬、徐儒宗译注［M］. 北京：中华书局 .2015.352.
② 孟子译注 . 杨伯峻译注［M］. 北京：中华书局 .1960：112.
③ 韩非子集解 . 王先谦译注［M］. 北京：中华书局 .1998：466.
④ 董仲舒 . 春秋繁露 . 张世亮、钟肇鹏、周桂钿译注［M］. 北京：中华书局 .2012：465.
⑤ 班固 . 汉书［M］. 北京：中华书局 .1962：2498.

和“礼”最为核心，通过对“仁”和“礼”的强调，孔子期望人们既具备完善的内在道德，又可以遵从外在的礼仪规范；孟子在孔子着重论述“仁”和“礼”的基础上附加“义”和“智”，提出了包含“仁义礼智”的四德说；董仲舒又以“信”补充孟子的四德说，首次明确提出“五常”思想。与法家强调以暴力和法令来维持政治秩序的特点不同，儒家强调通过柔性的伦理道德来处理人伦关系，进而实现政治秩序的稳固，这种始于人伦道德而终于政治现实的逻辑思路正是儒学的成功之处。

“秩序是中国伦理孜孜以求的目标，也是中国伦理文化气质最显著的特色。在某种意义上说，中国传统伦理就是秩序伦理。”①由孔子提出，中经子思、孟子形成的“五伦”“四德”的伦理道德模式，最后由董仲舒在韩非思想的启发下，从“五伦”中提炼出“三纲”，将“四德”改造为“五常”，从而构建出“三纲五常”这一体现封建宗法等级秩序的伦理道德原则。“不仅汉代的纬书和班固的《白虎通》等通用这个名词，直到朱熹、王夫之、辜鸿铭等也一点没有改变。历代王朝更加陈陈相因，就不用说了。”②由此可见，“三纲五常”作为我国传统道德教化的基本原则在封建社会中的持续影响。通过不断传承发展，“三纲五常”作为中国封建社会道德教化的原则，从汉代到清末长达两千年的时间里不断向社会生活的各个方面进行渗透，对社会心理及民族思想意识都产生了深刻的影响。

3.2.2 “三纲”：封建社会的最高伦理纲领

一切社会关系都肇始于君臣、父子和夫妇关系，这三种关系是社会的根本，决定着整个社会的稳固，而“三纲”所体现的正是这三对关系之间

① 樊浩．中国伦理精神的现代建构［M］．南京：江苏人民出版社，1997：709.

② 蔡尚思．中国礼教思想史［M］．上海：上海古籍出版社，2006：54.

所应当遵循的最高伦理原则，通过对这三对基本人伦关系的调整，整个社会自然能够呈现出一种有序状态，董仲舒的“三纲”着眼于最为基础的社会关系，从根本上保证了社会的稳定。

3.2.2.1 董仲舒对“三纲”合理性的论证

在董仲舒看来，社会若要实现尊卑有序，就必须对人们进行“三纲”教化。“三纲”是最基本的伦常等级关系，也是“礼”的终极规范形式。“三纲”的君臣、父子、夫妻三组关系中，后者对前者的服从是无条件的、绝对的，通过将其作为教化的原则渗透于人们日常的行为和观念之中，最终确保社会的稳定。董仲舒的“三纲”之道不是妄发议论，而是代表汉王朝要求加强统治的意图，针对当时诸侯国和贵族大臣对中央政权所表现出的骄横叛逆的历史现实而提出的名教和礼制，是通过规范人们的思想行为以服从封建中央集权统治的精神武器。这种“三纲”之道，特别是其中维护君权的主张，对当时处于上升期的封建社会要求统一的中央集权而言，是有积极意义的。

董仲舒是运用其“天人感应”的方法来提出并论证“三纲”理论的。他首先将“三纲”的理论根据追溯于“天”，说道：“天子受命于天，诸侯受命于天子，子受命于父，臣妾受命于君，妻受命于夫，诸所受命者，其尊皆天也，虽谓受命于天亦可。”[①]在这里，董仲舒的意思是，君臣、父子、夫妇之间的关系是受命关系，他们之间的关系不能颠倒，他们所受命的关系因“天”而成立，“天”是神圣不可抗拒的，所以说他们之间的关系是绝对的，而不是相对的，冯友兰先生对于董仲舒的“三纲”说有一段精彩的论述，他说：“这个理论（三纲说）只管‘名’，不管有这个‘名’的

① 董仲舒．春秋繁露．张世亮、钟肇鹏、周桂钿译注［M］．北京：中华书局 .2012：559.

'实'。照这个理论，君、父、夫是臣、子、妻的统治者。不管为君、为父、为夫者实际上是怎样的人，他们都有这些'名'给他们的权利；他们的臣、子、妻，对于他们都有绝对服从的义务。"①董仲舒在《基义》篇中论述道："凡物必有合；合必有上，必有下，必有左，必有右，必有前，必有后，必有表，必有里，有美必有恶，有顺必有逆，有喜必有怒，有寒必有暑，有昼必有夜，此皆其合也。阴者，阳之合，妻者，夫之合，子者，父之合，臣者，君之合，物莫无合，而合各相阴阳。阳兼于阴，阴兼于阳，夫兼于妻，妻兼于夫，父兼于子，子兼于父，君兼于臣，臣兼于君，君臣、父子、夫妇之义，皆取诸阴阳之道。君为阳，臣为阴，父为阳，子为阴，夫为阳，妻为阴，阴阳无所独行，其始也不得专起，其终也不得分功，有所兼之义。是故臣兼功于君，子兼功于父，妻兼功于夫，阴兼功于阳，地兼功于天。"②这里所说的臣、子、妇是君、父、夫之合，这个"合"是有主次的，他们之间并不平等，"合"的意思是配合，臣配合君，子配合父，妇配合夫，君、父、夫是主，臣、子、妇是从，这个主从次序不可改变。董仲舒说，"阳兼于阴，阴兼于阳，夫兼于妻，妻兼于夫，父兼于子，子兼于父，君兼于臣，臣兼于君"，君臣、父子、夫妇之间的关系看似是对等的，实则不然，他接着论述道："阴道无所独行，其始也不得专起，其终也不得分功，有所兼之义。"天道中的"阴"不能独行，它必须被"阳"所兼，又因为董仲舒把君、父、夫比作阳，把臣、子、妇比作阴，所以臣、子、妇与君、父、夫的关系也不是平等的，而是"有所兼"的。董仲舒通过把人类社会基本人伦关系的根源归结于"天"，从而将"三纲"的地位永恒化、至上化。"三纲"的主旨在于强调臣对君、子对父、妻对夫的关系中以一方绝对服从另一方

---

① 冯友兰．中国哲学史新编［M］．北京：人民出版社，2001：87.

② 董仲舒．春秋繁露．张世亮、钟肇鹏、周桂钿译注［M］．北京：中华书局 .2012：464-465.

为前提，对此，后来的《白虎通》又做了进一步的阐述："三纲者何谓也？谓君臣、父子、夫妇也。……《含文嘉》曰：君为臣纲，父为子纲，夫为妻纲。"[①] 又说："何谓纲纪？纲者张也，纪者理也，大者为纲，小者为纪，所以张理上下，整齐人道也。"[②] 从此，"三纲"成为中国古代社会处理伦理和政治生活的基本准则。董仲舒对"三纲"合理性的论证最终是借助于其天道哲学来完成的，这种论证方法在今人看来是极其荒谬而站不住脚的，然而在董仲舒所处的那个时代，这种论证方法却是合理且能够被普遍接受的。

3.2.2.2　董仲舒的"忠孝"观

君臣关系和父子关系是董仲舒"三纲"理论的重心。在董仲舒看来，君臣关系、父子关系主要体现为臣对君的"忠"以及子对父的"孝"。忠、孝是一件事情的两个方面，为人子者，在家需要对父亲尽孝道，为人臣者，在朝廷需要对皇帝尽忠，当"忠"和"孝"发生冲突时，"忠"要优于"孝"。由董仲舒确立的这种忠孝观念对后世封建社会的伦理和政治思想都产生了重要影响，故本节将对此稍加评述。

忠、孝混同是中国古代伦理思想的一个重要特点。这种观念的产生与中国"家国一体"的独特社会结构有直接关系。侯外庐先生曾指出："古典的古代是从家族到私产再到国家；国家代替了家族；而亚细亚的古代则是从家族到国家，国家混合在家族里面，就是所谓社稷。"[③] 中国古代是典型的亚细亚模式，以血缘关系为基础的家族在国家形成过程中不仅未受影响，反而日渐成为国家存在的基础，逐渐形成"家国同构"的社会结构，

① 陈立．白虎通疏证·三纲六纪［M］．北京：中华书局 .1994：373.
② 陈立．白虎通疏证·三纲六纪［M］．北京：中华书局 .1994：374.
③ 侯外庐．中国古代社会史论［M］．石家庄：河北教育出版社，2000：30.

与这一社会结构相伴产生的是古代的宗法制度。在宗法制度下，统治者以血缘关系为基础，通过分封制保证对辖区的统治，这又使得政治统治秩序与宗族血缘关系合二为一，国就是家，家就是国，家国一体。因此，有的学者认为宗法制“内有治家之功，外收治国之效”[①]的说法是很有道理的。家国一体的社会结构以及宗法制度的形成又促成了相应的政治思想产生，形成了重视血缘家族伦理，将伦理与政治相混同的独特政治文化。“家国同构”要求个人在分别扮演“子”和“臣”的角色时保持品质上的相通性，即“忠孝混同”，家国一体的社会结构和宗法制的存在最终导致“忠孝混同”观念的产生。董仲舒通过强调五行运行中“土”的重要性来突显“忠”和“孝”的地位以及两者之间的紧密联系，他说：“土者，火之子也，五行莫贵于土。土之于四时，无所命者，不与火分功名。木名春，火名夏，金名秋，水名冬，忠臣之义，孝子之行取之土；土者，五行最贵者也，其义不可以加矣。”[②]意思是说五行之中“土”最为尊贵，而忠孝的根源皆在于“土”，通过类比可以得出忠孝乃“天之经，地之义”[③]，忠孝都是“土德”的体现，二者密切联系不能分割。忠孝观念并不是一成不变的，随着大一统中央集权政治制度的确立，董仲舒的“忠孝观”相对于先秦时期来说，不论在地位上还是在内涵上都发生了新的变化。

首先，忠、孝由相对性概念转变为绝对性概念。“仁”“礼”是孔子学说的两大核心观念，他认为“孝”是“仁”的根本，“孝悌也者，其为仁之本欤”[④]，孔子把“孝”看作是“仁”的根本，“孝”也因此成为孔

---

① 马庆钰 . 告别西西弗斯——中国政治文化分析与展望［M］. 北京：中国社会科学出版社，2002：71.

② 董仲舒 . 春秋繁露 . 张世亮、钟肇鹏、周桂钿译注［M］. 北京：中华书局 .2012：396.

③ 董仲舒 . 春秋繁露 . 张世亮、钟肇鹏、周桂钿译注［M］. 北京：中华书局 .2012：396.

④ 论语译注 . 杨伯峻译注［M］. 北京：中华书局 .2006：10.

子学说中最重要的伦理概念。同时，孔子认为“孝”不仅是形式化的仪式和物质上的赡养，更重要的是对父母在精神上的慰藉，重在敬爱之心。孔子把“礼”作为善待父母的标准，“生，事之以礼；死，葬之以礼，祭之以礼。”[①]先秦儒家固然很重视孝道，但也讲求“父慈子孝”，通过父母和子女之间的互动实现家庭关系的和谐，而董仲舒则通过天道阴阳的论证，强调子对父的绝对服从。相对于“孝”而言，“忠”的内涵随着君权的加强而发生了更为显著的变化。先秦时期，“忠”的观念伴随着君权的削弱而呈现出对等性、相互性的特点，孔子提出“君使臣以礼，臣事君以忠”[②]的命题，认为臣民对君王的忠诚要以君王对臣民的礼遇为前提。孟子继承这一思想，更是认为“君之视臣如手足，则臣视君如腹心；君之视臣如犬马，则臣视君如国人；君之视臣如土芥，则臣视君如寇仇”[③]。君应当视臣为手足，恩礼并重。在孔、孟这里，君臣之间的关系具有相对性，尚是一种对等的双向互动关系，到韩非子时，这种关系失去了相对性，异化为一种单向关系，忠、孝从此失去道德意义，变得绝对化。董仲舒在韩非思想的影响下同样强调臣对君的绝对服从，他说：“心止于一中者，谓之忠；持二中者，谓之患；患，人之中不一者也，不一者，故患之所由生也，是故君子贱二而贵一。”[④]“一而不二”是天道运行的法则，董仲舒把“一”的法则应用到君臣关系中，要求臣无条件地效忠君主。为保障君主的至上权威，《春秋繁露》以春秋史实作为理论依据，对臣子的行为进行了许多较细致的规范，如“忠臣不显谏”[⑤]，臣子不独断专行，臣子需为君主承担恶名，臣

---

① 论语 . 张燕婴译注［M］. 北京：中华书局 .2006：12.

② 论语 . 张燕婴译注［M］. 北京：中华书局 .2006：16.

③ 孟子译注 . 杨伯峻译注［M］. 北京：中华书局 .1960：170.

④ 董仲舒 . 春秋繁露 . 张世亮、钟肇鹏、周桂钿译注［M］. 北京：中华书局 .2012：455.

⑤ 董仲舒 . 春秋繁露 . 张世亮、钟肇鹏、周桂钿译注［M］. 北京：中华书局 .2012：54.

子有为君主讨贼复仇的义务等，这些对臣子的行为规范，都是在“君尊臣卑”的框架内设计的。经过董仲舒的精心论证，单方面的、绝对的忠君观念成为处理君臣关系的最高道德规范，这深受法家思想的影响，余英时说：“汉初儒学的法家化，其最具特色的表现乃在于君臣观念的根本转变。汉儒抛弃了孟子的‘君轻’论、荀子的‘从道不从君’论，而代之以法家的‘尊君卑臣’论。”①

其次，当中央集权的专制制度形成以后，“忠”的地位和重要性越发突出。在“家国一体”的社会结构之下，“忠”和“孝”在大多数情况下是一致的，先秦儒家尤为看重以血缘关系为基础的“亲亲”，孔子认为“孝”是“忠”的前提，不孝肯定不忠，他说：“其为人也孝悌，而好犯上者，鲜矣。”②杂家代表作《吕氏春秋》中也强调“务本莫贯于孝”，“人臣孝，则事君忠”③。面对忠孝之间的矛盾，汉初儒生通过“君子之事亲孝，故忠可移于君”④的思想加以化解，从而保证了“孝亲”与“忠君”之间的并行不悖，于汉朝初年完成的《孝经》就指出，“国之本在家”，“家齐而后国治”⑤。但随着皇权政治的加强，“忠”和“孝”之间也会发生冲突，法家就曾提出“君之直臣，父之暴子”和“父之孝子，君之背臣”⑥的诘难，当忠孝之间发生矛盾的时候，哪一个更为重要呢？董仲舒受法家绝对尊君思想的影响，产生了“忠君”重于“孝亲”的观念，正如学者所言，“当专制体制形成以后，忠的价值必然被强调为最高的价值”⑦。董仲舒把君

---

① 余英时．中国思想传统的现代诠释［M］．南京：江苏人民出版社，1998：87.
② 论语．张燕婴译注［M］．北京：中华书局．2006：12.
③ 许维遹．吕氏春秋［M］．北京：中华书局．2009：235.
④ 胡平生．孝经译注［M］．北京：中华书局．1996：30.
⑤ 胡平生．孝经译注［M］．北京：中华书局．1996：30.
⑥ 韩非子集解．王先谦译注［M］．北京：中华书局．1998：452.
⑦ 韦政通．董仲舒［M］．台北：东大图书公司，1996：133.

臣之道放在“三纲”之首，也正是为了突显它在“三纲”中的首要地位，董仲舒在回答河间献王“何谓孝”的问题时，一方面以“孝经曰：‘夫孝，天之经，地之义’”[①]做出回答，另一方面也不忘以“故下事上，如地事天也，可谓大忠矣”[②]来强调忠臣之义，“比较起来，君臣一伦的重要性，在仲舒的意识中，的确比父子更居于优位”[③]。

3.2.3 “五常”：五种品质构筑理想人格

董仲舒在五行理论之上附加道德意义，用以论证“五常”之德，位于东方的“木”代表着“仁”，位于南方的“火”代表着“智”，位于中央的“土”代表着“信”，位于西方的“金”代表着“义”，位于北方的“水”代表着“礼”，通过将“五常”依附于“五行”这样一种道德自然化的方式，董仲舒论证了“五常”的天然合理性。此外，董仲舒还将“五常”依附于四季，认为春为“仁”，夏为“智”，季夏为“信”，秋为“义”，冬为“礼”。四时五行是自然界的客观运行元素，“逆之则乱，顺之则法”[④]，所以类似于四时五行在自然界的作用，“五常”也就成为人性自我完善的基本要求。由此，董仲舒赋予“仁义礼智信”以神学性质，使之成为不可侵犯的封建道德原则，并特别强调君王要力行“五常”之道，以此来进行教化，这样王者本身可以“受天之佑”，而臣民也都可以“从容中道”，从而达到社会的“天下和洽”。董仲舒以“五常”配合“三纲”，用以协调和稳定封建社会的等级关系并缓和阶级间的矛盾，“五常”成为维护“三纲”的道德手段并且渗透于封建人伦之间，由此，传统的儒家伦理道德经

---

① 董仲舒．春秋繁露．张世亮、钟肇鹏、周桂钿译注［M］．北京：中华书局．2012：394.

② 董仲舒．春秋繁露．张世亮、钟肇鹏、周桂钿译注［M］．北京：中华书局．2012：396.

③ 韦政通．董仲舒［M］．台北：东大图书公司，1996：129.

④ 董仲舒．春秋繁露．张世亮、钟肇鹏、周桂钿译注［M］．北京：中华书局．2012：396.

过董仲舒的阐发与加工，逐步形成一套纲举目张的封建伦理道德教化体系。围绕建立“五常”之德，董仲舒做了一系列论述。

3.2.3.1 董仲舒的“仁义”观

关于仁，董仲舒认为：“何谓仁？仁者，憯怛爱人，谨翕不争，好恶敦伦，无伤恶之心，无隐忌之志，无嫉妒之气，无感愁之欲，无险诐之事，无辟违之行，故其心舒，其志平，其气和，其欲节，其事易，其行道，故能平易和理而无争也，如此者，谓之仁。”[①]董仲舒对“仁”的要求是“憯怛爱人”，与世无争，达到“心舒”“志平”“气和”“欲节”“事易”“行道”等等，这就达到了“仁”。董仲舒在《仁义法》篇中说道：“仁者，爱人之名也。”[②]这里强调爱人是“仁”的主要内涵，是对孔子“仁者爱人”思想的传承。接着，董仲舒说道：“仁之法在爱人，不在爱我……人不被其爱，虽厚自爱，不予为仁。昔者，晋灵公杀膳宰以淑饮食，弹大夫以娱其意，非不厚自爱也，然而不得为淑人者，不爱人也。质于爱民以下，至于鸟兽昆虫莫不爱，不爱，奚足谓仁！”[③]“仁”要求的是爱别人，自爱有加不能算是“仁”，所以董仲舒的“爱人”思想并不是完全由“亲亲”原则层层外推的，而是“是以知明先，以仁厚远，远而愈贤，近而愈不肖者，爱也，故王者爱及四夷，霸者爱及诸侯，安者爱及封内，危者爱及旁侧，亡者爱及独身，独身者，虽立天子诸侯之位，一夫之人耳，无臣民之用矣，如此者，莫之亡而自亡也。春秋不言伐梁者，而言梁亡，盖爱独及其身者也，故曰：仁者爱人，不在爱我，此其法也”[④]。也就是说，判断“仁”的标准要以其推行仁道的影

① 董仲舒．春秋繁露．张世亮、钟肇鹏、周桂钿译注［M］．北京：中华书局 .2012：327.
② 董仲舒．春秋繁露．张世亮、钟肇鹏、周桂钿译注［M］．北京：中华书局 .2012：314.
③ 董仲舒．春秋繁露．张世亮、钟肇鹏、周桂钿译注［M］．北京：中华书局 .2012：314.
④ 董仲舒．春秋繁露．张世亮、钟肇鹏、周桂钿译注［M］．北京：中华书局 .2012：316.

响大小和范围远近来评价，要想影响大、范围远，首先要求大一统，扩大受众范围，这又为董仲舒的大一统思想提供了基础。

关于义，董仲舒认为：“义之法在正我，不在正人；我不自正，虽能正人，弗予为义……义云者，非谓正人，谓正我，虽有乱世枉上，莫不欲正人，奚谓义！……义者，谓宜在我者，宜在我者，而后可以称义，故言义者，合我与宜以为一言，以此操之，义之为言我也，故曰：有为而得义者，谓之自得，有为而失义者，谓之自失；人好义者，谓之自好，人不好义者，谓之不自好；以此参之，义我也明矣。”①“义”的原则是匡正自己，而不是纠正别人，不匡正自己，即使能纠正别人，也不能算作“义”。可见，与“仁”刚好相反，董仲舒在对“义”的论述中始终强调针对自我，强调人的主体精神，不论治身或治世都是如此，正所谓“义者，谓宜在我者，宜在我者，而后可以称义，故言义者，合我与宜以为一言”。董仲舒这种思想实际上是要求君、臣、民在社会生活中都严格要求自己，而不苛求他人，这也是为统治者开出的修身良方。

在分别阐述了“仁”与“义”的内涵后，董仲舒集中论证了“仁”与“义”之间的关系：“春秋之所治，人与我也；所以治人与我者，仁与义也；以仁安人，以义正我；故仁之为言人也，义之为言我也，言名以别矣。仁之于人，义之于我者，不可不察也，众人不察，乃反以仁自裕，而以义设人，诡其处而逆其理，鲜不乱矣。……是义与仁殊，仁谓往，义谓来；仁大远，义大近；爱在人，谓之仁，义在我，谓之义；仁主人，义主我也；故曰：仁者，人也，义者，我也，此之谓也。”②董仲舒认为，《春秋》就是专门研究人我关系的，通过“仁义关系”来规范“人我关系”，具体

---

① 董仲舒．春秋繁露．张世亮、钟肇鹏、周桂钿译注［M］．北京：中华书局．2012：319.

② 董仲舒．春秋繁露．张世亮、钟肇鹏、周桂钿译注［M］．北京：中华书局．2012：314.

而言，要用“仁”来安定他人，用“义”来规范自我，如果不清楚这种关系，就会造成混乱，好多人就是这样，用宽仁来对待自己，用“义”去要求别人，这都是由于不了解“仁义法”所造成的。总之，“仁”在爱人而不在爱我，“义”在正我而不在正人，“仁”与“义”皆就人我而言，仁者爱人，推己及人；“义”者正我，不求正人。董仲舒在论述仁义关系的最后，指出“君子求仁义之别，以纪人我之间，然后辨乎内外之分，而着于顺逆之处也，是故内治反理以正身，据礼以劝福，外治推恩以广施，宽制以容众”。[①]这明显是针对统治阶级提出的要求，他希望统治者能够明白仁义之间的这种差别，学会如何对待自身、如何对待臣民，对己要匡正自身行为，对外要推广恩德并用宽容的原则处事以容纳众人，这对于统治者施行仁义教化具有重要意义。儒家特别重视自我的道德修养，成人虽然也是成己的一种表现，但他们更重视成己，成己要有牺牲精神，一方面是仁爱他人而牺牲自己，一方面是严于律己而宽以待人，如果在处理人我关系时颠倒了“仁”与“义”的要求，则“鲜不乱矣”，也就是会导致社会政治的混乱，因此统治者遵守“仁义法”具有特别的意义。

3.2.3.2　董仲舒对“礼”的重视

儒家早在先秦时期就有许多关于“礼”的表述，对于“礼”的内涵和重要性有一个基本的认识，董仲舒在此基础之上，将“礼”列入“五常”之道并展开论述。首先，关于“礼”的作用或意义，董仲舒认为：“礼者，继天地、体阴阳，而慎主客、序尊卑、贵贱、大小之位，而差外内、远近、新故之级者也，以德多为象，万物以广博众多历年久者为象。”[②]这是说

---

① 董仲舒．春秋繁露．张世亮、钟肇鹏、周桂钿译注［M］．北京：中华书局．2012：320–321.

② 董仲舒．春秋繁露．张世亮、钟肇鹏、周桂钿译注［M］．北京：中华书局．2012：354.

“礼”可以联结天地，体现阴阳，审慎地处理主客关系，确立尊卑、贵贱、大小地位等秩序，以区别内外、远近和新旧的差别，从而具有典章制度与行为规范意义上的价值。先秦儒者认为“礼”的基本价值之一就在于确定行为规范，董仲舒的看法亦如此，他说：“圣人之道，众隄防之类也。谓之度制，谓之礼节。故贵贱有等，衣服有制，朝廷有位，乡党有序，则民有所让而民不敢争，所以一之也。”①“礼”可以使尊贵低贱有等级差别，衣服有形制上的区别，朝廷里的职位各有不同，乡里之间长幼有序，百姓之间和谐相处而不相互争斗，“夫礼，体情而防乱者也，民之情不能制其欲，使之度礼”②。这就是“礼”在维护封建社会秩序和社会稳定方面的作用。

其次，董仲舒将“礼”视作“三本”之一。他说：“何谓本？曰：天地人，万物之本也，天生之，地养之，人成之；天生之以孝悌，地养之以衣食，人成之以礼乐，三者相为手足，合以成体，不可一无也；无孝悌，则亡其所以生，无衣食，则亡其所以养，无礼乐，则亡其所以成也；三者皆亡，则民如麋鹿，各从其欲，家自为俗，父不能使子，君不能使臣，虽有城郭，名曰虚邑，如此，其君河块而僵，莫之危而自危，莫之丧而自亡，是谓自然之罚，自然之罚至，裹袭石室，分障险阻，犹不能逃之也。”③可见，在董仲舒眼中，“天、地、人”是万物的根本，上天生成万物，大地滋养万物，而人类成就万物，具体而言，上天用孝悌生成万物，大地用衣食养成万物，而人类用礼乐成就万物。所以“礼”对于人世间万物的生成具有重要意义。董仲舒奉劝明主贤君要肃慎“三本”，做到“郊祀致敬，共事祖祢，举显孝悌，表异孝行，所以奉天本也；秉耒躬耕，采桑亲蚕，

① 董仲舒．春秋繁露．张世亮、钟肇鹏、周桂钿译注［M］．北京：中华书局.2012：289.

② 董仲舒．春秋繁露．张世亮、钟肇鹏、周桂钿译注［M］．北京：中华书局.2012：654.

③ 董仲舒．春秋繁露．张世亮、钟肇鹏、周桂钿译注［M］．北京：中华书局.2012：193–194.

垦草殖谷，开辟以足衣食，所以奉地本也；立辟雍庠序，修孝悌敬让，明以教化，感以礼乐，所以奉人本也”[①]。这其中所谓“奉人本”，就是要“明以教化，感以礼乐”，在此，“礼”的重要性可见一斑。如果统治者能够进行礼乐教化，“则民如子弟，不敢自专，邦如父母，不待恩而爱，不须严而使，虽野居露宿，厚于宫室，如是者，其君安河而卧，莫之助而自强，莫之绥而自安，是谓自然之赏，自然之赏至，虽退让委国而去，百姓襁负其子，随而君之，君亦不得离也，故以德为国者，甘于饴蜜，固于胶漆，是以圣贤勉而崇本，而不敢失也，君人者，国之证也，不可先倡，感而后应，故居倡之位，而不行倡之势，不居和之职，而以和为德，常尽其下，故能为之上也”[②]。在董仲舒看来，这就是以“礼”为原则在社会中推行教化所能起到的重要作用。

3.2.3.3 董仲舒的“德才”观

“仁”“智”并举从孔子开始，他说：“智者利仁”[③]，“智者乐水，仁者乐山”[④]。孟子则认为“仁、义、礼、智”是人与生俱来的四种善端，同孔孟一样，董仲舒也把“智”与“仁”联系在一起进行论述，在《春秋繁露·必仁且智》篇中，董仲舒系统地阐述了“德才”观。

首先，董仲舒强调“仁”在德才关系中的统领作用。他说：“不仁而有勇力材能，则狂而操利兵也。”[⑤]若没有一颗仁德之心，而空有“勇力材能”，就会像手握锋利兵刃的人失去约束一样危险。这种有才而无德的危险性在

---

① 董仲舒．春秋繁露．张世亮、钟肇鹏、周桂钿译注［M］．北京：中华书局 .2012：194.

② 董仲舒．春秋繁露．张世亮、钟肇鹏、周桂钿译注［M］．北京：中华书局 .2012：194.

③ 论语．张燕婴译注［M］．北京：中华书局 .2006：30.

④ 论语．张燕婴译注［M］．北京：中华书局 .2006：56.

⑤ 董仲舒．春秋繁露．张世亮、钟肇鹏、周桂钿译注［M］．北京：中华书局 .2012：328.

于，“其强足以覆过，其御足以犯轴，其慧足以惑愚，其辨足以饰非，其坚足以断辟，其严足以拒谏，此非无材能也，其施之不当，而处之不义也”。[①]董仲舒之所以强调“仁”在德才关系中的统领地位，就是因为有才无德往往会造成“施之不当，而处之不义也”，任何才能若没有自身道德信念的约束，不仅无法对社会产生应有的积极作用，反而会造成危害。所以，“有否心者，不可借便埶”[②]。对于道德败坏的人，就不能再为其提供便利的条件。具体到“仁”的内容，董仲舒又是以“仁义法”为基础的，做一个有德之人就是要正确理解仁义关系。

其次，董仲舒对“智”的理解强调可预见性。他说：“何谓智？先言而后当。凡人欲舍行为，皆以其智，先规而后为之，其规是者，其所为得其所事，当其行，遂其名，荣其身，故利而无患，福及子孙，德加万民，汤武是也。其规非者，其所为不得其所事，不当其行，不遂其名，辱害及其身，绝世无复，残类灭宗亡国是也。故曰：莫急于智。智者见祸福远，其知利害蚤，物动而知其化，事兴而知其归，见始而知其终，言之而无敢哗，立之而不可废，取之而不可舍，前后不相悖，终始有类，思之而有复，及之而不可厌，其言寡而足，约而喻，简而达，省而具，少而不可益，多而不可损，其动中伦，其言当务，如是者，谓之智。”[③]在董仲舒看来，“智”是有能力对所要做的事情进行规划，具有可预见性，这种能力是后天学习而得到的，人拥有了知识，才具有可预见的能力。智者能够发现灾祸、幸福，目光也会比较长远。智者通过分析可以掌握事物的规律，从而判断事物的发展趋势、方向，通过规律发现真理，形成对世界的认识，通过这种认识，

① 董仲舒．春秋繁露．张世亮、钟肇鹏、周桂钿译注［M］．北京：中华书局 .2012：325.

② 董仲舒．春秋繁露．张世亮、钟肇鹏、周桂钿译注［M］．北京：中华书局 .2012：325.

③ 董仲舒．春秋繁露．张世亮、钟肇鹏、周桂钿译注［M］．北京：中华书局 .2012：327-328.

对自己的行为做出选择，进而帮助人们趋利避害，行事中当。反之，不具备“智”的人，小者“害及其身”，大者“灭宗亡国”。董仲舒之所以如此重视可预见性，是因为在董仲舒的思想理论中，很大一部分是对最高统治者的劝诫，而作为封建社会的最高统治者，其首要的才能应当是具有预见性，因为施政纲领的错误是没有挽回余地的，治国路线的错误设计，会带来亡国的严重后果。作为一名在秦朝速亡之后兴起的西汉政权的思想家，董仲舒在对秦朝教训的观察之上得出的结论是非常敏锐的。

最后，董仲舒着重论述“仁”与“智”的关系，即德才关系。董仲舒强调“必仁且智”，他说：“莫近于仁，莫急于智。不仁而有勇力材能，则狂而操利兵也；不智而辩慧獧给，则迷而乘良马也。故不仁不智而有材能，将以其材能，以辅其邪狂之心，而赞其僻违之行，适足以大其非，而甚其恶耳。其强足以覆过，其御足以犯轴，其慧足以惑愚，其辨足以饰非，其坚足以断辟，其严足以拒谏，此非无材能也，其施之不当，而处之不义也。有否心者，不可借便埶，其质愚者，不与利器，论之所谓不知人也者，恐不知别此等也。仁而不智，则爱而不别也；智而不仁，则知而不为也。故仁者所爱人类也，智者所以除其害也。”① 在董仲舒看来，若“智而不仁”，则虽然具备预见能力，但不愿让事情向好的方向发展，无道德感的才能，就像没有任何约束的利刃般危险；若“仁而不智”，则虽有仁爱之心，但缺乏判断是非的能力，空有仁义道德但缺乏才能，就像骑着良马的迷路人。可见，“仁”与“智”的培养都很重要，所谓“莫近于仁，莫急于智”，也正是强调没有什么比追求“仁”和“智”的境界更为迫切，二者对于人格的完善至为重要。董仲舒在两千多年前的汉代就已经能够正确认识道德与才能之间的关系，提出“必仁且智”的观点，并作为一种教化的原则据

① 董仲舒 . 春秋繁露 . 张世亮、钟肇鹏、周桂钿译注［M］. 北京：中华书局 .2012：324.

以培养封建人才，这种“德才兼备，以德为先”的人才培养思路在今天同样值得珍视。

3.2.3.4 董仲舒对“信”的发展

董仲舒强调培育“信”的重要性。在儒家的道德体系中，“信”历来被视为“立人之道”及“立政之本”，如孔子就曾说过“民无信不立”①。董仲舒在此基础上进一步发展，将“信”纳入“五常”之道，认为“信”对于人的“成性”至关重要，“春秋之义，贵信而贱诈。诈人而胜之，君子弗为也”②。从当时社会风气来看，董仲舒提倡“信”也是为了纠正社会中的诈伪风气，通过修诚信之德以除乱求治，同时对稳定正常社会秩序，巩固封建专制制度也极为重要。董仲舒对“信”的发展主要体现在从治国的角度论述“信”的重要性，董仲舒告诫君王要“尊其所闻”，“行其所知”，“设诚于内而致行之”，履行封建道德不能朝令夕改，而要终日乾乾，继继不息，这样才能完善自身的品格，以求取得国泰民安的先王之治。董仲舒之所以如此不厌其烦地强调为信之德，正是期望君王及其臣僚以“信”来维系君臣之间的统治关系，进而加强统治阶级内部的团结，特别是诸侯百官要忠诚于君王，同时在互诚互信的基础上，君王也会得到臣民的信任，以得民心。对于国家而言，“伐丧无义，叛盟无信，无信无义，故大恶之”。③所以说“信”是一国的“得失之大也”；④对于统治者而言，董仲舒的“贵信贱诈”又表现为以“仁”为政治理想和道德信念，希望君王行德政以爱护臣民，所以董仲舒将“信”视作一种有益的道德条目，纳入“五常”的

① 论语译注．杨伯峻译注［M］．北京：中华书局 .2006：142.

② 董仲舒．春秋繁露．张世亮、钟肇鹏、周桂钿译注［M］．北京：中华书局 .2012：338.

③ 董仲舒．春秋繁露．张世亮、钟肇鹏、周桂钿译注［M］．北京：中华书局 .2012：65.

④ 董仲舒．春秋繁露．张世亮、钟肇鹏、周桂钿译注［M］．北京：中华书局 .2012：66.

教化原则之中。

董仲舒之所以强调“五常”思想，并不仅仅是因为这五种品质的养成有助于人格的完善，更为重要的是通过“五常”的渗透可以巩固“三纲”这一封建社会的最高伦理纲领。董仲舒为维护封建社会的等级制度以及中央集权统治，为培养汉王朝的忠孝臣民而提出了“三纲五常”的教化原则，就其本质而言，是一种用于调和封建社会阶级矛盾及统治阶级内部矛盾的重要道德规范，其封建性和阶级性是十分明显的。而其中所体现的道德观念，经过后世思想家的继承和不断发扬，也逐渐由维护封建制度的教化原则发展为整个封建社会的精神支柱。如宋代著名理学家朱熹就曾把董仲舒这种“化天理而义”①的“三纲五常”之道予以客观唯心主义的描述，宣称：“宇宙之间，一理而已……而凡生于天地之间者又各得之以为性，其张之为三纲，其纪之为五常。”②到了清朝末年，张之洞在推行洋务教育时主张以中学为体，尤其看重以“忠孝”为立学宗旨，坚决反对当时资产阶级民权观念的入侵，张之洞大讲特讲所谓的“明纲”，也就是将“三纲”作为封建社会千古不变的道理。由此种种也可足见董仲舒的“三纲五常”对后世社会影响之深远。

3.3　教化的功能

秦朝采用法家思想治国，以严刑峻法治理天下，导致人民怨声载道，强大的秦王朝二世而亡，退出了历史舞台。秦朝的速亡教训给汉初统治者敲响了警钟，如何避免重蹈覆辙，使国家长治久安，成为摆在他们面前的首要难题。西汉政权建立伊始，刘邦君臣就总结梳理了秦亡的历史教训，

① 董仲舒．春秋繁露．张世亮、钟肇鹏、周桂钿译注［M］．北京：中华书局.2012：398.

② 朱熹．朱文公文集［M］．上海：上海古籍出版社.2002：857.

为探寻国家长治久安之策而进行了深刻的历史反思。而以陆贾、贾谊等为代表的汉初思想家，通过对历史的反思以及对社会现实的研究，也普遍认为汉政权要实现长治久安，就必须认真吸取秦王朝严刑峻法、暴虐民众的教训，要通过对社会各阶层的教化，确立统一的思想意识，通过移风易俗、安定民心、化民成俗从而保证社会稳定，要任贤使能，自上而下建立合理的政治秩序，健全选人用人机制。汉初思想家通过历史反思所阐发的这些思想主张，体现了教化所蕴含的重要政治功能。

董仲舒作为汉代颇具卓见的封建政治家和教化大师，在前人思考的基础上，从正反两个方面全面总结了先秦以来的政治经验和教训，对教化在治国理政方面的工具价值有深刻的见解，他在与汉武帝的对策中指出：“教化流行，德泽大治，天下之人，人有士君子之行而少过矣。”①董仲舒认为历史上凡政绩赫赫、天下归化，都是教化在起作用，继而描绘了历史上君王行教化所形成的有序社会状况：“五帝三王之治天下，不敢有君民之心，什一而税，教以爱，使以忠，敬长老，亲亲而尊尊，不夺民时，使民不过岁三日，民家给人足，无怨望忿怒之患，强弱之难，无谗贼妒疾之人，民修德而美好，被发衔哺而游，不慕富贵，耻恶不犯，父不哭子，兄不哭弟，毒虫不螫，猛兽不搏，抵虫不触，故天为之下甘露，朱草生，醴泉出，风雨时，嘉禾兴，凤凰麒麟游于郊，囹圄空虚，画衣裳而民不犯，四夷传译而朝，民情至朴而不文，郊天祀地，秩山川，以时至封于泰山，禅于梁父，立明堂，宗祀先帝，以祖配天，天下诸侯各以其职来祭，贡土地所有，先以入宗庙，端冕盛服，而后见先，德恩之报，奉先之应也。”②在董仲舒看来，教化不仅能够改变社会风气，更为重要的是可以通过对人性的改变将统治

① 董仲舒 . 春秋繁露 . 张世亮、钟肇鹏、周桂钿译注［M］. 北京：中华书局 .2012：187.

② 董仲舒 . 春秋繁露 . 张世亮、钟肇鹏、周桂钿译注［M］. 北京：中华书局 .2012：103-104.

阶级的意识形态渗透其中，转化为人的内在品质。“性者，天质之朴也。善者，王教之化也……无其王教，则质朴不能善。”①董仲舒将思想统治的根本归于教化，从人性的角度考虑正在于此。董仲舒从秦朝灭亡的教训中认识到教化在社会政治生活中的重要功能，主张通过教化的实行，从根本上控制人们的利欲心，这是比暴力统治更好更有效的治理途径。正是建立在对教化功能的认识之上，董仲舒强调“圣人之道，不能独以威势成政，必有教化”。②

董仲舒认为：“圣王之继乱世也，扫除其迹而悉去之，复修教化而崇起之。教化已明，习俗已成，子孙循之，行五六百岁尚未败也。”③而“至周之末世，大为亡道，以失天下。秦继其后，独不能改，又益甚之，重禁文学，不得挟书，弃捐礼谊而恶闻之，其心欲尽灭先圣之道，而颛为自恣苟简之治，故立为天子十四岁而国破亡矣。自古以来，未尝有以乱济乱，大败天下之民如秦者也”。④从正反两个方面的历史经验教训中，董仲舒认识到实施教化可以统摄思想并赢得民心。在此基础上，董仲舒总结概括了汉初几十年间的社会现象，“今汉继秦之后，如朽木、粪墙矣，虽欲善治之，亡可奈何。法出而奸生，令下而诈起，如以汤止沸，抱薪救火，愈甚亡益也”。⑤这些认识基本符合“汉承秦制”的汉初历史现状，这些情况对于汉王朝的发展是极为不利而迫切需要改变的，所以董仲舒特别强调教化对于维护封建秩序和巩固汉王朝“长久安宁数百岁”的巨大作用，认为“刑者不可任以治世”，主张为君当政者应该“布德施仁以厚之，设谊立礼以导之”，

---

① 董仲舒．春秋繁露．张世亮、钟肇鹏、周桂钿译注［M］．北京：中华书局 .2012：389.
② 董仲舒．春秋繁露．张世亮、钟肇鹏、周桂钿译注［M］．北京：中华书局 .2012：399.
③ 班固．汉书［M］．北京：中华书局 .1962：2498.
④ 班固．汉书［M］．北京：中华书局 .1962：2498.
⑤ 班固．汉书［M］．北京：中华书局 .1962：2498.

遂向汉武帝陈述说：“今陛下贵为天子，富有四海，居得致之位，操可致之势，又有能致之资，行高而恩厚，知明而意美，爱民而好士，可谓谊主矣。然而天地未应而美祥莫至者，何也？凡以教化不立而万民不正也。”① 有汉武帝这样的“谊主”在位却依然“美祥莫至”，其中缘由正在于教化不利，董仲舒说话的艺术在此也可见一斑。在此基础上，董仲舒得出结论：“古之王者明于此，是故南面而治天下，莫不以教化为大务。”②

经历汉初几十年的恢复发展，武帝时国力渐盛，但伴随着经济的发展，也出现了一些社会问题，“法出而奸生，令下而诈起”③。董仲舒从新兴的封建统治阶级立场出发，认为造成这种情况的原因正是教化的缺失。“今废先王德教之官，而独任执法之吏治民，毋乃任刑之意与！孔子曰：‘不教而诛谓之虐。’虐政用于下，而欲德教之被四海，故难成也。”④ 董仲舒认为汉承秦制，使用酷吏治民，必然带来社会问题。为此，董仲舒主张为政必有教化，他说：“传曰：政有三端：父子不亲，则致其爱慈；大臣不和，则敬顺其礼；百姓不安，则力其孝弟。孝弟者，所以安百姓也，力者，勉行之，身以化之。天地之数，不能独以寒暑成岁，必有春夏秋冬；圣人之道，不能独以威势成政，必有教化。”⑤ 可见，董仲舒认为教化是一种重要的统治策略，是实现德政的重要手段，继而分析道：“凡以教化不立而万民不正也。夫万民之从利也，如水之走下，不以教化堤防之，不能止也。是故教化立而奸邪皆止者，其堤防完也；教化废而奸邪并出，刑罚不能胜者，其堤防坏也。”⑥ 在这里，董仲舒提出了他的“教化堤防”说，他认为人

① 班固 . 汉书［M］. 北京：中华书局 .1962：2550.

② 班固 . 汉书［M］. 北京：中华书局 .1962：2551.

③ 班固 . 汉书［M］. 北京：中华书局 .1962：2551.

④ 班固 . 汉书［M］. 北京：中华书局 .1962：2551.

⑤ 董仲舒 . 春秋繁露 . 张世亮、钟肇鹏、周桂钿译注［M］. 北京：中华书局 .2012：401.

⑥ 班固 . 汉书［M］. 北京：中华书局 .1962：2552.

们都是趋利避害的，民众的逐利心态就像河水往低处奔流一样难以控制，必须以教化作为“堤防”来限制人们欲望的泛滥，所以历代的英明君王都将教化视作治国的要务，这正是由于认识到教化的“堤防”作用。针对从汉初发展到武帝时所形成的贫富差距日益扩大等问题，董仲舒认为“大富则骄，大贫则忧，忧则为盗，骄则为暴，此众人之情也。圣者则于众人之情，见乱之所从生，故其制人道而差上下也，使富者足以示贵而不至于骄，贫者足以养生而不至于忧，以此为度而调均之，是以财不匮而上下相安，故易治也。今世弃其度制，而各从其欲，欲无所穷，而俗得自恣，其势无极，大人病不足于上，而小民羸瘠于下，则富者愈贪利而不肯为义，贫者日犯禁而不可得止，是世之所以难治也”。[①]在这里，董仲舒强调对“富者”和“贫者”都要防欲，从而达到“富者足以示贵而不至于骄，贫者足以养生而不至于忧”的均衡状态，否则社会就不易治理。而这种对欲望的节制，关键就在于教化，“利者，盗之本也，妄者，乱之始也，夫受乱之始，动盗之本，而欲民之静，不可得也。故君子非礼而不言，非礼而不动；好色而无礼则流，饮食而无礼则争，流争则乱。夫礼，体情而防乱者也，民之情不能制其欲，使之度礼，目视正色，耳听正声，口食正味，身行正道，非夺之情也，所以安其情也”[②]。在这里，董仲舒同样强调教化具有抑制民众欲望的功能。

从总结秦亡教训到进行历史反思，再到对汉代社会现实的认识，董仲舒将原始的儒家教化思想上升到一个新的理论高度，他在总结了秦朝灭亡等历史教训的基础上，认识到教化对于政治和社会稳定的贡献就在于其具备“堤防”功能。教化可以抑制人们欲望的膨胀，防止人们作乱，这种“堤防”具有遏制祸乱于未发之功效，“凡百乱之源，皆出嫌疑纤微，以渐寖稍长，

① 董仲舒 . 春秋繁露 . 张世亮、钟肇鹏、周桂钿译注［M］. 北京：中华书局 .2012：284.

② 董仲舒 . 春秋繁露 . 张世亮、钟肇鹏、周桂钿译注［M］. 北京：中华书局 .2012：654-655.

至于大。圣人章其疑者，别其微者，绝其纤者，不得嫌，以蚤防之。圣人之道，众堤防之类也，谓之度制，谓之礼节，故贵贱有等，衣服有制，朝廷有位，乡党有序，则民有所让而不敢争，所以一之也”。[①]董仲舒通过“教化堤防”这种形象的说法，进一步从维护社会稳定的高度，论证了教化所具有的重要政治功能，得到汉武帝的重视，确立了儒家教化思想的主流地位。正如学者所言，儒家之所以“最后能够超过其他百家而成为皇权时代最有力的思想体系，可以说是因为它所表达的观点是最适合于皇权时代政治结构中所需的意识形态”[②]。董仲舒重视教化对于保持社会稳定的重要性，指出了教化的政治性及其政治职能或功能，是值得珍视的可贵见解。

① 董仲舒 . 春秋繁露 . 张世亮、钟肇鹏、周桂钿译注［M］. 北京：中华书局 .2012：289.

② 吴晗，费孝通 . 皇权与绅权［M］. 天津：天津人民出版社，1988：24.

4 董仲舒论教化的具体内容

在董仲舒的教化思想中，教化对象包括社会中的一切人，即君王、官吏和民众，不论身份地位，不管家庭出身，智愚并举，所有人都有接受教化的必要，这使得汉代教化的受教对象更为普遍，内容也更全面。董仲舒通过将孔子等儒家至圣先师的经典文献上升至“天道”的高度，继而在“天意”的名义下，通过对经他亲手改造，并成为汉代社会主流意识形态的儒家思想进行教化，儒家思想成功地渗透进社会各个阶层之中。

4.1 对君王的教化

在董仲舒的认识中，君王是最有必要接受教化的，“故君之御下民，奢侈者则应之以俭，骄淫者则统之以理。未有上仁而下贼，上义而下争者也。孔子曰：移风易俗，岂家至之哉，先之于身而已矣”。[①] 董仲舒认为只有统治者自身行为是正确的，民众才会不令而从，自然接受教化，进而巩固政权，这是治国的关键，也是社会稳定的前提条件。但在封建社会，要求

① 班固．汉书［M］．北京：中华书局．1962：2452.

作为最高统治者的君王接受教化又是一件非常困难的事，董仲舒在这方面做了大量的理论准备工作，试图使君王愿意接受以儒家德政思想为主的治国理念，并且将其作为施政宗旨推行于全社会，从而实现封建王朝的长治久安。

4.1.1 “天”对君王的制约作用

如前所述，在《春秋繁露》中，董仲舒立足于天人关系这一基点，对“天”的性质、功能、地位和作用进行了全面而系统的论证。一方面，“天”作为一种宇宙本体意义上的存在，成为人们生活世界中一切存在的基础与依据；另一方面，既然生活世界中的一切都以“天”为依据，人们就更没有理由违背“天”的运行及其体现的意志。从理论层面上讲，董仲舒的“天”是其思想体系的理论根基和至上依据；从现实层面上讲，“天”在现实的社会政治和文化生活中，是作为一把“双刃剑”而悬于君王和百姓之上的：一方面，董仲舒大力宣扬“天”神圣不可动摇的权威和至高无上的绝对地位，从而为汉政权的合法性、政治制度及伦理纲常的合理性提供依据，为汉王朝的统治寻求形而上的依托，这有助于中央集权封建专制制度的完善；另一方面，董仲舒也试图以“天”的权威和地位来制约君王的行为，从而达到限制君权的目的。

4.1.1.1 君王是联结天人的枢纽

正如赖炎元所说：“董仲舒的天道运行和变化，主要是为了建立人道。”[1] 如前所述，董仲舒指出：“天、地、阴、阳、木、火、土、金、水、九，与人而十者，天之数毕也，故数者至十而止，书者以十为终，皆取之此。

① 赖炎元．春秋繁露今注今译［M］．台北：台湾商务印书馆有限公司，1984：15.

圣人何其贵者，起于天，至于人而毕，毕之外，谓之物，物者，投其所贵之端，而不在其中，以此见人之超然万物之上，而最为天下贵也。”① 董仲舒虽然指出了“人”在“十端”中是最特殊、最重要的存在，但还需要对天人感应中的“人”做出划分，否则无法突显君王的特殊地位。董仲舒根据天道的运行变化来确定人间的等级秩序，他说：“人生于天，而体天之节，故亦有大小厚薄之变，人之气也，先王因人之气，而分其变，以为四选，是故三公之位，圣人之选也，三卿之位，君子之选也，三大夫之位，善人之选也，三士之位，正直之选也，分人之变，以为四选，选立三臣，如天之分岁之变，以为四时，时有三节也；天以四时之选，与十二节相和而成岁，王以四位之选，与十二臣相砥砺而致极，道必极于其所至，然后能得天地之美也。”② 因此，不同职位之人的选任是存在区别的，这种区别在于“体天之节”的“人之气也”的不同。可见，董仲舒“天人感应”思想中的“人”虽然是一个普泛的概念，但是不同的人之间，却是存在明显等级区分的。总体而言是“天”和“人”的感应，“人”则进一步细分为民和君，其中民要追随君，而君要追随天，在此基础之上，董仲舒建立了一个等级序列的“受命”秩序，他说：“天子受命于天，诸侯受命于天子，子受命于父，臣妾受命于君，妻受命于夫，诸所受命者，其尊皆天也，虽谓受命于天亦可。”③ 可见，就普泛意义而言，所有人都是可以和“天”发生感应的，但从等级序列中的人来看，必须通过这一等级序列中的上级，才能感受到“天”的旨意。所以在董仲舒的思想中，君王就是“天人感应”的执行者，担负着与“天”沟通的重任，董仲舒说道：“古之造文者，三画而连其中，

---

① 董仲舒．春秋繁露．张世亮、钟肇鹏、周桂钿译注［M］．北京：中华书局．2012：647.

② 董仲舒．春秋繁露．张世亮、钟肇鹏、周桂钿译注［M］．北京：中华书局．2012：272-273.

③ 董仲舒．春秋繁露．张世亮、钟肇鹏、周桂钿译注［M］．北京：中华书局．2012：559.

谓之王；三画者，天地与人也，而连其中者，通其道也，取天地与人之中以为贯，而参通之，非王者孰能当？是故王者唯天之施，施其时而成之，法其命而循之诸人，法其数而以起事，治其道而以出法，治其志而归之于仁。”[①]这是董仲舒对“王”字所做的独特领会和特殊理解，君王不仅作为类群性质的人的核心要素而存在，同时君王也将“天”“地”“人”三者有机地联系贯穿起来，并在这种联结和沟通中获得了至上的地位和权威，这为君王权力的合法性以及人民对君王的服从做出了理论上的论证。

在董仲舒的理论中，君王是联结天人之间的枢纽，那么君王与“天”究竟如何沟通？董仲舒认为，郊祭是君王与“天”沟通的重要方式，“天若不予是家，是家者安得立为天子，立为天子者，天予是家，天予是家者，天使是家，天使是家者，是家天之所予也，天之所使也，天已予之，天已使之，其间不可以接天，何哉？故春秋凡讥郊，未尝讥君德不成于郊也，乃不郊而祭山川，失祭之叙，逆于礼，故必讥之，以此观之，不祭天者，乃不可祭小神也。郊因先卜，不吉，不敢郊；百神之祭不卜，而郊独卜，郊祭最大也”[②]。正是通过“郊祭”这种仪式的沟通，君王得以体察天意，体悟凌驾于人间的“天”之仁德。“仁之美者在于天，天仁也，天覆育万物，既化而生之，有养而成之，事功无已，终而复始，凡举归之以奉人，察于天之意，无穷极之仁也。人之受命于天也，取仁于天而仁也”[③]，“天”之所以永不停歇地化生、养成世界万物，都是源于“仁”，也就是“天心”。“仁”是“天”的属性，受命之君施行仁政也就成为“天”的要求，“故圣人法天而立道，亦博爱而亡私，布德施仁以厚之，设谊立礼以导之。春

① 董仲舒 . 春秋繁露 . 张世亮、钟肇鹏、周桂钿译注［M］. 北京：中华书局 .2012：421.

② 董仲舒 . 春秋繁露 . 张世亮、钟肇鹏、周桂钿译注［M］. 北京：中华书局 .2012：543-544.

③ 董仲舒 . 春秋繁露 . 张世亮、钟肇鹏、周桂钿译注［M］. 北京：中华书局 .2012：421.

者天之所以生也，仁者君之所以爱也；夏者天之所以长也，德者君之所以养也；霜者天之所以杀也，刑者君之所以罚也。繇此言之，天人之征，古今之道也”①。董仲舒还认为，作为“天”之子的人间君王在治理国家时应该严格与“天”同道，“与天同者大治，与天异者大乱。故为人主之道，莫明于在身之与天同者而用之”②。这就是说君王作为天子也应该与“天”同而不能与“天”异，不能违背神灵之天，否则就会大乱，这种对君王权力的必要限制，也是董仲舒构建“天—君—民”系统的主要目的。如此，董仲舒通过论证君王联结天人的枢纽地位，首次从理论上确认了君王在人间社会中的至尊身份。

4.1.1.2 “伸君”与“伸天”的政治博弈

在封建君主专制制度中，君王的地位凌驾于所有社会成员之上，具有绝对的权力和权威，这种具有浓厚人治色彩的政治制度对君王的个人素质提出了极高的要求。一方面，社会的发展和进步系于君王一身。君王必须承担起维护社会稳定、推动社会发展的重任，这不仅要求君王具有政治上的雄才大略，还必须具有道德上的自觉和自律，所谓“一人有庆，兆民赖之”③；另一方面，从战国到秦汉的政治实践也表明，由君王个人的专权独断所导致的严重后果，需要整个社会来承受，既然如此，就有必要对君王的绝对权力进行限制和制约。如何实现对君王绝对权力的限制和制约，就成为一个难以解决又必须解决的问题。既然在人间社会找不到位于君王之上、能够制约君王权力的存在物，那就只能将寻觅的目光上移，在自然界中为人间的君王设定一个无法超越的至上的“天”，也就是董仲舒所说

① 班固 . 汉书［M］. 北京：中华书局 .1962：2497.

② 董仲舒 . 春秋繁露 . 张世亮、钟肇鹏、周桂钿译注［M］. 北京：中华书局 .2012：445.

③ 孙皇衍 . 尚书今古文注疏［M］. 北京：中华书局 .1986：638.

的："春秋之法：以人随君，以君随天。曰：缘民臣之心，不可一日无君，一日不可无君，而犹三年称子者，为君心之未当立也，此非以人随君耶！孝子之心，三年不当，而踰年即位者，与天数俱终始也，此非以君随天邪！故屈民而伸君，屈君而伸天，春秋之大义也。"①

（1）屈民而伸君

受中国古代家国同构模式的影响，思想家们很早就意识到了君王的重要性。在"家国同构"模式下，国家在血缘关系之上得以形成，国家就是家族的扩大，君王在国家中的地位同家长在家族中的地位一样，具有一种至高无上的权威。在先秦儒家看来，理想中的国家只能有一个权力中心，而只有在君王掌握最高的而且是最有效的权力时，国家才能形成良好的政治秩序，也就是孔子所说的"天下有道，则礼乐征伐自天子出"②。人的本质是社会关系的总和，社会生活的本质也在于群体间的关系，君王能否实现社会政治生活的和谐，关键也正在于能否妥善处理各种社会关系，也就是所谓"君者，善群也"③。在中国古代封建社会，一个好君王就等于一个好国家，因此，在先秦儒家眼中，开明的君主专制无疑是最优良的政体，法家更是强调君王对于国家的重要性，战国时期法家代表人物韩非曾说："故国者，君之车也；势者，君之马也。"④这种将国家作为君王私有财产的思想，随着秦汉以后大一统中央集权制度的确立，逐渐成为古代中国人广泛认同的观念。董仲舒继承前人对君王的理解，将君王视为国家的根本和社会治乱的关键，他说："君人者国之元，发言动作万物之枢机。"⑤

① 董仲舒．春秋繁露．张世亮、钟肇鹏、周桂钿译注［M］．北京：中华书局．2012：27.

② 孟子译注．杨伯峻译注［M］．北京：中华书局．1960：175.

③ 荀子集解．王先谦译注［M］．北京：中华书局．1988：182.

④ 韩非子集解．王先谦译注［M］．北京：中华书局．1998：236.

⑤ 董仲舒．春秋繁露．张世亮、钟肇鹏、周桂钿译注［M］．北京：中华书局．2012：199.

作为最高统治者的君王是举国上下的中心。就君王与臣民的关系而言，董仲舒认为："君臣之礼，若心之与体，心不可以不坚，体不可以不顺，臣不可以不忠。"[①]董仲舒通过天道哲学为君王权力的至上性提供了终极根据，并主张把国家的政治权力统一到君王手中，通过对君王权力合法性、正当性的论证，董仲舒明确了君王在国家中的核心地位，君王理应得到臣民的服从，也就是所谓的"屈民而伸君"。

（2）屈君而伸天

春秋战国时期，各国诸侯连年进行兼并战争，礼崩乐坏，君臣失序，出现"弑君三十六，亡国五十二"[②]的混乱局面，因此春秋时期思想家所讨论的主题大都是关于如何治"乱"。先秦儒家就认为"乱"的根源在于"礼乐征伐自诸侯出"，他们渴望的有道治世就是恢复到上下有序，"礼乐征伐自天子出"的西周时期，因此在早期儒家所设计的理想政治生活中，由尧、舜、禹这样的圣王来统治天下是实现王道之治的关键。"在先秦时代，独大的专制君主还没有出现，所以有君臣的问题，也有理、势的问题，但还没有如何限制君权的问题。"[③]但到了董仲舒所处的汉代，封建专制体制下的王权至上已经确立，所面对的主要问题是君王如何合理使用权力，不受限制的权力不仅对民众不利，甚至对君王的权威以及政治秩序的稳定都是一种威胁。而且董仲舒的思想学说代表着整个封建地主阶级的整体利益，他所提倡的治国方针和伦理道德原则，也是为封建制度下统治阶级的整体利益服务的，上至天子，下至庶民，都应该遵守这些方针和原则，目的在于维持封建王朝的长治久安，而不是满足统治集团或君王个人的一时之需，所以站在统治阶级的立场，董仲舒也希望对君王日益膨胀的权力进行限制。

① 董仲舒．春秋繁露．张世亮、钟肇鹏、周桂钿译注［M］．北京：中华书局 .2012：629.

② 司马迁．史记［M］．北京：中华书局 .2014：4003.

③ 韦政通．董仲舒［M］．台北：东大图书公司，1996：98.

汉代君主专制制度确立之后，董仲舒在强调君权至上的同时，也不忘限制君王的行为，使之不危害封建统治的根本利益。因此董仲舒利用古人对“天”的敬畏心理，试图通过外在的、至高无上的“天”，对君王产生一定的警示和限制作用，他认为君王的行为要与“天”相副，但这种“相副”关系并非显而易见，而往往是隐约显现的，需要细心观察和体验才能领会，所谓“人之与天，多此类者，而皆微忽，不可不察也”①。如果君王对于这种“微忽”体察不够，就会违背“天”的意志。此外，董仲舒认为君王作为“天”之子应当“事天如事父”，即“天子号天之子也。奈何受为天子之号，而无天子之礼？天子不可不祭天也，无异人之不可以不事父”②；“故号为天子者，宜视天如父，事天以孝道也”。③通过对天人之间血缘关系的模拟，董仲舒把他的忠孝观扩充到“天”与君王之间，试图为君权施加一些限制，从而达到“屈君而伸天”的政治目的。

综上所述，在董仲舒的思想中，“屈民而伸君”和“屈君而伸天”是很确切的两个主题。屈民而伸君，是为了巩固统一的政权；屈君而伸天，是为了限制皇帝的权力，它们统一于董仲舒的思想体系之中。在董仲舒的思想体系中，尊君思想与皇权制衡思想是一种相互依存的关系，套用董仲舒自己惯用的理念解释的话，二者是一种“阴阳”关系，正如阴阳之间既相辅相成又主次分明一样，“伸君”与“伸天”之间也存在着主次关系，这种主次关系的确定，实则体现着董仲舒思想中“君权”与“民权”的博弈。对此，徐复观先生认为：“站在仲舒的立场，‘屈民而伸君’一句是虚，是陪衬；而‘屈君而伸天’一句才是真，是主体……由此以推论仲舒之意，盖欲把君压抑（屈）于天之下，亦即压抑于他所传承的儒家政治理想之下，

① 董仲舒．春秋繁露．张世亮、钟肇鹏、周桂钿译注［M］．北京：中华书局 .2012：264.

② 董仲舒．春秋繁露．张世亮、钟肇鹏、周桂钿译注［M］．北京：中华书局 .2012：544.

③ 董仲舒．春秋繁露．张世亮、钟肇鹏、周桂钿译注［M］．北京：中华书局 .2012：368.

使君能奉承以仁为心的天心，而行爱民之实。”① 徐先生的这一见解可谓独到而深刻。董仲舒通过论证使“天”“君”“儒”之间形成一种相互制约的政治张力，君王接受天命掌管人民，但儒者可以通过对天意的解释给君王以理性教化。皮锡瑞就颇为欣赏董仲舒所建立的这种制约体系，他说：“当时儒者以为人主至尊，无所畏惮，借天象以示儆，庶使其君有失德者犹知恐惧修省。此《春秋》以元统天、以天统君之义，亦《易》神道设教之旨。汉儒借此以匡正其主。其时人主方崇经术，重儒臣，故遇日食地震，必下诏罪己，或责免三公。虽未必能如周宣之遇灾而惧，侧身修行，尚有君臣交儆遗意。此亦汉时实行孔教之一证。后世不明此义，谓汉儒不应言灾异，引谶纬，于是天变不足畏之说出矣。”② 可见，皮锡瑞也认可董仲舒表面的“天人理论”背后所蕴含的政治寓意，而后人责备汉儒言灾异谶纬，还用西方传入的天文学知识加以批评，正是由于没有理解其背后的这层政治内涵。当然我们也要看到，虽然儒者掌握了一定的话语解释权，却把这种限制君王的权力交托于“天”，也就使得君王对于国家的责任最终乃出于自身的信仰，而非外在的强力约束。于是在董仲舒思想的后世演化中，这种政治博弈逐渐发生了变化，即论证天子合法地位的功能愈强，而限制君权的功能愈弱，这种变化在后来盛行的谶纬中体现得最为明显，汉代的一些君王喜欢借助谶纬的力量来论证自身的合法性，但当谶纬使其受到约束或感到威胁时，这些统治者又往往采取禁绝的措施。可见，董仲舒这种把确立君权的合法性和限制君权的过度膨胀都求之于“天”的理论，本身也是一把双刃剑。但从教化的角度考虑，这种理论设计却为对君王进行教化提供了一种可能性，即君王上承天意，而儒者通过对

---

① 徐复观．两汉思想史（第2卷）［M］．上海：华东师范大学出版社，2001：212.

② 皮锡瑞．经学历史［M］．周予同，注释．北京：中华书局，2004：65.

天意的解释对君王进行教化。

4.1.2 对君王的教化内容

通过前文的论述，可见君王居于天人之间，这一枢纽地位决定了在董仲舒的教化思想体系中，君王是非常重要的一环，既要承担教化万民的责任，本身又需要接受教化。

4.1.2.1 赋予君王双重角色

一方面，君王是民众的教师。董仲舒认为人需教化才能成善，而教化的主要承担者便是君王。在儒家传统理念中，对社会民众的普遍教化是统治者为政的第一要务，通过教化可以使统治阶级的意识形态内化为社会民众的一般价值观念，从而培养能够自觉遵守社会规范和维护社会秩序的理想人格，从根本上确保政权的稳固。董仲舒指出："天生民性有善质而未能善，于是为之立王以善之，此天意也。民受未能善之性于天，而退受成性之教于王，王承天意以成民之性为任者也；今案其真质而谓民性已善者，是失天意而去王任也。万民之性苟已善，则王者受命尚何任也？"[①]上天设立君王是为了教化于民，使社会民众通过教化而成善，君王的主要任务便是承天意以教民成善。既然教化是"天"的旨意，那么教化的内容也应当依天意而为，但是天意在本质上是不可言说的，所谓"天意难见也，其道难理"[②]。那么"天"的旨意如何传达到人间呢？如前所述，董仲舒认为君王是沟通天人的中介，可以通达天意，然后传达于民众，从而达到化民的效果。为此，董仲舒把圣人之教与天生地载相提并论，他说："天生之，

① 董仲舒．春秋繁露．张世亮、钟肇鹏、周桂钿译注［M］．北京：中华书局．2012：369.

② 董仲舒．春秋繁露．张世亮、钟肇鹏、周桂钿译注［M］．北京：中华书局．2012：646.

地载之，圣人教之。……先王见教之可以化民也。”[①] 君王之教如此重要，正是由于“教”是君王的天赋职责，是王者禀受天命的主要体现。所以就理论层面而言，君王居于天人之间，承天意以化万民，天然具有万民之师的地位；就现实层面而言，统治者过着富足的生活，自幼受到良好教育，他们是先知先觉者，而普通民众往往为生计所迫，奔波辗转于田野山林，缺乏受教育的机会和条件，故人性之善质很难觉醒，所以统治者不仅要富民，而且要担当化民的重任，使社会民众过上合于礼义的生活，合于人性的生活，正所谓“天之生此民也，使先知觉后知，使先觉觉后觉也”[②]。

此外，董仲舒还专门论述了教师的素质及职责，提出了“善为师”的问题，对教师在师德和师才等方面提出了要求，董仲舒认为：“善为师者，既美其道，又慎其行，齐时早晚、任多少、适疾徐，造而勿趋，稽而勿苦，省其所为而成其所湛，故力不劳而身大成。此之谓圣化。吾取之。”[③] 在这里，董仲舒明确提出“善为师”的基本条件，即所谓“既美其道，又慎其行”，其中前者对教师的道德提出了要求，所谓的“道”主要就是指儒家的伦理及政治思想，而后者强调教师对自身行为的严格要求，在“以义正我”的基础上做到以身作则，这些要求自然也适用于作为万民之师的封建君王。

另一方面，君王本身需要接受教化。先秦时期的传统儒家对统治者的道德提出过较高的要求，要求统治者在道德方面为民表率，使自身成为道德楷模从而保证教化的权威性和有效性，也就是说，君王在社会中推行教化的前提是其自身道德的完善。董仲舒继承了先秦儒家这一思想，他说：“故德侔天地者，皇天右而子之，号称天子。”[④] 这就是说，只有达到道

① 董仲舒．春秋繁露．张世亮、钟肇鹏、周桂钿译注［M］．北京：中华书局.2012：399.

② 孟子译注．杨伯峻译注［M］．北京：中华书局.1960：231.

③ 董仲舒．春秋繁露．张世亮、钟肇鹏、周桂钿译注［M］．北京：中华书局.2012：27.

④ 董仲舒．春秋繁露．张世亮、钟肇鹏、周桂钿译注［M］．北京：中华书局.2012：557.

德上的完善，才能得到上天的受命，成为人间的君王。董仲舒认为，君王不仅要“法天”，而且要“配天”，他说：“为人君者，其法取象于天。”①又说：“夫王者不可以不知天，知天，诗人之所难也，天意难见也，其道难理，是故明阳阴入出、实虚之处，所以观天之志；辨五行之本末、顺逆、小大、广狭，所以观天道也。天志仁，其道也义，为人主者，予夺生杀，各当其义，若四时；列官置吏，必以其能，若五行；好仁恶戾，任德远刑，若阴阳；此之谓能配天。”②董仲舒认为君王担负教化重任，是教化的主体和承担者，而这种教化又是有前提的，即君王是否具备合乎伦理道德要求的思想和行为，是否能够做到“以仁安人，以义正我”③。因此君王必须接受教化以完善自身品格，董仲舒主要通过阐发先秦儒家的“王道政治”而为君王的教化内容提供依据。

4.1.2.2 灌输儒家德政理想

传统儒家的政治理想集中体现为“王道政治”，所谓“王道政治”，就是尧、舜、禹的上古三王之道，在孔孟等儒家先哲眼中，尧、舜、禹推行仁政而形成的和谐社会状态，就是理想的政治图景，是后代君王应当效仿的对象。董仲舒本人对“王道政治”有这样的理解：“是以阴阳调而风雨时，群生和而万民殖，五谷孰而草木茂，天地之间被润泽而大丰美，四海之内闻盛德而皆徕臣，诸福之物，可致之祥，莫不毕至，而王道终矣。”④他进而展开论述：“五帝三王之治天下，不敢有君民之心，什一而税，教以爱，使以忠，敬长老，亲亲而尊尊，不夺民时，使民不过岁三日，民家

① 董仲舒 . 春秋繁露 . 张世亮、钟肇鹏、周桂钿译注［M］. 北京：中华书局 .2012：629.
② 董仲舒 . 春秋繁露 . 张世亮、钟肇鹏、周桂钿译注［M］. 北京：中华书局 .2012：646.
③ 董仲舒 . 春秋繁露 . 张世亮、钟肇鹏、周桂钿译注［M］. 北京：中华书局 .2012：315.
④ 班固 . 汉书［M］. 北京：中华书局 .1962：2497.

给人足，无怨望忿怒之患、强弱之难，无谗贼妒疾之人，民修德而美好，被发衔哺而游，不慕富贵，耻恶不犯，父不哭子，兄不哭弟，毒虫不螫，猛兽不搏，抵虫不触，故天为之下甘露，朱草生，醴泉出，风雨时，嘉禾兴，凤凰麒麟游于郊，囹圄空虚，画衣裳而民不犯，四夷传译而朝，民情至朴而不文，郊天祀地，秩山川，以时至封于泰山，禅于梁父，立明堂，宗祀先帝，以祖配天，天下诸侯各以其职来祭，贡土地所有，先以入宗庙，端冕盛服，而后见先，德恩之报，奉先之应也。”① 在董仲舒看来，要达到理想社会的目标，关键是统治者要做到爱民。民由“天”所生，但“天”生民不是为了君，而“天”立君却是为了民，所以五帝三王治天下，不敢以民之君自居，尧爱民如子，民则敬尧如父，孔子著《春秋》，也强调敬贤重民。君王爱民体现为“同民所欲”“爱民而好士”，君王应当“尚德”，否则“德不温，则众不亲安，众不亲安，则离散不群，离散不群，则不全于君”②。

在董仲舒以“天”为理论根基和本体依据的思想体系中，儒家的王道来源于天道，这使儒家的王道理想上达于天，在天道的名义下得以宣扬，在儒家的政治理想中，是否能行王道成为评判君王统治是否具有合法性的标尺，君王参天道而治的实质也就是以儒家的政治理想为施政纲要。经过董仲舒的改造与发挥，儒家王道政治在西汉时具体化为德政思想。

（1）以德政思想教化君王的必要性

在董仲舒的思想中，“德”所占的位置非常重要。他一方面主张“屈民而伸君，屈君而伸天”，强调民众应当服从君王的意志；另一方面又强调民众是国家的根本，君王必须重视民众。董仲舒通过对君王的独特理解

① 董仲舒．春秋繁露．张世亮、钟肇鹏、周桂钿译注［M］．北京：中华书局.2012：104.

② 董仲舒．春秋繁露．张世亮、钟肇鹏、周桂钿译注［M］．北京：中华书局.2012：369.

来论证人民的重要性，他说："能使万民往之，而得天下之群者，无敌于天下。"[①]"天之生民，非为王也，而天立王以为民也，故其德足以安乐民者，天予之。其恶足以贼害民者，天夺之。"[②]由此可见，董仲舒认为"天"设立君王的目的就是为民谋利，并将民心向背作为政权更替的判断标准。董仲舒继承前人的思想，认识到民众在政治生活中的价值，民心向背决定着国家的治乱兴亡，只有得到民众的支持，君王才能"无敌于天下"。董仲舒希望君王有爱民之心，爱民就不能"苦民""杀民"。只有德行和天地等同的人，上天才能保佑他为天子，没有德行的人不能称为天子，天子之所以为天子，就是因为有德。

首先，"德"是国家的存在根据。董仲舒说："国之所以为国者，德也，君之所以为君者，威也，故德不可共，威不可分，德共则失恩，威分则失权，失权则君贱，失恩则民散，民散则国乱，君贱则臣叛。是故为人君者，固守其德，以附其民，固执其权，以正其臣。"[③]国家之所以成为国家的依据是"德"，所以君王必须有德行，而且要牢牢把握"德"，这样才能使臣下端正自己的行为，民心才能归附于君，君王才能统治好自己的国家，"故以德为国者，甘于饴蜜，固于胶漆，是以圣贤勉而崇本，而不敢失也，君人者，国之证也，不可先倡，感而后应，故居倡之位，而不行倡之势，不居和之职，而以和为德，常尽其下，故能为之上也"[④]。

其次，"德"是君王的统治之本。董仲舒说："文德为贵，而威武为下，此天下之所以永全也。"[⑤]他认为，君王要想使自己统治的天下永远保持

---

① 董仲舒．春秋繁露．张世亮、钟肇鹏、周桂钿译注［M］．北京：中华书局．2012：138.
② 董仲舒．春秋繁露．张世亮、钟肇鹏、周桂钿译注［M］．北京：中华书局．2012：275.
③ 董仲舒．春秋繁露．张世亮、钟肇鹏、周桂钿译注［M］．北京：中华书局．2012：203.
④ 董仲舒．春秋繁露．张世亮、钟肇鹏、周桂钿译注［M］．北京：中华书局．2012：194.
⑤ 董仲舒．春秋繁露．张世亮、钟肇鹏、周桂钿译注［M］．北京：中华书局．2012：171.

完整，就必须以德为贵，把“德”放在首位，而将威严武力放在次要的位置。“王者有明著之德行于世，则四方莫不响应，风化善于彼矣。”[①]董仲舒认为，如果君王有很显著的恩德，各地诸侯就会响应顺从，君王的统治就会稳固。董仲舒以古鉴今，说道：“先王显德以示民，民乐而歌之以为诗，说而化之以为俗，故不令而自行，不禁而自止，从上之意，不待使之，若自然矣，……今不示显德行，民闇于义不能照，迷于道不能解，固欲大严憯以必正之，直残贼天民，而薄主德耳，其势不行。”[②]董仲舒还用“五行相胜”的理论来论证君王应该爱民、重民、富民，而不是残害民众，他说：“夫木者，农也；农者，民也。……夫土者，君之官也，君大奢侈，过度失礼，民叛矣，其民叛，其君穷矣，故曰木胜土。”[③]这从五行相克的角度论证了民众对君王的制约，同样是为了强调君王行德政的重要性。

（2）董仲舒德政思想的核心：德主刑辅

如前所述，面对秦朝灭亡的历史教训以及汉初的社会现实，董仲舒看重教化在社会治理方面的重要作用，主张将教化作为治国的根本之策，但在法家思想的影响下，董仲舒也明白刑罚的存在对于社会稳定的必要性。运用阴阳思想，董仲舒将刑罚视作教化的辅助手段从而纳入其教化体系之中，通过必要的刑罚措施来帮助教化的推广，形成其思想的独特性，此后汉代儒生普遍主张将教化与刑罚看作治国的两手策略，认为“刑以佐德助治”。[④]事实上，历来儒家在推崇道德教化的同时，就不排斥刑罚，但“在‘尚德不尚刑’的总体思路上比较轻视法治和刑罚，轻视的程度，也因人

① 董仲舒.春秋繁露.张世亮、钟肇鹏、周桂钿译注［M］.北京：中华书局.2012：532.
② 董仲舒.春秋繁露.张世亮、钟肇鹏、周桂钿译注［M］.北京：中华书局.2012：330.
③ 董仲舒.春秋繁露.张世亮、钟肇鹏、周桂钿译注［M］.北京：中华书局.2012：495.
④ 陈立.白虎通疏证·三纲六纪［M］.北京：中华书局.1994：526.

因事而异"[①]。在董仲舒看来，"教，政之本也。狱，政之末也。其事异域，其用一也，不可不以相顺，故君子重之也"。[②]这就是说，教化是政治的根本，刑罚是政治的辅助，这两件事似乎属于毫不相干的两个领域，但实际上，它们都是政治的工具，功用是一致的，因此必须互相配合、协调一致，君子历来重视教化与刑罚的一致性。如果教化与刑罚不相协调，那就会使本应受表扬的人受惩罚而进监狱，使本应受谴责的人受奖赏而升大官，造成思想混乱，使民众无所适从。

在《天人三策》中，董仲舒集中论述了刑罚与教化的辩证关系，他说："天道之大者在阴阳。阳为德，阴为刑；刑主杀而德主生。是故阳常居大夏，而以生育养长为事；阴常居大冬，而积于空虚不用之处。以此见天之任德不任刑也。天使阳出布施于上而主岁功，使阴入伏于下而时出佐阳；阳不得阴之助，亦不能独成岁。终阳以成岁为名，此天意也。王者承天意以从事，故任德教而不任刑。刑者不可任以治世，犹阴之不可任以成岁也。为政而任刑，不顺于天，故先王莫之肯为也。今废先王德教之官，而独任执法之吏治民，毋乃任刑之意与！"[③]可见，在董仲舒的思想中，刑罚与教化的关系包含三个方面的内容：第一，始终保持教化为主的地位。董仲舒认为："教，政之本也。狱，政之末也。"[④]教化是政治的根本，刑罚是政治的辅助，教化与刑罚是本与末的关系，切不可废德教而任刑罚，否则就要重蹈秦亡的覆辙。在长期有效的教化之后，刑罚自然没有用武之地，"古者修教训之官，务以德善化民，民已大化之后，天下常亡一人之狱矣"[⑤]。以德化民，

---

① 罗国杰，夏伟东．德治新论［M］．北京：研究出版社，2002：17.

② 董仲舒．春秋繁露．张世亮、钟肇鹏、周桂钿译注［M］．北京：中华书局 .2012：88.

③ 班固．汉书［M］．北京：中华书局 .1962：2502.

④ 董仲舒．春秋繁露．张世亮、钟肇鹏、周桂钿译注［M］．北京：中华书局 .2012：94.

⑤ 班固．汉书［M］．北京：中华书局 .1962：2499.

可以使国家内部不设监狱，不仅如此，教化还可以使天下和平，他说："天下所未和平者，天子之教化不政也。"[①]天下之所以没有和平，是因为天子的教化没有实行。第二，刑罚为教化的辅助措施。教化与刑罚，是"主"与"辅"的关系，也是"经"与"权"的关系，反映在教化与刑罚两者关系上，就是以教化为常道，以刑罚为权变，刑罚只是权宜之计而已，不得已而用之，理想的状态是"任德而不任刑"。第三，教化与刑罚殊途同归。教化与刑罚有诸多不同，如地位不同、处理不同领域的事情、功用有大小之分，但它们的最终目标却是一致的，即共同致力于王道社会的实现，但要注意保持两者的协调，"如果教育宣传扬善去恶，而现实却是恶人上了公堂，善人进了监狱，那就是'教'与'狱'不相顺"[②]。董仲舒也说："听讼折狱，可无审耶！故折狱而是也，理益明，教益行；折狱而非也，闇理迷众，与教相妨。"[③]这就是说，审理狱讼、裁定案件要谨慎，审判对了，道理就更明朗，教化就更顺畅；审判错了，就会蒙蔽真理，迷惑众人，妨害教化，教化与刑罚都做好了，就可以更好地实现王道。

从董仲舒的天道哲学来看，自然界有阴阳二气，缺一不可，两者的运行构成自然界的生息变化，但阴阳二气有尊卑强弱之分，阳气主尊而阴气主卑，二者之间适当的比例和地位的不同构成自然界的平衡有序。董仲舒在其天道观的基础上谈论刑罚与教化之间的主次关系，通过这种比附论证得出"大德小刑""德主刑辅"的结论，一方面在理论上给予刑罚存在的合理性，另一方面也降低了刑罚的地位，将其限制在必要的范围内，董仲舒在天道哲学的基础上对教化与刑罚之间的辩证关系进行了具体论证。

首先，董仲舒分析了阴气和阳气在天道中的不同地位。虽然在天道运

---

① 董仲舒．春秋繁露．张世亮、钟肇鹏、周桂钿译注［M］．北京：中华书局 .2012：531.

② 周桂钿．秦汉思想史［M］．石家庄：河北人民出版社，2000：192.

③ 董仲舒．春秋繁露．张世亮、钟肇鹏、周桂钿译注［M］．北京：中华书局 .2012：91

行中阴阳二气缺一不可，但两者的地位和价值并不相同，存在高低优劣之分，这种区分的标准在于两者的“功”不同。“阳始出，物亦始出；阳方盛，物亦方盛；阳初衰，物亦初衰。物随阳而出入，数随阳而终结。”[①]在董仲舒看来，阳气决定着自然界万事万物的“出”和“盛”，阳气的“功”比较大，当然阳气不能单独主宰自然界，阴气的存在也是必要的，“万物非天不生，独阴不生，独阳不生，阴阳与天地参然后生”[②]。“天之道，出阳为暖以生之，出阴为清以成之。不暖不生，不清不成。”[③]这都说明了阴气和阳气在自然界中各有其价值，万物都是在两者的共同作用下产生和运行的。但对于两者的地位和价值，董仲舒认为“暖暑居百而清寒居一”[④]，也就是说，阳气占有百份而阴气只占有一份，两者在比例上的悬殊差距说明了自然界对阴阳二气的需要不尽相同，也就决定了阴气和阳气的地位不同，“阴者，阳之助也，阳者，岁之主也”[⑤]。通过这种论证，董仲舒认为在天道之中，阴阳二气的关系是阳主阴辅、阳尊阴卑，是故“贵阳而贱阴也”[⑥]。

其次，董仲舒将人间的刑罚与教化附会天道的阴气与阳气。“天地之常，一阴一阳，阳者，天之德也，阴者，天之刑也。”[⑦]阴气和阳气作为天道的基本元素，其中阳气代表着天的仁德，阴气则代表着天的刑罚。董仲舒从善恶的角度对阳气和阴气的道德属性做了解释，他说：“恶之属尽

① 董仲舒 . 春秋繁露 . 张世亮、钟肇鹏、周桂钿译注［M］. 北京：中华书局 .2012：410.
② 董仲舒 . 春秋繁露 . 张世亮、钟肇鹏、周桂钿译注［M］. 北京：中华书局 .2012：557.
③ 董仲舒 . 春秋繁露 . 张世亮、钟肇鹏、周桂钿译注［M］. 北京：中华书局 .2012：459.
④ 董仲舒 . 春秋繁露 . 张世亮、钟肇鹏、周桂钿译注［M］. 北京：中华书局 .2012：460.
⑤ 董仲舒 . 春秋繁露 . 张世亮、钟肇鹏、周桂钿译注［M］. 北京：中华书局 .2012：433.
⑥ 董仲舒 . 春秋繁露 . 张世亮、钟肇鹏、周桂钿译注［M］. 北京：中华书局 .2012：433.
⑦ 董仲舒 . 春秋繁露 . 张世亮、钟肇鹏、周桂钿译注［M］. 北京：中华书局 .2012：445.

为阴，善之属尽为阳，阳为德，阴为刑。”[①] 其中阳气占尽了善良美好的属性，而阴气充斥着邪恶与阴暗，董仲舒试图通过人们趋利避害的自然选择，建立社会秩序中崇尚“大德小刑”的心理基础。“阳，天之德，阴，天之刑也，阳气暖而阴气寒，阳气予而阴气夺，阳气仁而阴气戾，阳气宽而阴气急，阳气爱而阴气恶，阳气生而阴气杀。是故阳常居实位而行于盛，阴常居空位而行于末，天之好仁而近，恶戾之变而远，大德而小刑之意也，先经而后权，贵阳而贱阴也。”[②] 在这里，董仲舒描绘了阴气和阳气带给人们的真切感受：阴气使人感到暴戾和阴森，阳气则使人感到宽厚和仁爱，由于阴气代表着刑罚而阳气代表着教化，进而通过这种感受的转移使人们体会到刑罚和教化带给社会的不同效果。

最后，董仲舒通过比附推导出教化和刑罚在社会政治领域中的不同地位。由于阳气代表着教化，阴气代表着刑罚，通过阳气和阴气在自然界中地位的高下就可以得出教化和刑罚在社会政治领域中的不同地位。天道的“阳主阴辅”以及“任阳不任阴”[③]，反映在人事上就是“德主刑辅”以及“好德不好刑”[④]，人间的君王如果不按此行事，过于倚重刑罚而非教化，就会违背天道自然，“为政而任刑，谓之逆天，非王道也”[⑤]。董仲舒又将“德主刑辅”之下教化与刑罚的关系解释为“经”与“权”的关系，“天以阴为权，以阳为经；阳出而南，阴出而北，经用于盛，权用于末，以此见天之显经隐权，前德而后刑也”[⑥]。也就是说，天道以阳为常经，以阴为权变，进一步论证了教化是为政的常规手段而刑罚只是一种非常措施。“天之任

---

① 董仲舒．春秋繁露．张世亮、钟肇鹏、周桂钿译注［M］．北京：中华书局 .2012：410.
② 董仲舒．春秋繁露．张世亮、钟肇鹏、周桂钿译注［M］．北京：中华书局 .2012：411.
③ 董仲舒．春秋繁露．张世亮、钟肇鹏、周桂钿译注［M］．北京：中华书局 .2012：414.
④ 董仲舒．春秋繁露．张世亮、钟肇鹏、周桂钿译注［M］．北京：中华书局 .2012：415.
⑤ 董仲舒．春秋繁露．张世亮、钟肇鹏、周桂钿译注［M］．北京：中华书局 .2012：417.
⑥ 董仲舒．春秋繁露．张世亮、钟肇鹏、周桂钿译注［M］．北京：中华书局 .2012：417.

阳不任阴，好德不好刑，如是。故阳出而前，阴出而后，尊德而卑刑之心见矣。”[①] 通过阴气和阳气在天道中的地位，董仲舒论证了刑罚和教化在社会生活中的地位，进一步得出“教本狱末”的结论。如前所述，阴阳二气在量上的比是“暖暑居百而清寒居一”[②]，即阳占有百份，而阴只占有一份，故“王者承天意以从事，故任德教而不任刑”[③]。君王如果过于重视刑罚而不致力于教化，就是违背了“教本狱末”这一天意。总之，董仲舒在教化与刑罚的关系上强调的是以教化为主，以刑罚为辅，在以教化治理国家的总体策略下，以必要的刑罚纠正社会问题，以其威慑和惩治的效果辅助教化的推广，最终实践儒家德政理想。

（3）董仲舒德政思想的内容：以民为本

民本思想是传统儒家德治思想的主要组成部分。“所谓民本，就是指一种重视下层民众地位和作用的政治思想。”[④] 它是植根于中国古代独特的伦理文化土壤之上的，一种以民众为王道政治之根基的政治学说，民本思想主要讨论的是君民之间的相互依存关系。就其渊源而言，民本思想肇始于西周社会，从商朝灭亡的教训中，西周统治者认识到社会民众在稳定社会和巩固政权方面的重大意义，“敬天保民”“从民情知天命”等思想的出现都包含着早期民本思想的萌芽。春秋战国时期人们的价值观发生转变，神明在人们心目中的地位逐渐下降，人的自我意识逐渐萌发，思想家们尤为敏锐地认识到“民为邦本”的现实意义，纷纷主张由民众的态度决定社会政治制度的变化，促使统治者进行反思，不断改进自身的统治，不论孟子的“民贵君轻”还是荀子的“载舟覆舟”，都反映了这一时期思想

---

① 董仲舒．春秋繁露．张世亮、钟肇鹏、周桂钿译注［M］．北京：中华书局.2012：454.

② 董仲舒．春秋繁露．张世亮、钟肇鹏、周桂钿译注［M］．北京：中华书局.2012：460.

③ 班固．汉书［M］．北京：中华书局.1962：2450.

④ 庞朴．中国通史（第4卷）［M］．北京：东方出版中心，1997：9.

界对民众在社会政治生活中重要性的共识，是对先古民本思想的进一步发展，但这一时期的民本思想只是作为一种理论学说而存在，并没有对当时的政治实践产生实质性的影响。到秦王朝时，秦始皇忽视民众的力量，采用法家政策，以压制和奴役为重要手段一味地对民众实行暴政，结果秦王朝二世而亡。秦朝的迅速灭亡，使汉初思想家们看到了民众在政权转移中的强大威力，更加深刻地体会到民众在国家、社会中的重要地位和作用。汉初的贾谊在总结秦亡教训时，就认为民众是为政的根本，他说："闻之于政也，民无不为本也。国以为本，君以为本，吏以为本。故国以民为安危，君以民为威侮，吏以民为贵贱，以之为民无不为本也。"[①] 董仲舒的民本思想就是在继承传统儒家民本理论，并对现实民众疾苦寄予深切关怀的基础上发展起来的。

汉初实行的黄老无为政策对经济的恢复和发展起到了很大的作用。汉初统治者虽然屡次下令减轻田租为十五税一或三十税一，但是普通的社会民众并没有因为经济的发展而获利，反而是豪强地主大肆牟利，他们通过田租上的优惠政策以及对人民的盘剥迅速聚集财富，并进一步兼并更多的土地，与民争利。汉武帝时期"外事四夷，内兴功利"[②]，实行有为政治，造成国家财政的全面紧张。为了筹措国用，汉武帝重用桑弘羊等理财专家，实行"均输平准""盐铁官营""算缗""告缗"等抑制私人商业资本的国家管制经济政策。这些政策虽然确保了武帝的事功，但是竭泽而渔，严重损害了国计民生和正常的经济秩序，导致民怨沸腾。针对这一局面，董仲舒对国家的经济政策进行了尖锐的批判，他上书道："古者税民不过什一，其求易共；使民不过三日，其力易足。民财内足以养老尽孝，外足以

① 贾谊．新书校注．阎振益、钟夏校注［M］．北京：中华书局．2000：377.

② 班固．汉书［M］．北京：中华书局．1962：1136.

事上共税，下足以蓄妻子极爱，故民说从上。至秦则不然，用商鞅之法，改帝王之制，除井田，民得卖买，富者田连阡陌，贫者无立锥之地。又颛川泽之利，管山林之饶，荒淫越制，逾侈以相高；邑有人君之尊，里有公侯之富，小民安得不困？又加月为更卒，已，复为正，一岁屯戍，一岁力役，三十倍于古；田租口赋，盐铁之利，二十倍于古。或耕豪民之田，见税什五。故贫民常衣牛马之衣，而食犬彘之食。重以贪暴之吏，刑戮妄加，民愁亡聊，亡逃山林，转为盗贼，赭衣半道，断狱岁以千万数。汉兴，循而未改。古井田法虽难卒行，宜少近古，限民名田，以澹不足，塞并兼之路。盐铁皆归于民。去奴婢，除专杀之威。薄赋敛，省徭役，以宽民力。然后可善治也。”①

在这里，董仲舒的民本思想并没有停留在理论说教的层面上，而是就如何落实民本思想提出了一系列具体的措施。第一，“限民名田，以澹不足，塞并兼之路”。也就是限制豪强地主对农民土地的兼并与掠夺。第二，“盐铁皆归于民”。盐、铁在古代是关系国计民生的产业，也是国家赋税的重要来源，国家放松对盐铁的管制可以使民众生活相对宽裕。第三，“去奴婢，除专杀之威”。第四，“薄赋敛，省徭役，以宽民力”。从这些具体的措施可以看出，董仲舒同先秦儒家一样，认为统治者应当担负起富民、教民的政治责任，在民本思想中强调这种政治责任，是董仲舒民本思想中最有价值的内容。在君王与民众这对依存体中，君王原本就占据强势地位，只有在强调民众权利的同时突显君王的义务或责任，才能使民本思想落到实处。所以董仲舒多从统治者的角度强调如何落实民本思想，而非对民众权利的泛泛而谈，正是由于每一权利的实现都需要相应义务主体责任的履行，由此也可见董仲舒的良苦用心。董仲舒希望君王以道义原则来治理民众的思想，在现实政治生活中往往成为一种调节社会危机的政治策略，但

---

① 班固.汉书［M］.北京：中华书局.1962：1136.

是在某些特定的历史条件下，由于统治者的自觉意识，在民本思想的作用下中国历史上也出现过比较开明的专制统治，比较典型的例子就是唐代的“贞观之治”。但在汉代社会，董仲舒的这些建议大多没有得到汉武帝的认同，以至于出现“仲舒死后，功费愈甚，天下虚耗，人复相食”[①]的局面。总之，董仲舒非常强调民本思想，通过对汉武帝的极力劝诫，试图由上而下，在全社会推行儒家的德政理想。

4.1.3 对君王的教化方式

4.1.3.1 正面规劝：董仲舒的更化理论

董仲舒在《天人三策》中向汉武帝奏陈：“汉得天下以来，常欲善治而至今不得善治者，失之于当更化而不更化也。”[②]这就是要求实行“更化”以得“善治”，然而董仲舒所谓的“更化”与“善治”绝非改变封建制度，而是排除黄老与韩非之说，亦即反对以道家或法家思想为治世之方，要改用儒学为治世之道，从而使汉王朝长治久安。正如徐复观先生所言：“‘更化’与‘改制’完全不同。改制没有政治上的实质意义；‘更化’则是要把汉所继承的秦代以刑为治的政治方向与内容，完全改变过来，而‘修饰’‘仁义礼智信’‘五常之道’。亦即他要把（秦）大一统专制政治的方向与内容，加以彻底的转换。”[③]董仲舒在与汉武帝的对策中十分清楚地讲道：“古人有言曰：‘临渊羡鱼，不如退而结网。’今临政而愿治七十余岁矣，不如退而更化；更化则可善治，善治则灾害日去，福禄日来。”[④]董仲舒提

---

① 班固 . 汉书［M］. 北京：中华书局 .1962：1135.

② 班固 . 汉书［M］. 北京：中华书局 .1962：2498.

③ 徐复观 . 两汉思想史（第 2 卷）［M］. 上海：华东师范大学出版社，2001：261.

④ 班固 . 汉书［M］. 北京：中华书局 .1962：2502.

出的更化思想是贴合当时社会实际的。面对汉初社会的一片荒芜，以开国皇帝刘邦为首的统治集团采取黄老之学作为治理对策，在随后的六七十年间，以“无为而治”为特点的黄老学说占据了思想界的统治地位，汉初社会在一片废墟之上得以恢复并逐步发展。到了汉武帝时期，在发展过程中积累的问题需要逐步解决，社会面临转型，原因有以下三个方面：首先，作为汉武帝有为政治的前提，自汉政权产生之日就一直存在着的政权合法性问题，越来越需要一个能够被社会所接受的回答；其次，以刘邦为首的平民阶级取得政权后，经过几十年物质财富的积累，需要在气质和精神方面得到提升，最终完成由平民向贵族的身份转换；最后，黄老“无为而治”的统治思想在帮助经济恢复发展的同时，也在政治领域产生了消极散漫的影响，不利于中央集权的统一政治需要。在董仲舒看来，上述三个问题的解决都需要更化。

董仲舒通过他的“三统三正”理论，在历史哲学的意义上赋予了更化以合理性和必要性。董仲舒认为，历史朝代的更迭规律在于，如果君王不能施教化，行王道，那么必然会有受天命的新王朝取而代之，那么，这种取代的规律是什么呢？董仲舒就这个问题，提出了“三统三正”的历史循环模式。依据董仲舒的论述，所谓“三统”即指“正黑统”“正白统”“正赤统”，故又称“三正”，与此相对应，各朝所崇尚的颜色分别为黑、白、赤三色，其朝服、所用器具、祭祀用品等也相应为黑、白、赤三色，“三统”之间循环变迁，就是所谓的“易服色”。“三统”所讲的是朝代更替，新王为应天而进行的改制活动，是指在新王朝建立之初，要依照农历十一月（子月）、十二月（丑月）、正月（寅月）的顺序，依次重新确定以其中某月为正月，同时确定该月的朔日分于平旦、鸣晨或夜半，这就是所谓的“改正朔”。董仲舒提出：“何以谓之王正月？曰：王者必受命而后王，王者必改正朔，易服色，制礼乐，一统于天下，所以明易姓非继人，通以已受之于天也。王者受命而王，制此月以应变，故作科以奉天地，故谓之王正月也。”[①]王者以“王正月”作为自己受天命而王的象征，这也就是说，所谓的“王正月”就是新王朝的统治者为证明自己受命于天，且与前朝有所区别而有意制造出的标志，这个标志以历法的形式表现出来，是为了增加其神秘性。换言之，就是通过改变历法的手段，人为地制造出受命之符，为新王朝建立的合法性做出论证。由此可见，“三统三正”的意义和实质，并不在历法或服色本身，而在于政治上的象征意义，通过“三统三正”，把天命这个抽象的神秘概念具体化、形象化为人们看得见、摸得着的实实在在的形式。

董仲舒主张更化要遵循先例，以复兴教化作为更化的主要措施，“圣王之继乱世也，扫除其迹而悉去之，复修教化而崇起之”[②]。历史上的明君圣王面对复杂的社会环境，都是通过“复修教化”来更化的。董仲舒在与武帝的对策中，开宗明义地表明了更化的必要性，他说：“今汉继秦之后，如朽木、粪墙矣，虽欲善治之，亡可奈何。法出而奸生，令下而诈起，如以汤止沸，抱薪救火，愈甚亡益也。窃譬之琴瑟不调，甚者必解而更张之，乃可鼓也；为政而不行，甚者必变而更化之，乃可理也。当更张而不更张，虽有良工不能善调也：当更化而不更化，虽有大贤不能善治也。故汉得天下以来，常欲善治而至今不可善治者，失之于当更化而不更化也。”[③]通过对汉代社会现实的描述和分析，董仲舒认为造成这些社会问题的根本，就在于汉朝继承秦朝混乱局面之后，应当更化而始终未更化，若长此以往，则“虽欲善治之，亡可奈何”。而更化的“大端”在于有所作为，在于兴教化，这样一来，通过更化理论，董仲舒又将他的教化思想推广开来。通

---

① 董仲舒．春秋繁露．张世亮、钟肇鹏、周桂钿译注［M］．北京：中华书局.2012：223.

② 班固．汉书［M］．北京：中华书局.1962：2501.

③ 班固．汉书［M］．北京：中华书局.1962：2501.

过对汉初几十年发展情况的分析，董仲舒把握了汉代社会从“汉承秦制”到“无为而治”再到“有为更化”的历史发展趋势，在批判现实与反思历史之后，董仲舒为汉代统治集团提供了更化的建议，为上古文化向中古文化的转型提供了指导思想。

4.1.3.2 侧面强制：董仲舒的灾异学说

董仲舒的灾异学说本于其所推崇的儒家经典《春秋》，通过书中记载的大量史实，董仲舒得出背天而行会引起灾异的结论，他主张君王要从已经发生的灾异现象中得到警示，将其看作是上天为挽救社稷而做的努力，从灾异现象中吸取教训，进行自我反省或检讨为政之失，从而改良政治措施，以适应社会民众的需要，建立稳定的社会政治秩序。就实际效果来看，董仲舒的灾异学说确实从侧面对统治者起到了威慑作用，面对灾异现象，帝王们大多能够在自我反省之后，通过大赦天下等有利于民的措施来改善统治方式，缓和阶级矛盾。在封建专制体制下，灾异学说确实对统治者的独断专行起到了某种限制作用，使君王在“天”的威慑下不敢妄为。

汉武帝重视受命之符、灾异和祥瑞等神秘力量。在元光元年（公元前134年）五月的举贤良对策中，武帝问道：“盖闻五帝三王之道，改制作乐而天下洽和，百王同之。当虞氏之乐莫盛于《韶》，于周莫盛于《勺》。圣王已没，钟鼓管弦之声未衰，而大道微缺，陵夷至乎桀、纣之行，王道大坏矣。夫五百年之间，守文之君，当涂之士，欲则先王之法以戴翼其世者甚众，然犹不能反，日以仆灭，至后王而后止，岂其所持操或缪而失其统与？固天降命不查复反，必推之于大衰而后息与？乌乎！凡所为屑屑，夙兴夜寐，务法上古者，又将无补与？三代受命，其符安在？灾异之变，何缘而起？”[①] 汉武帝这段话包含着两层疑问：其一，天之灾异与政治人

① 班固．汉书［M］．北京：中华书局．1962：2503.

事有无必然的关系？其二，如果有天人感应，那么这种感应是有法则可循，还是变化无常？法则是合于道德理性，还是不合于道德理性？针对汉武帝的策问，董仲舒首先从总体上回答了灾异缘何而生，他说："及至后世，淫佚衰微，不能统理群生，诸侯背畔，残贼良民以争壤土，废德教而任刑罚。刑罚不中，则生邪气；邪气积于下，怨恶畜于上。上下不和，则阴阳缪戾而妖孽生矣。此灾异所缘而起也。"① 意思是说，如果君王只贪图享受而不能统理百姓，就会造成诸侯背叛，继而又差遣人民投入战争来争夺土地，君王不注重道德教化而滥用刑罚，刑罚的使用不当就会产生邪气，邪气在社会中不断积累，民众对君王的埋怨和厌恶也在积累，官民之间不协调，又引起阴阳之间的混乱，进而产生妖孽，这就是灾异现象的起因。

针对汉武帝的两层疑问，董仲舒首先肯定了灾异与政治之间的关系，他说："凡灾异之本，尽生于国家之失。"② 政治上的过失导致了灾害现象的发生，也就是肯定了灾异的出现与政治上的过失存在着因果联系。对于汉武帝的第二层疑问，在董仲舒看来，君王的好恶喜怒，即为自然界的春夏秋冬。对于自然界的季节更替，适时则岁美，不适时则岁恶；对于君王的情绪变化，适宜则世治，不适宜则世乱，即所谓"治世与美岁同数，乱世与恶岁同数"③。四季变化不适时所造成的"恶岁"，也就是对君王的灾异谴告。关于灾异现象，董仲舒认为："臣谨案《春秋》之中，视前世已行之事，以观天人相与之际，甚可畏也。国家将有失道之败，而天乃先出灾害以谴告之，不知自省，又出怪异以警惧之，尚不知变，而伤败乃至。以此见天心之仁爱人君而欲止其乱也。"④ 这也就是说，天地间的事物，

① 班固．汉书［M］．北京：中华书局．1962：2500.
② 班固．汉书［M］．北京：中华书局．1962：2501.
③ 董仲舒．春秋繁露．张世亮、钟肇鹏、周桂钿译注［M］．北京：中华书局．2012：421.
④ 班固．汉书［M］．北京：中华书局．1962：2502.

有不经常变化而突然发生了变化的，就叫作“异”，其中较小的变化叫作“灾”。一般来说，先出现“灾”，而后出现“异”，“灾”是“天”对君王的谴告，“异”是“天”对君王的威吓，而灾异的主要表现就是一年四季中气候变化的正常与否。董仲舒认为，君王行为不正，国家就会有危险，即“凡灾异之本，尽生于国家之失”①。灾异是“天”之恶类，人道之失是人之恶类；灾异与人道之失是“同类相应”的关系，依据“美事召美类，恶事召恶类”②的自然法则，人道之失是因，天道灾异是果，二者是因果关系。董仲舒的灾异学说符合“同类相应”的自然法则，能够通过人的道德理性加以理解，故灾异现象并非神秘无常，而是有其规律性的，即君王的恶行恶政引起灾异现象的发生，这里强调了君王行为的决定性作用，突出了人的道德主体性。传统的天命灾异思想认为，“灾”是“天”对人的惩罚，人只能被动地承受惩罚；“异”是怪异现象，是“天”对人事之败的预兆，人只能消极被动地走向“天”所规定的败亡命运。但在董仲舒看来，“天”出“灾”是对君王政治过失的谴告，而不是惩罚；“天”出“异”是对君王行为不端且不思悔改的警惧，而不代表人事伤败的必然命运。“天”出灾异的目的是使君王“省天谴而畏天威，内动于心志，外见于事情，修身审己，明善心以反道者也”③。君王见灾异后，反省自己的过失，积极主动地改过自新，灾异就会消失。在董仲舒看来，灾异现象具有道德理性，这突显了人的道德主体性。

灾异学说是假天之威而对君王进行的教化，董仲舒通过灾异现象反映天意，将儒家伦理道德附加于天意之上，也就是置于君权之上，通过对君王思想的教化来限制君王行为，从而维护封建王朝的秩序。董仲舒在当时

① 董仲舒．春秋繁露．张世亮、钟肇鹏、周桂钿译注［M］．北京：中华书局．2012：325.
② 董仲舒．春秋繁露．张世亮、钟肇鹏、周桂钿译注［M］．北京：中华书局．2012：482.
③ 董仲舒．春秋繁露．张世亮、钟肇鹏、周桂钿译注［M］．北京：中华书局．2012：72.

提出灾异学说是一种明智之举，不仅可以直接警醒君王，对臣下而言，亦可借灾异学说对君王行为予以规劝，更能触动帝王的是，灾异现象会在民间造成恐慌和怀疑，影响安定团结的局面，使政权的合法性遭受质疑。清朝学者皮锡瑞就认为:“古之王者恐己不能无失德，又恐子孙不能无过举也，常假天道以示儆惕……后世君尊臣卑，儒臣不敢正言匡君，于是亦假天道进谏，以为仁义之说，人君之所厌闻；而祥异之占，人君之所敬畏。陈言既效，遂成一代风气。故汉世有一种天人之学。”① 这段话分析了长久以来儒家学者对于君权，一方面要制约一方面又怀有敬畏之情的矛盾态度，这更突显了董仲舒灾异学说作为对君王进行教化的一种有效方式所具有的价值。梁启超先生受近代资产阶级三权分立思想的影响，更是将董仲舒的灾异学说看作是封建社会制度下，限制国家权力的有效工具，他说：“民权既未能兴，则政府之举动措置，既莫或监督之而匡阡之，使非于无形中有所以相慑，则民贼更何忌惮也，孔子盖深察夫据乱时代之人类，其宗教迷信之念甚强也。故利用之而申警之……但使稍自爱者，能恐一二，修省一二，则生民之祸，其亦可以消弭。此孔子言灾异之微意也……用心良苦矣。江都（董仲舒曾任江都相）最知此义，故其对天人策，三致意焉。”②

4.2 对官吏的教化

在汉武帝的支持下，董仲舒的教化思想得以制度化、常态化，对各级官吏取得了良好的教化效果，改善了西汉王朝的官僚素质，并对后世产生了重要影响。这些制度化、常态化的措施主要包括设立官学、设置五经博士官以及确立“郡国岁举之制”等。这些措施与官吏选拔制度相结合，为“学

① 皮锡瑞 . 经学通论 . 吴仰湘点校［M］. 北京：中华书局 . 2017：153.

② 梁启超 . 饮冰室丛著（第 2 卷）［M］. 北京：商务印书馆，1916：75.

而优则仕”以及平民教化开辟了道路，也对汉代及后世官吏制度产生了重要影响。从整个中国古代历史来看，即使朝廷昏乱，灾患迭起，而依靠儒家伦理道德观念建立起来的统治秩序往往还能维持一个相当长的时间。特别是在宋代以后，尽管朝廷不乏昏庸暴虐之君，然而篡逆之臣却不多见，即使有个别图谋不轨者也难成势力，只有强大的外敌入侵或大规模的农民起义才能推翻一个封建王朝，究其原因，除了中央集权的专制主义制度此时已高度完善化之外，政府高级官员几乎都是科举出身的儒家士大夫，儒家伦理道德观念在他们的头脑中根深蒂固，以至于很难产生或响应犯上作乱的阴谋，从而使封建王朝的统治得以长期维持，对各级官吏进行教化的重要性与效果由此也可见一斑。

4.2.1 对官吏的教化内容

西汉初期，没有对官吏的考绩制度，官制较为混乱且官风不正，汉景帝曾呼吁“无令廉士久失职，贪夫长利”①，认为廉吏往往得不到任用，而贪官却长期存在。汉武帝也承认这种客观现实，并且认为廉吏和贪官往往难以鉴别。董仲舒认为这种局面的形成，主要是由于“今……累日以取贵，积久以致官，是以廉耻贸乱，贤不省浑，未得其真”②。针对这种弊端，董仲舒提出以德为主选拔官吏，“上从公侯，下至卿大夫，济济乎哉！皆以德序”③。对于那些虽有才能但道德缺失的官员，决不可重用，这样才能真正改善吏治，君王的权威也会进一步加强，天下方可大治。各级官吏是教化的主要执行者，官吏自身素质与教化的施行和实现有着直接的联系，郡守县令是民之师帅，他们不仅主管兵刑钱谷，而且负责教化人民，移风

① 班固．汉书［M］．北京：中华书局．1962：151．

② 董仲舒．春秋繁露．张世亮、钟肇鹏、周桂钿译注［M］．北京：中华书局．2012：210.

③ 董仲舒．春秋繁露．张世亮、钟肇鹏、周桂钿译注［M］．北京：中华书局．2012：350.

易俗，也就是《史记》和《汉书》中所谓的“循吏”，他们兼教化之官与文法之吏于一身。所以董仲舒强调各级官吏应该加强自身道德修养，严于律己，宽以待人，爱民养民，使人民安居乐业而知礼义。

4.2.1.1 儒家政治伦理对官吏的制约

（1）儒家的君臣伦理

儒家早期的君臣伦理强调通过行道而忠君，即“有道则见，无道则隐”①，在此基础之上的君臣关系也体现出一种“君使臣以礼，臣事君以忠”②的相对平等。与儒家对君臣关系的看法不同，法家代表人物韩非则强调臣对君的单向性的绝对忠诚，君对臣则要运用法、术、势进行操控，这体现了君主专制体制下加强王权的需要。董仲舒所阐释的君臣伦理，以儒家典籍《春秋》中的基本精神为主，但出于加强大一统国家中央集权的现实需要，又带有法家君臣伦理的某些特点。董仲舒借用阴阳学说来构筑君臣伦理准则，认为社会伦理就是阴阳关系在社会关系中的具体化，君臣伦理是在等级秩序的基础上产生的，所以董仲舒主张“善皆归于君，恶皆归于臣”③。作为处于下级的臣僚，应当自己背负恶名，而将善名让与君王。董仲舒在这里想要体现的是“君贵臣贱”的等级差别，强调君王在君臣关系中的主导性地位，而臣僚则始终处于辅佐的地位，其善行也自然要归于君王，这体现了臣对君的绝对忠诚。董仲舒的这种君臣伦理，专制色彩浓重，“董仲舒对于君臣伦理的论述极大地强化了专制伦理，体现了中国伦理规范的基本精神，道德已不再是共同认可的准则，或者说共同认可的东西是不重要的，只有伦理关系中所规定的人们的适合身份的具体规范的践履才是根

---

① 论语译注．杨伯峻译注［M］．北京：中华书局．2006：79.

② 论语译注．杨伯峻译注［M］．北京：中华书局．2006：37.

③ 董仲舒．春秋繁露．张世亮、钟肇鹏、周桂钿译注［M］．北京：中华书局．2012：418.

本的"[①]。

汉武帝曾下诏："君者心也，民犹支体。"[②]这完全是袭用了董仲舒的语言来彰显君王为臣民之主的思想，从而以忠君之德来教化臣民尊君尽忠。董仲舒极力尊君，把是否尊奉君命作为"忠"的标准和评价依据，他讲道："公侯不能奉天子之命，则名绝而不得就位……臣不奉君命，虽善，以叛言。"[③]这种唯命是从，体现的正是"君为臣纲"的要求，也是汉王朝要求官吏所具备的最主要操守。先秦儒家的君臣伦理，变成了董仲舒这里单向性的"为臣之道"。在阐发《春秋》微言大义的基础上，董仲舒讲了三个方面的"为臣之道"。

首先，董仲舒认为臣对君应当绝对忠诚。董仲舒言："观乎鲁隐、祭仲、叔武、孔父、荀息、仇牧、吴季子、公子目夷，知忠臣之效。"[④]鲁隐、祭仲、叔武、孔父、荀息、仇牧、吴季子和公子目夷都是董仲舒眼中的大忠臣，这些记载在《春秋》之中的人物或杀身成仁，或为国捐躯，吴季子和公子目夷甚至在国君想要让位于他们的时候，选择逃亡的方式以避免君王权威的丧失，这都是董仲舒眼中绝对忠诚的行为。

其次，董仲舒认为臣应当维护君的绝对权威。董仲舒言："楚庄王杀陈夏征舒，《春秋》贬其文，不予专讨也。"[⑤]夏征舒杀陈国国君是恶行，楚庄王杀了夏征舒本应是值得肯定的，但《春秋》却贬之，董仲舒认为这是由于楚国作为周天子的诸侯臣下，擅自讨伐同为诸侯国的陈国并杀夏征舒，是一种蔑视周天子权威的"专讨"行为，是违反了为臣之道的。《春秋》

---

① 陈少峰．中国伦理学史（上册）［M］．北京：北京大学出版社，1996：161.

② 班固．汉书［M］．北京：中华书局．1962：151.

③ 董仲舒．春秋繁露．张世亮、钟肇鹏、周桂钿译注［M］．北京：中华书局．2012：560.

④ 董仲舒．春秋繁露．张世亮、钟肇鹏、周桂钿译注［M］．北京：中华书局．2012：131.

⑤ 董仲舒．春秋繁露．张世亮、钟肇鹏、周桂钿译注［M］．北京：中华书局．2012：7.

中对齐桓公因攘夷救亡有功而“专封”邢、卫等国的行为，同样持贬义态度，这其中所看重的也正是臣对君绝对权威的一种维护。

最后，董仲舒认为臣在具体行为方面应当“知权”。“权者何？权者反于经，然后有善者也。”[①] 也就是说，行为虽然违反常规，但最终能够取得良好的效果，能够做到这一点就是“知权”，强调的是在具体行为方面，臣应当出于君的利益考虑而采取灵活变通的方式行事。董仲舒同样用《春秋》中记载的事例进行说明，他说：“鲁隐公之代桓立，祭仲之出忽立突，仇牧、孔父、荀息之死节，公子目夷不与楚国，此皆执权存国，行正世之义，守惓惓之心，《春秋》嘉气义焉，故皆见之，复正之谓也。”[②] 这些都是“执权存国”的代表性案例，如“祭仲之出忽立突”，就是在宋国的逼迫下，祭仲通过采取立公子突为君，而让已经继承君位的公子忽暂时出逃的方式，一方面使郑国得以留存，一方面使公子忽得到了礼让兄弟的美名，这就是“知权”，可见董仲舒所说“知权”的前提在于，确实是为了君王的根本利益而做的变通。董仲舒进一步说道：“夫去位而避兄弟者，君子之所甚贵；获虏逃遁者，君子之所甚贱。祭仲措其君于人所甚贵，以生其君，故春秋以为知权而贤之；丑父措其君于人所甚贱，以生其君，春秋以为不知权而简之。”[③] 在肯定祭仲做法的同时，董仲舒又举了逢丑父的例子作为反面典型。据《春秋》记载，在齐晋之战中，逢丑父为保护齐顷公而与其交换战车，并最终被晋军所杀，这种为君捐躯的行为虽难能可贵，却使齐顷公成为君子所甚贱的“获虏逃遁者”，所以《春秋》并未认可逢丑父的这种行为，“以为不知权而简之”[④]。

---

① 董仲舒．春秋繁露．张世亮、钟肇鹏、周桂钿译注［M］．北京：中华书局．2012：51.

② 董仲舒．春秋繁露．张世亮、钟肇鹏、周桂钿译注［M］．北京：中华书局．2012：127.

③ 董仲舒．春秋繁露．张世亮、钟肇鹏、周桂钿译注［M］．北京：中华书局．2012：53.

④ 董仲舒．春秋繁露．张世亮、钟肇鹏、周桂钿译注［M］．北京：中华书局．2012：55.

（2）让利于民的思想

汉初统治者虽然屡次下令减轻田租为十五税一或三十税一，但这一政策的最大受益者却是封建地主阶级，他们通过对人民的盘剥和田租方面的优惠政策迅速聚集财富，并进一步兼并更多的土地，与民争利。董仲舒看到了这种现象，并进行了详细的分析，他说："身宠而载高位，家温而食厚禄，因乘富贵之资力，以与民争利于下，民安能如之哉！是故众其奴婢，多其牛羊，广其田宅，博其产业，畜其积委，务此而亡已，以迫蹴民，民日削月浸，浸以大穷。富者奢侈羡溢，贫者穷急愁苦；穷急愁苦而不上救，则民不乐生；民不乐生，尚不避死，安能避罪！此刑罚之所以蕃而奸邪不可胜者也。"①这段话的意思是说，身在高位的官吏利用各种特权兼并土地，获取暴利，导致民众无立锥之地，滋生犯罪，社会危机加重。因此，董仲舒坚决反对官吏与民争利，认为这是违背天理的。"夫天亦有所分予，予之齿者去其角，傅其翼者两其足，是所受大者不得取小也。古之所予禄者，不食于力，不动于末，是亦受大者不得取小，与天同意者也。"②董仲舒通过对自然界中生物"予之齿者去其角，傅其翼者两其足"的观察，为其观点建立了天道的根据，这是对先秦儒家让利于民思想的发展。

董仲舒在与汉武帝的《天人三策》中以鲁国国相公仪休为例，进一步论述了让利于民的思想，他说："故公仪子相鲁，之其家见织帛，怒而出其妻，食于舍而茹葵，愠而拔其葵，曰：'吾已食禄，又夺园夫红女利乎！'古之贤人君子在列位者皆如是，是故下高其行而从其教，民化其廉而不贪鄙。"③鲁国国相公仪休不允许自己的妻子种菜和纺织，认为既然自己已经领取了朝廷的俸禄，就不应该再与菜农或织工争利。董仲舒在讲述了公

① 班固 . 汉书［M］. 北京：中华书局 .1962：2512.

② 班固 . 汉书［M］. 北京：中华书局 .1962：2511.

③ 班固 . 汉书［M］. 北京：中华书局 .1962：2515.

仪休的故事后，指出："及至周室之衰，其卿大夫缓于谊而急于利，亡推让之风而有争田之讼。故诗人疾而刺之，曰：'节彼南山，惟石岩岩，赫赫师尹，民具尔瞻。'尔好谊，则民乡仁而俗善；尔好利，则民好邪而俗败……故受禄之家，食禄而已，不与民争业，然后利可均布，而民可家足。此上天之理，而亦太古之道，天子之所宜法以为制，大夫之所当循以为行也。"① 通过以古鉴今的方式，董仲舒指出官吏若重义轻利，则民风向善，官吏若唯利是图，则教化难行，官吏既然已经领受国家俸禄，就不应该做任何与民争利的事情。

总之，对于居于君王和百姓之间的各级官吏，其教化内容也必然要对应君王和百姓的实际情况，对上要忠诚，对下则要爱护。

4.2.1.2 区别官吏类型的针对性教化

如前所述，西汉初期将相大臣专权，而诸侯百越又纷纷割据自立，目中无君导致君臣失礼。面对这一现状，董仲舒认为就统治阶级内部而言，巩固封建王权的关键在于，一方面要杜绝中央大臣专权，另一方面要消除地方诸侯割据，董仲舒的思想中包含着针对各级官吏不同特点的教化内容。

（1）相互制衡：中央官员的政治监督

通过以"五官"比附"五行"，董仲舒将自然界五行循环相胜的原理运用于解释现实政治生活，论证了中央官员之间应有的制衡关系，"五官"之间的治乱关系着政治统治的稳定，"官职之事，五行之义也"，②"五行者，五官也。比相生而间相胜也。故为治，逆之则乱，顺之则治"。③ 对于五行间的相胜关系，董仲舒有详细的论述："木者，司农也。……农者，民

① 班固．汉书［M］．北京：中华书局．1962：2515.

② 董仲舒．春秋繁露．张世亮、钟肇鹏、周桂钿译注［M］．北京：中华书局．2012：649.

③ 董仲舒．春秋繁露．张世亮、钟肇鹏、周桂钿译注［M］．北京：中华书局．2012：488.

也，不顺如叛，则命司徒诛其率、正矣。故曰金胜木。火者，司马也。……夫火者，大朝，有邪谗荧惑其君，执法诛之。执法者，水也，故曰水胜火。土者，君之官也。……夫土者，君之官也，君大奢侈，过度失礼，民叛矣。其民叛，其君穷矣。故曰木胜土。金者，司徒也。……金者，司徒，司徒弱不能使士众，则司马诛之，故曰火胜金。水者，司寇也。……执法附党不平，依法刑人，则司营诛之，故曰土胜水。"[①] 董仲舒认为，司农是"木"，司徒是"金"。司农不轨，司徒诛之，这叫作"金胜木"。司马是"火"，执法者是"水"，司马犯法，执法者诛之，这叫"水胜火"。司营是"土"，司营犯法，司农诛之，这是"木胜土"。司徒违法，司马诛之，这叫"火胜金"。司寇是"水"，司寇如果执法犯法，则由司营诛之，这叫"土胜水"。董仲舒通过五行间的相克关系，论证了五官间的制约关系。五行之间既能相生又能相胜，这符合辩证法的思想，任何事物都不可能永远相生，也不可能永远相胜，相生相胜才能构成世间的万事万物。董仲舒用"五行"来比附人间的政治秩序，虽然有些牵强附会，但是他的这种思想也确实带给人们某种启示，五行顺则政长久，五行逆则国灭亡，五行的顺逆与国家的统治密切相关。董仲舒在这里表达了两项重要的政治思想：一是官员之间在职能上要互相制约，二是皇帝管百官，而自己又要受人民的制约。没有制约的权力必然导致腐败，董仲舒通过各官尽职，使政治进入正常轨道，形成良性循环。

董仲舒这种以"五行"相生相克思想解释官员内部相互依存和制约关系的论证思路，基本上是贴合官吏系统实际运行情况的，官员间的相互制约和各行其职，可以保证政府运作的高效和廉洁。董仲舒这种稍显粗糙的论证内容与论证方式，今天看来并不科学，但其中权力需要监督的思想却

① 董仲舒．春秋繁露．张世亮、钟肇鹏、周桂钿译注［M］．北京：中华书局.2012：501.

十分高明，也最具积极意义，这与现代社会中要求对权力进行制约和监督的理念是一致的。

（2）维护统一：地方诸侯的重要使命

前文已述，汉初统治者为了巩固政权，效仿西周的分封制，在消灭异姓诸侯王的同时，分封了一批同姓诸侯王，寄希望于通过血缘关系来保持政权的稳定和集权的统一。然而随着社会政治形势的发展变化，同姓诸侯王与中央政权的矛盾也逐渐尖锐并激化。这些诸侯王的势力逐渐膨胀，与中央构成“相疑之势”，诸侯王“或制大权以逼天子”，直接削弱了中央的政治权威，这不利于巩固和加强大一统的中央集权政治制度。面对这种形势，董仲舒根据当时实际政治斗争的需要，结合《春秋》中所记载的历史经历，主张把国家的政治大权统一到天子手中。董仲舒和孔子、孟子、荀子等传统儒学大师的见解基本一致，都将春秋战国社会纷乱、战火难熄的原因归咎于封建等级秩序的混乱以及周天子的孱弱。董仲舒希望能够通过“强干弱枝”的主张来扭转这种局面，所谓“强干”是要加强中央皇权，“弱枝”则主要是指消除诸侯国的势力。董仲舒在吸取历史教训的基础上，通过阐发《春秋》大义以及天道“五行”的变化来论证他的“强干弱枝”主张。董仲舒说：“春秋立义，天子祭天地，诸侯祭社稷，诸山川不在封内不祭。有天子在，诸侯不得专地，不得专封，不得专执天子之大夫，不得舞天子之乐，不得致天子之赋，不得适天子之贵。”[①] 董仲舒借《春秋》之言对诸侯王的行为提出了一些限制，希望通过这种形式上的限制，使诸侯王建立等级尊卑意识，通过对诸侯王权力的限制，将权力集中于君王，从而排除诸侯王对中央集权的干扰。他在《春秋繁露》中多次对晋文公招

① 董仲舒．春秋繁露．张世亮、钟肇鹏、周桂钿译注［M］．北京：中华书局．2012：127.

周天子去会盟的僭越行为进行了贬斥，例如，“晋文不与致王而朝”①“故诡晋文得志之实以代讳，避致王也”②等等。董仲舒通过阐发《春秋》微言大义对诸侯的僭越行为进行贬斥，其目的只有一个，那就是使“君臣之分明矣”③。董仲舒曾一度要求诸侯王要无条件服从君王，诸侯国要一统于中央，这就剥夺了诸侯分裂割据的理论武器，对汉武帝设“左官律”“附益法”，颁“推恩令”等一系列收夺诸侯王权力的做法起到辅助作用。

董仲舒曾两相骄王，其间也积极向地方诸侯灌输“大一统”的思想理念。胶西王曾对时任国相的董仲舒说道：“大夫蠡、大夫种、大夫庸、大夫睾、大夫车成、越王与此五大夫谋伐吴，遂灭之，雪会稽之耻，卒为霸主。范蠡去之，种死之。寡人以此二大夫者为皆贤。孔子曰：‘殷有三仁。’今以越王之贤，与蠡种之能，此三人者，寡人亦以为越有三仁，其于君何如？桓公决疑于管仲，寡人决疑于君。”④胶西王认为“越有三仁”，辅佐越王勾践灭吴，他还自比齐桓公，希望像齐桓公问政于管仲那样，问政于董仲舒。董仲舒看到胶西王的野心，谨慎回答道：“仲舒智褊而学浅，不足以决之，虽然，王有问于臣，臣不敢不悉以对，礼也。……越本无一仁，而安得三仁！仁人者，正其道不谋其利，修其理不急其功，致无为而习俗大化，可谓仁圣矣，三王是也；……是以仲尼之门，五尺童子言羞称五伯，……比于仁贤，何贤之有？譬犹珷玞比于美玉也。臣仲舒伏地再拜以闻。”⑤在董仲舒看来，诸侯是不能与天子相比的，齐桓公等“五伯”目无天子，以强凌弱，与“三王”相比，就像武夫和美玉一般，所以“越

---

① 董仲舒 . 春秋繁露 . 张世亮、钟肇鹏、周桂钿译注［M］. 北京：中华书局 .2012：2.
② 董仲舒 . 春秋繁露 . 张世亮、钟肇鹏、周桂钿译注［M］. 北京：中华书局 .2012：70.
③ 董仲舒 . 春秋繁露 . 张世亮、钟肇鹏、周桂钿译注［M］. 北京：中华书局 .2012：162.
④ 董仲舒 . 春秋繁露 . 张世亮、钟肇鹏、周桂钿译注［M］. 北京：中华书局 .2012：336.
⑤ 董仲舒 . 春秋繁露 . 张世亮、钟肇鹏、周桂钿译注［M］. 北京：中华书局 .2012：337.

本无一仁”，何来“三仁”？在孔子的学生中，即使五尺孩童也羞于言“五伯”，认为他们难登大雅之堂。可见，董仲舒在侯国为相时，也致力于以“大一统”及“强干弱枝”等思想直接教育诸侯王，维护中央政权的统一。

董仲舒“大一统”思想的提出，是从教化方面对地方诸侯王提出的要求，适应了汉武帝时期，西汉帝国由诸侯分权向中央集权过渡阶段政策转变的需要，在理论层面对中央剥夺地方权力进行了较充分的论证，是汉武帝强化中央集权的思想武器，它使维护国家统一的观念深入人心，使统一意识逐渐成为社会中的主流。

4.2.2 对官吏的教化方式

“自武帝采纳董仲舒意见后，儒学获得正统地位，开启了政治儒学化的进程。”① 儒家教化思想贯彻到实际的政治制度和政治行为中，通过以经术取士完成官吏的儒学化，大批儒生进入官僚队伍，推动了儒家教化的实施和推广。汉武帝通过征辟选用儒学之士，设立太学，立五经博士及博士弟子，在中央形成仁义道德宣化中心，还设置专职礼官，“讲议洽闻，举遗兴礼，以为天下先”②。中央和地方各级官吏均负有教化民众的责任，汉武帝告诫臣属：“公卿大夫，所使总方略，壹统类，广教化，美风俗也。”③ 在教化与官吏选拔制度的双向渗透互动之下，从中央到地方形成一个宣明教化的官吏系统。

董仲舒“独尊儒术”与李斯焚书禁学相比，在实施手段上强调一个“尊”字，采取相对和缓的诱导方式，通过以儒家经术和伦理道德作为选拔人才的主要标准，而将其他诸子学说摒除于仕途之外，确立儒学的独尊地位。

---

① 卜宪群．秦汉官僚制度［M］．北京：社会科学文献出版社，2002：115.

② 班固．汉书［M］．北京：中华书局 .1962：155.

③ 班固．汉书［M］．北京：中华书局 .1962：155.

董仲舒提出兴太学、重选举以及尊儒术的建议，正反映了教化、选士和尊儒三者之间相辅相成的关系。

4.2.2.1 通过官学进行教化

董仲舒特别强调学校教化的渠道，认为通过官学教化，可以培养更多的合格官吏，通过理解、掌握和宣传皇帝的旨意，“承流而宣化”，[①]达到理想的教化效果。儒家曾批评法家的“以吏为师”，但“独尊儒术”后的儒家却辩证吸收了法家的某些思想，主张士大夫作为“民之师帅”，成为社会教化的主体。董仲舒说：“今之郡守、县令，民之师帅，所使承流而宣化也；故师帅不贤，则主德不宣，恩泽不流。”[②]与法家不同，董仲舒期望郡守县令宣化的是儒家伦理精神，这由于后来科举制度的实施，得到了进一步的认同与强化，致使所谓“王者之儒”与“教化之儒”常常合而为一。杨念群指出：“在宋明以后的历史境遇中，‘教化之儒’与‘王者之儒’有可能通过科举的中介渠道互换角色。一般来说，拥有高位的‘王者之儒’因贬黜等原因，可能下降至‘教化之儒’的位置；‘教化之儒’也可以通过应试等手段，上升至‘王者之儒’的高度。从此点观察，‘教化之儒’与‘王者之儒’的角色是可以合二为一的。”[③]“圣王一致”是儒家的理想，即使是已进入政治系统的“王者之儒”，也要以教化为重，这是科举制度儒学化导致的结果，中国古代的官吏以研习儒家经典为本，依靠儒家思想治国平天下，视儒家教化实践为自己的神圣职责。余英时先生曾敏锐指出：“通西汉一代，名臣奏议凡涉及吏治的问题几乎无不持儒

① 班固 . 汉书［M］. 北京：中华书局 .1962：2509.
② 班固 . 汉书［M］. 北京：中华书局 .1962：2509.
③ 杨念群 . 儒学地域化的近代形态［M］. 北京：三联书店出版社，2011：63.

家教化之说。”[1] 在他看来，注重儒家教化的汉代循吏对后世中国封建社会产生了十分深刻的影响，他说：“汉代循吏在中国文化史的长远影响是不容低估的。宋明的新儒家在义理的造诣方面自然远越汉儒。但是一旦为治民之官，他们仍不得不奉汉代的循吏为最高准则。别的不说，他们以‘师’而不以‘吏’自居便显然是直接继续了汉代循吏的传统。程、朱、陆、王无不是一身而兼两种‘师’：大传统的‘传道、授业’之师和小传统的‘教化’之师。”[2]

但在董仲舒看来，本应作为“民之师帅”的官吏，却没有起到应有的社会作用。“今吏既亡教训于下，或不承用主上之法，暴虐百姓，与奸为市，贫穷孤弱，冤苦失职，甚不称陛下之意。是以阴阳错缪，氛气弃塞，群生寡遂，黎民未济，皆长吏不明，使至于此也。”[3] 官吏不行教化，导致多有民怨，不利于社会稳定，因而国家急需“承流宣化”的贤才，充实到官僚队伍中去。因此董仲舒主张：“立辟雍庠序，修孝悌敬让，明以教化，感以礼乐。”[4] 他说：“陛下亲耕籍田以为农先，夙寤晨兴，忧劳万民，思维往古，而务以求贤，此亦尧、舜之用心也，然而未云获者，士素不厉也。”[5] 这是引导汉武帝反思，为什么仿效尧舜，早晚辛勤，忧劳万民，却求不到贤士。郡守县令本应该是人们的师长和表率，按照皇帝的旨意对人们进行教化，但实际上，郡守县令这些地方官，上不能正确领会皇帝精神，下不能教训人民，反而使百姓生活困苦，不正之风流行，这有负朝廷的期望。这样的官员是不称职的，究其原因，是他们的素质有问题。“夫长吏多出于郎中、

---

① 余英时 . 士与中国文化［M］. 上海：上海人民出版社，1987：175.

② 余英时 . 士与中国文化［M］. 上海：上海人民出版社，1987：213-214.

③ 班固 . 汉书［M］. 北京：中华书局 .1962：2512.

④ 董仲舒 . 春秋繁露 . 张世亮、钟肇鹏、周桂钿译注［M］. 北京：中华书局 .2012：197.

⑤ 班固 . 汉书［M］. 北京：中华书局 .1962：2013.

中郎，吏二千石子弟选郎吏，又以富訾，未必贤也。"[①]因此，董仲舒建议："故养士之大者，莫大乎太学；太学者，贤士之所关也，教化之本原也。今以一郡一国之众，对亡应书者，是王道往往而绝也。臣愿陛下兴太学，置明师，以养天下之士，数考问以尽其材，则英俊宜可得矣。"[②]董仲舒认为太学是培养贤士的最大机关和重要阵地，也是进行教化的源头，通过办太学，请明师，方可培养出按照皇帝旨意教化万民的合格官吏。

汉武帝接受了董仲舒的建议，于公元前124年，在长安设太学，建立起以最高学府太学为首的中央官学体制。太学具有教化各级官吏的作用，但更为重要的意义在于通过人才的选拔宣明教化，推广教化，这也是董仲舒推崇太学的原因之一。太学自其产生之时，就带有浓重的教化色彩。与中央相应，各个地方设立庠序之学，教化普罗大众，"至武帝时，乃令天下各郡国皆立学校官"。[③]这是董氏办学的一种规定，班固说："立学校之官……自仲舒发之。"[④]这肯定了董仲舒在设立太学及地方郡县学校方面的贡献，由此也开启了中国封建时代官方正式的学校教化活动。汉武帝以后，由于统治者的重视，太学得到了迅速发展，《汉书·儒林传》载："昭帝时举贤良文学，增博士弟子员满百人，宣帝末增倍之。元帝好儒，能通一经者皆复。数年，以用度不足，更为设员千人，郡国置《五经》百石卒史。成帝末，或言孔子布衣养徒三千人，今天子太学弟子少，于是增弟子员三千人。"[⑤]至平帝时，王莽辅政，于元始四年为太学扩建校舍，规模十分巨大，史称"筑舍万区"[⑥]，能容纳生员万人。梁启超认为官学"建

① 班固.汉书［M］.北京：中华书局.1962：2507.
② 班固.汉书［M］.北京：中华书局.1962：2508.
③ 班固.汉书［M］.北京：中华书局.1962：3626.
④ 班固.汉书［M］.北京：中华书局.1962：2507.
⑤ 班固.汉书［M］.北京：中华书局.1962：3597.
⑥ 班固.汉书［M］.北京：中华书局.1962：4096.

设之主动力，非由学者而由帝王也。帝王既私天下，则其所以保之者，莫亟于靖人心。……于是乎靖之之术，莫若取学术思想而一之。故凡专制之世，必禁言论、思想之自由”①。梁启超先生的分析，将官学教化归于帝王专制心态，从主观动力方面道出了汉代儒学官学化的必然性，也就是中央集权专制体制必然要求思想意识领域的高度统一。

汉武帝“独尊儒术”的政策出台后，儒家与权力结盟，与社会意识形态联系在一起，儒家经学知识也一跃成为官学。太学以“五经”为教材，通过政治伦理教化，一方面使学生接受系统的儒家教化思想，另一方面又培养日后能够完成教化任务的官吏，如此“则三王之盛易为，而尧舜之名可及也”②。中央太学生的选拔标准是“敬长上，肃政教，顺乡里，出入不悖”③。汉代开明经取士之途，把董仲舒“德才兼备，以德为先”的人才思想作为选拔培养官吏的标准，而且这里的“德”有了明确的含义，那就是儒家历来重视的以孝悌为本，注重修养上的谦让之德与政治上的忠君之德。自汉代开始，学校已成为集中进行儒家道德教化的专门机构，而且学校教育的成功与否，直接关系到个人的前途与统治阶级的人才选拔。一方面，学校培养的人才是官吏选拔的重要来源，其思想素质直接影响到国家的政治治理；另一方面，“士”为四民之首，受人尊敬，具有引领风气的特殊作用，往往具有左右舆论的能力。从这个意义上说，儒家经学教化与官吏的培养选拔之间无疑形成了彼此互动的同构关系，应当说，汉代儒学的官学化是对当时社会经济政治及思想文化发展要求的回应。董仲舒之后，历代封建王朝也都把学校作为教化的基地和源头。

汉代通过设立太学进行儒学教化，也优化了汉初的官吏结构。在汉初

---

① 梁启超 . 论中国学术思想变迁之大势 [M] . 上海：上海古籍出版社，2001：52.

② 班固 . 汉书 [M] . 北京：中华书局 .1962：2512.

③ 班固 . 汉书 [M] . 北京：中华书局 .1962：3596.

的官僚队伍中，出身军功之人颇多，《史记·张丞相列传》载，“自汉兴至孝文二十余年，会天下初定，将相公卿皆军吏”；《汉书·任敖传》载，“汉兴二十余年，天下初定，公卿皆军吏”；《汉书·儒林传》载，“孝惠高后时，公卿皆武力功臣”。从整体上看，“高、惠、吕后、文、景时期的官吏多以军功、事功、长者、治吏、酷吏充任为主，尚未见儒生任职的记录”①。可见汉承秦弊，官僚运作发生了很大问题，这遭到当时政治家和政论家的严厉抨击，在董仲舒的积极呼吁下，汉代统治者以儒家学说为标准，选拔和教化各级官员，逐步对军事色彩浓重的官员队伍进行改革，这也是董仲舒主张设立太学的初衷之一。就实际情况来看，也基本上达到了预期的效果，通过官学教化的逐步展开，汉朝培养了大批习儒的栋梁人才，他们进而广泛参与政权，使得官僚队伍逐渐儒学化，实现从“公卿皆军吏”到“彬彬多文学之士”的转变。后来的历史证明，“太学培养的太学生受民众敬重，在社会中也具有特殊的地位，往往能左右舆论，影响朝廷的决策”②。而太学生从政后，不但直接影响国家政权的运行，而且为官一方时，也能将儒家学说直接推广到各地，对地方民风民俗的改善产生重要影响。

4.2.2.2 通过五经博士官进行教化

汉武帝接受董仲舒的教化思想，在具体措施上还以置五经博士最为先声和重要。五经博士的设立，标志着儒经完全受到重视，儒家典籍上升为官方教学内容，儒家学者进一步获得政治和学术上的显要地位。汉王朝对于其他学派不立博士，更不能使之在太学传授其业，这样就倡导和发展了儒学及儒者的势力，从而也就限制了其他学派的出路，束缚了其他学派的

① 刘厚琴．儒学与汉代社会［M］．济南：齐鲁书社，2002：36.

② 郝建平．汉代太学生的干政之举［J］．北方论丛，2004（5）：47.

发展。儒学自先秦时期作为百家争鸣中一家之言的私学，发展为一时之选的显学，由秦朝的禁学，发展成为汉武帝时的独尊官学，这表现了儒学在汉代发展出的新生命力，也充分阐释了马克思主义创始人所说："理论在一个国家实现的程度，决定于理论满足这个国家的需要的程度。"[①]

五经博士官的设置是与太学的设立相配套的一项措施。博士一职，据考证战国末期已经存在，至秦始皇时博士则多至七十人，"掌通古今，秩比六百石"[②]，秦朝的博士除儒家学者外，还包括治诸子学以及有诗赋、方技、术数、占梦等专长者。此外，博士官还要在朝廷需要时议典礼政事，汉初承秦制设置博士，博士的构成、作用与秦朝相似。武帝之前，汉朝的博士是因人而立，不论其所研究的学派，只要"学通行修，博学多艺，晓古文、《尔雅》，能属文章者"就可以立为博士官，所以出现了黄老道家的博士、春秋公羊的博士，甚至有以研究方术而闻名的博士，这是名副其实的"杂学博士"，也反映了汉初学术思想较为自由通达的现实状况。但到了汉武帝时，"五经博士"却是依据儒家"五经"而相应设置的，学习其他学派之人无论学问高下，都无法获得官方的认可。也正是通过这种方式，"五经"所代表的儒家学说确立了在汉代思想界的独尊地位，而修治其他学派之人，一般来说，其入仕的途径、机会与地位较之儒学则颇狭隘和受局限，难达于高官厚禄之位，特别是难以被任命为推行教化的化民之官。更为实际的是，汉武帝通过置五经博士，为官学准备了教化之师，太学的教师多为五经博士，他们"掌教弟子"，以教授儒家经籍为主业，也会受君王指派指导诸侯国的教化事宜，同时也为国家政事提供意见，"国有疑事，掌承问对"，博士官通过参与朝廷各项政策的讨论，保留了原先作为咨询官吏的职能。

---

① 马克思恩格斯选集（第 1 卷）［M］. 北京：人民出版社，1995：11.

② 班固 . 汉书［M］. 北京：中华书局 .1962：145.

博士皆一世经师硕儒，以专治一经、教授门徒为终身职责，博士首领在西汉称仆射，东汉改为博士祭酒。西汉初置五经博士各一人，元帝时发展至十五人，平帝时发展为“六经博士”，且每经固定五名博士官，共三十人。随着汉代官学的发展，博士的选拔任用趋于严格并制度化，西汉博士多由学术名流充当，或由皇帝征召，或由公卿推举，人数也有严格的限制，遴选博士有着严格的标准，即“古之立太学，将以传先王之业，流化于天下也。儒林之官，四海渊源，宜皆明于古今，温故知新，通达国体，故谓之博士。否则学者无述焉，为下所轻，非所以尊道德也”①。

同时，为博士官置弟子也是武帝时期博士制度的一项重要改变。为博士官增设弟子的初衷在于教化，武帝曾下诏：“盖闻导民以礼，风之以乐。今礼坏乐崩，朕甚闵焉。故详延天下方闻之士，咸荐诸朝。其令礼官劝学，讲议洽闻，举遗举礼，以为天下先。太常其议予博士弟子，崇乡党之化，以厉贤材焉。”②据此，习儒出身的丞相公孙弘提出选拔博士弟子的标准，他说道：“为博士官置弟子五十人，复其身。太常择民年十八以上、仪状端正者，补博士弟子。郡国县官有好文学、敬长上、肃政教、顺乡里、出入不悖，所闻，令、相、长、丞上属所二千石。二千石谨察可者，常与计偕，诣太常，得受业如弟子。”③这种标准的推行，本身就有助于教化在地方上的推广，遂得到汉武帝的采纳。总之，汉武帝时的五经博士官，其授徒已不是私人教学，而是占据太学成为学官，垄断着意识形态领域，其作用和影响都十分巨大。特别是汉武帝为五经博士置弟子，使之传儒家之道，授儒家之业，弟子们各自跟随儒经博士成为儒术人才，进而从政为官。

---

① 班固 . 汉书［M］. 北京：中华书局 .1962：149.

② 班固 . 汉书［M］. 北京：中华书局 .1962：116.

③ 班固 . 汉书［M］. 北京：中华书局 .1962：3598.

4.2.2.3 通过选士制度进行教化

董仲舒为改善汉代官吏的素质，使汉王朝具备能行德政并善化民的官僚队伍，除建议立太学以养士，并设置五经博士外，还提出了行贡举以选士的办法。董仲舒深感当时吏治不良而发生的许多弊政，在《天人三策》中，他建议："夫长吏多出于郎中、中郎，吏二千石子弟选郎吏，又以富訾，未必贤也。且古所谓功者，以任官称职为差，非谓积日累久也。故小材虽累日，不离于小官；贤材虽未久，不害为辅佐。是以有司竭力尽知，务治其业而以赴功。今则不然。累日以取贵，积久以致官，是以廉耻贸乱，贤不肖浑淆，未得其真。臣愚以为使诸列侯、郡守、二千石各择其吏民之贤者，岁贡各二人以给宿卫，且以观大臣之能；所贡贤者有赏，所贡不肖者有罚。"① 武帝深以为然，继而颁布"令郡国举孝廉各一人"② 的诏令，以孝悌品行选官迅速成为汉代官场的一项人事制度，从此"兴廉举孝，庶几成风"③。董仲舒"郡国岁举之制"的建议，在选拔人才的同时将教化推向深入，这是儒家教化向仕途渗透的成功经验，也是汉代以后封建社会官僚制度的一个特点。选士制度在汉代社会的教化体系中占有举足轻重的地位，儒家的伦理道德作为选士的主要依据，与官吏选拔的联系日趋紧密，汉代的官僚体系随着这种联系的制度化，也逐渐完成儒学化，这有助于官吏素质的提高和统治基础的扩大，对官吏在地方施政也有重要的影响。从另一个角度而言，这种方式"把春秋以来由于氏族余制的彻底崩溃、解除公社约束而'横议''乱法'的个体游士，又重新纳入组织中，从制度上重新落实了儒家'学而优则仕'的理想，这就从多方面大有利于维护统一

---

① 班固 . 汉书［M］. 北京：中华书局 .1962：2514.

② 班固 . 汉书［M］. 北京：中华书局 .1962：166.

③ 班固 . 汉书［M］. 北京：中华书局 .1962：166.

帝国的稳定”①。

“郡国岁举之制”的大致流程是：“先由皇帝下诏，令三公九卿、地方郡守等高级官吏，按照一定的标准，把各地品德高尚、才干出众、学识渊博的平民或下级官吏推荐给朝廷，由朝廷直接任官；或经过某种形式的考核，面试，直至皇帝亲自策问而择优录用，这表明人才选拔制度在逐渐完善。”②对于这些经过举荐的人才，不仅由朝廷直接授予官职，而且所委任职位的层次也逐渐提高，有些留在朝廷位至公卿，有些派往地方辅佐郡国，随着经过“岁举”选拔出的人才在政治生活中越来越重要，整个社会形成了“在家为孝子，出仕做廉吏”的舆论氛围。“由于此科在面向已仕者的同时还面向未仕者，其垂范意义也就特别重大。”③这对教化的推广有直接帮助。这种情况发展到东汉，由选拔入仕的官员数量越来越多，据黄留珠先生考证，“今可知的西汉孝廉计 21 例，东汉孝廉计 286 例”④。由此也可见董仲舒“郡国岁举之制”的影响在逐渐加大，汉代对人才的选拔注重“孝廉”二科，“汉世诸科，虽以贤良方正为至重，而得人之盛，则莫如孝廉，斯亦后世之所不能及”⑤。毫无疑问，这种孝廉选拔是以儒家道德为主要衡量标准的，也就是以儒术取士，这同样有助于儒生群体的逐渐崛起，在儒生的影响和推动下，汉代对选士制度进行不断调整和改革，逐渐将儒家教化标准融入选士制度之中，教化也在这一过程中得到落实。同时，选士制度的实行所带来的激励作用，也促进了教化措施的进一步推行，“今可见的西汉孝廉例中，儒生和循吏占总数的 45.3%”⑥，西汉官僚

① 李泽厚．新版中国古代思想史论［M］．天津：天津社会科学院出版社，2008：153.

② 杨学为．中国考试制度史［M］．合肥：黄山书社，1995：22.

③ 黄留珠．汉代的选廉制度［J］．唐都学刊，1998（1）：66.

④ 参见黄留珠．秦汉历史文化论稿［M］．西安：三秦出版社，2003：405 页下注．

⑤ 马端临．文献通考［M］．北京：中华书局，1986：314.

⑥ 黄留珠．秦汉仕进制度［M］．西安：西北大学出版社，1985：106.

队伍的儒学化由此也可见一斑。儒家主张“德厚者进而按说者止，贪利者退而廉节者起”①。这使得选士制度作为激励士人为国效命的社会控制方式，“本身就带有正面引导士人注重名节、净化社会风气的教化特色”②。董仲舒提出的“郡国岁举之制”，从制度上保证了大量的儒生进入仕途，从而改变汉初官僚队伍结构以军吏为主的特点，大量的儒生官员又推动了儒家教化在汉代的推广和实施。“以儒学为依据的选官制度的推行，标志着中国古代文官制度的确立。”③儒生入仕后，大多能够恪守儒家伦理道德，在普遍较高的入仕热情推动下积极推广教化，尽量把儒家的教化传统和法律政事结合起来，志在富民、安民、教民，化民成俗。所以当儒生为政一方时，普遍能够做到通过发展文教事业或培养当地善良风俗来提高民众的道德水平，这对于建立良好的社会秩序具有积极意义。

从政治学的角度分析，这种知识与权力的联手，为汉代社会带来的最大政治景观，是一种开放政治的实现。这里所谓“开放政治”，是指在政权的建构和巩固过程中，最终确立了一个开放型的国家官吏队伍选拔体系，这种选士制度使汉政权区别于西周封建贵族封闭性的政权，不是将政治参与的权限收缩在一个狭隘固定的宗族内部，而是将之面向所有民众开放。公开的选官制度，使社会民众在理论上都获得了参与国家政治的可能，这就使汉代政权在其政治结构上具备了某种知识化、平民化的开放性。钱穆在谈到汉武帝时期的政权性质时，说它“到达了理想的‘平民政治’的境界……一定应该是一种平民政府，由一批在平民中有知识有修养的贤人，即士人，组织与领导的政府”④。事实上，这种说法也过于理想化，汉政

① 荀子集解．王先谦译注［M］．北京：中华书局．1988：170.

② 黄留珠．试论东汉举孝廉制度的利弊［J］．西北大学学报（哲学社会科学版），1980（2）：16.

③ 韩星．儒法整合：秦汉政治文化论［M］．北京：中国社会科学出版社，2005：196.

④ 钱穆．中国文化史导论［M］．北京：商务印书馆，2003：100.

权的知识化、平民化在本质上都不过是汉代社会“儒学制度化”的表征。“儒学制度化”使儒家学说在汉代成为唯一合法的政治意识形态，在政府的大力提倡下，一个以儒家经术作为培养人才和选拔人才主要手段的“教化—选士”制度体系逐步建立起来，而儒学也正是通过教化与选士，渗透到社会生活的各个方面，控制着人们的思想及行为，从而保证其在意识形态领域的独尊地位得以长期维系。但由此制度所塑造的汉代官吏队伍，在本质上并未能够保持住任何平民性质，因为“儒学制度化”也造就了“制度化儒学”，而“制度化儒学”又借助“儒学制度化”衍生出封建社会的官僚士大夫阶层 。董仲舒在对汉武帝献策“郡国岁举之制”时，其心中所遥想的未必不是儒家理想政治的尧舜盛业，但实际上，他却充当了创设中华帝国专制制度的精神教父，策划了一个影响千余年之久的政治权谋。

董仲舒“郡国岁举之制”的确立，标志着汉代选士制度的形成以及取士标准的逐步儒家化，这极大地调动了士人的积极性，不仅使儒家学说在汉代的发展空前兴盛，而且培养了大批习儒人才，这又扩大了选士的社会基础，并促使其进一步完善，因此，汉代的选士制度和教化是密切相关、相辅相成的。汉代教化与选官制度间的这种双向渗透互动表明，如果没有行之有效的一系列制度做保证，就不可能造就大批的儒术人才，并进而在政治上发挥重大作用，教化的推行也就只能是一句空话。隋唐以后，特别是到了明清时期，融合学校教育的科举制度，成为选士、教化和尊儒三位一体的集中体现，这也可以看作是董仲舒教化思想的持续影响所带来的必然结果。

4.3 对民众的教化

古代社会是行政权力支配下的社会，故政府是教化实践的主角，官学的兴起、教化主导思想的规划、施教人员的选拔、教化典型的塑造等，主要都是由政府经办或认可的，甚至皇帝本人也要亲身行教，以促教化之顺利开展。但对普通民众的教化绝非政府之专利，民间私学、乡里舆论礼俗等也都是教化的重要环节。为了施行对社会民众的教化，董仲舒一方面要求天子严肃执行“三本”大事，即力行敬祖孝亲的“天本”、倡导农桑的“地本”以及感以礼乐的“人本”。董仲舒认为：“三者皆奉，则民如子弟，不敢自专，邦如父母，不待恩而爱，不须严而使，虽野居露宿，厚于宫室，如是者，其君安河而卧，莫之助而自强，莫之绥而自安。”[①]另一方面，董仲舒看重地方官学作为社会教化的组织机构，希望地方学官以及地方行政长官重视教化，开展化民成俗的社会教化工作，董仲舒认为：“古者修教训之官，务以德善化民。”[②]“今之郡守、县令，民之师帅，所使承流而宣化也。”[③]汉王朝在地方上广泛设置“三老”和“孝悌力田”等，在民间掌管教化或教民为善，正是对董仲舒思想中建立和加强民众教化措施的实践。

4.3.1　君王的示范作用

中国古代政治是一种伦理政治，将政治成败维系于君王的个人品质之上，君王作为一国之主，在维护教化方面自然要为民表率，君王作为社会生活的核心，必须首先以身作则亲行教化，所以儒家历来重视君王的榜样示范作用。孔子曰：“上好礼，则民莫敢不敬；上好义，则民莫敢不服；上好信，则民莫敢不用情。夫如是，则四方之民极负其子而至矣。”[④]孔

① 董仲舒．春秋繁露．张世亮、钟肇鹏、周桂钿译注［M］．北京：中华书局 .2012：193.

② 班固．汉书［M］．北京：中华书局 .1962：2517.

③ 班固．汉书［M］．北京：中华书局 .1962：2517.

④ 程树德．论语集释．程俊英、蒋见元点校［M］．北京：中华书局 .1990：924.

子告诫统治者:“其身正,不令而行,其身不正,虽令不从。”“政者,正也。”“苟正其身矣，于从政乎何有？不能正其身，如正人何？”[①]董仲舒同样认为欲使教化取得实效，首先必须依靠君王的身教，董仲舒提出了“显德以示民”的教化方法：“先王显德以示民，民乐而歌之以为诗，说而化之以为俗。故不令而自行，不禁而自止，从上之意不待使之，若自然矣。”[②]董仲舒认为能否化民成俗，关键在于君王德行对民众的影响和感化。为此，董仲舒仿造孔子“上好礼，则民莫敢不敬；上好义，则民莫敢不服；上好信，则民莫敢不用情”的句式与语气，讲道：“尔好谊，则民乡仁而俗善；尔好利，则民好邪而俗败。由是观之，天子大夫者，下民之所视效，远方之所四面而内望也。近者视而放之，远者望而效之，岂可以居贤人之位而为庶人行哉！……故尧、舜行德则民仁寿，桀、纣行暴则民鄙夭。未上之化下，下之从上，犹泥之在钧，唯甄者之所为，犹金之在熔，唯冶者之所铸。‘绥之斯俫，动之斯和’，此之谓也。”[③]可见，君王施予教化还是暴政，直接关系着民众的未来，因此君王要显德以示民，使民众自然接受教化，而要达到“上之化下，下之从上”的理想状态，关键在于统治者能否以身作则。西汉的统治者们也都认识到了这一点，常常出巡地方并亲自耕种土地，这除了能够了解地方情况，以更好地进行针对性教化，还能起到劝课农桑的作用。

董仲舒对君王的德行要求也体现了儒家传统的“内圣外王”精神，“外王”以“内圣”为前提,君王首先要提升自我道德修养,通过道德修养达到“内圣”，进而参与政治实践，在政治实践中体现“内圣”与“外王”的合一，在政治上有所作为，实现“外王”理想。董仲舒说：“故为人君者，正心

① 程树德．论语集释．程俊英、蒋见元点校［M］．北京：中华书局．1990：926.

② 董仲舒．春秋繁露．张世亮、钟肇鹏、周桂钿译注［M］．北京：中华书局．2012：335.

③ 班固．汉书［M］．北京：中华书局．1962：2514.

以正朝廷，正朝廷以正百官，正百官以正万民，正万民以正四方。四方正，远近莫敢不壹于正，而亡有邪气奸其间者。是以阴阳调而风雨时，群生和而万民殖，五谷孰而草木茂，天地之间被润泽而大丰美，四海之内闻盛德而皆徕臣，诸福之物，可致之祥，莫不毕至，而王道终矣。”[①]正心可以正朝廷、正百官，再到正万民，最终正四方，董仲舒由“正心”到“正四方”，体现的就是儒家“内圣外王”之道，只有君王以身作则，才能使社会上下浑然一体、教化大成，从而实现儒家所提倡的王道政治。

汉代君王亲行教化的一个重要表现是对孝道的重视，汉代以“孝”治天下，也就要求最高统治者率先垂范，以身作则。汉代推行孝道观念以维护社会基本伦理，所以汉代君王大都能够做到亲行孝道，如开国皇帝刘邦“尊太公为太上皇”[②]；汉文帝在其母薄太后生病时也是时时在身边照料；由于窦太后喜好黄老之学，汉景帝更是“帝及太子诸窦不得不读《黄帝》《老子》，尊其术”[③]；汉武帝则为其母在民间寻找女儿，且“奉钱千万，奴婢三百人”[④]。汉代君王通过这种榜样示范的作用影响社会，引导社会成员奉行孝道，从而稳定社会关系。此外，汉代君王的孝行还表现为对祖先的崇敬，汉惠帝“令郡诸侯王立高庙”[⑤]，通过这种方式首先在统治阶级内部树立孝道意识。汉代君王以身作则推行孝道教化还通过死后的“谥号”来体现，“谥号”是后人对死者生前行为的一种评价，汉代皇帝的谥号中普遍都带有“孝”字，如孝惠帝、孝文帝、孝景帝、孝武帝等，这在中国历史上也是一种很独特的现象，通过这种方式可以使社会民众认识到“孝”

---

① 班固．汉书［M］．北京：中华书局．1962：2497.
② 司马迁．史记［M］．北京：中华书局．2014：481.
③ 司马迁．史记［M］．北京：中华书局．2014：2397.
④ 司马迁．史记［M］．北京：中华书局．2014：2405.
⑤ 班固．汉书［M］．北京：中华书局．1962：407.

的价值。汉代君王通过生前的躬行孝道以及死后的以“孝”为谥，来引导社会民众，以自身行为作为社会表率和民众效仿的对象，试图通过这种方式影响社会风气，加强以“孝”为先的教化效果。

4.3.2 官吏的施政作用

君王之教虽然具有权力权威的支撑，但君王的日理万机导致“不时出”，使得君王之教具有明显的随机性，缺乏持续性和日常性，所以各级官吏作为君王的代表，自然应当肩负起教导宣化民众的责任，从而实现政事宣昭、百姓和乐。地方官吏是万民的师表，有教化万民的义务，如果他们以圣人之善和君子之德来教化民众，必将取得良好的效果，而民众也会齐心向善，并虚心接受教化，所以古代在地方上都设有负责教化的官吏，以德教民，通过对民众的教化维护正常的社会秩序。出于维护地方善良风俗并最终保证社会政治稳定的目的，地方官吏多通过设席讲学等方式，将承载着统治阶级意识形态的儒家伦理道德观念，广泛传递给社会民众。汉代官吏出身儒家的居多，在儒家教化传统的影响下，自然着力推行儒家伦理道德，为官一方的儒生官员在掌握地方政权的同时，更注重教化的权力。儒生官吏的增多保证了教化在地方上的切实贯彻，西汉地方官吏的这种儒家化，对教化在基层的推广有着直接的帮助。儒家传统的德政理想不仅包括最高统治者的“为政以德”，更重要的是以伦理道德引导民众，也就是“德教”，所以儒生大多主张德政与德教的结合，他们在为政一方时，不仅处理收税征赋等日常事务，而且注重教民导民以移风易俗，“绝恶于未萌”“不务治民事而务治民心”[①] 成为儒生理想的行政方式。儒生政治理想的实现是以推行教化为前提和基础的，“坚信道德和政治密不可分、统治者的修身

---

① 盐铁论．陈桐生译注［M］．北京：中华书局 .2015：427.

和对人民的统治密切相关，使人们很难将政治理解为独立于个人伦理之外的控制机制……政治上的领袖资格在本质上表现为道德上的说服力，王朝的改革力量主要建立在帝王官吏的伦理品质上”①。

如前所述，通过选官制度的儒家化，在客观上造就了大批儒生官僚，其中许多人出任县令长或郡太守等基层官吏。这些儒生官吏以自身的儒学修养为基础，以儒家政治理想为施政理念，政风宽和，不事苛细，极大地改变了汉代的地方政治风貌。这些儒生官吏作为班固所言“师儒教化型”的循吏，兼有“吏”和“师”两种身份，在“吏”的身份下，他们按照君王旨意从事地方的行政管理事宜，而“师”的身份又保证他们顺利开展教化民众的活动，这些教化活动分别针对下属官吏和一般民众。儒生出任地方官吏后，大多能够完成“吏”和“师”两项使命，在发展地方经济的同时推广教化，以稳定社会秩序，他们的施政教化主要表现在以下三个方面。

第一，富而后教。儒生官吏的施政重点是通过改善民生、申喻教化以塑建基层秩序，即所谓“富而后教”。孔子曰“富之，教之”②，这是中国古代思想家对于人的需求具有层次性的朴素描述。与此相类，美国著名社会心理学家马斯洛也对人的需求存在着层次性的规律进行了具体分析，他认为人类的需求按照由低到高的次序，依次有生理需求、安全需求、社交需求、尊重需求和自我实现需求五类，而人们在转向较高层次的需求之前，总是尽力满足低层次需求。尽管国别与时代都不同，但是中外思想家的上述认识，均在一定程度上反映了人类行为和心理活动的共同规律。汉代儒生官吏在施政方面，奉行孔子先富后教的理念，注重从民之愿而治之，往往是将行为规范融于富民政策之中，在发展地方经济的同时淳化民风。

---

① 杜维民．道·学·政——论儒家知识分子［M］．钱文忠，盛勤，译．上海：上海人民出版社，2000：6.

② 程树德．论语集释．程俊英、蒋见元点校［M］．北京：中华书局．1990：924.

第二，劝课农桑。劝课农桑实质上是一种社会教化的过程，在此过程中，从发展农业生产的全盘规划到具体细则，都由地方官吏自主制定，其内容是国家劝农务本宏观政策的具体化，往往因地因时制宜，使百姓易于接受。另外，官吏本身作为汉王朝的代表，也是国家权力的象征，他们劝课农桑往往具有比较大的号召力，会收到良好的效果。百姓安居乐业，有利于社会稳定，进而为国家教化政策的顺利实施创造了更好的条件，从而形成一种良性循环。这种劝农方式的教化意蕴在于，农业生产取得稳定的发展之后，百姓安居乐业，人口数量增加，地方官的政绩显著，自然会成为政府鼓励的榜样。而政府对这些地方官的奖励或提拔，又无疑会对其他官吏起到一种激励和正面引导的作用，使更多官吏推行教化。

第三，劝学兴教。首先，西汉时期地方办学的积极性受到国家“独尊儒术”政治环境的影响。自从董仲舒将儒学提升为官方正统之后，朝野上下普遍存在一种“以经术润饰吏事”的政治热情。办学校、广教化本就是儒家治国之道的重要主张，凡具有一定儒学修养，有心做出一番事业的地方长官本就关心教化，况且办学可以作为一项政绩，成为嘉奖升迁的政治资本。其次，地方的劝学兴教也是出于朝廷举荐人才的要求。“武帝既兴学校，则令郡国县官谨察可者，与计偕，诣太常，受业如弟子，则郡县皆有以应诏，而博士弟子始为国家选举之公法也。”[①] 如前已述，董仲舒建议汉武帝将郡国举荐人才的做法常态化、制度化，所以地方有向太常举荐人才的职责，地方办学可以有效培养、考察并发现人才，避免举荐的被动性和盲目性，所以汉代地方对办学普遍具有较高的积极性。

除此之外，汉代还注重借助乡里权威的力量来稳定基层社会秩序。众

---

① 马端临 . 文献通考［M］. 北京：中华书局 .1986：407.

所周知，中国古代在政治上存在着国家权力与世俗传统的二元结构，[①]国家的行政力量主要是在县以上。“县是国家的基本行政单位。”[②]县以下的基层社会秩序，往往依靠国家认可的传统权威或道德力量来维系。具体到西汉社会，作为地方官吏的郡太守或县令长多是国家委任的他籍人士，而署吏则多是本籍人士，如“三老”之类的基层乡官均选自乡村基层的社会精英。汉代统治者对“三老”极为重视，早在高祖时，就在基层乡里设置“乡三老”掌管教化，“三老”教导百姓服从政府，将各项国家政策直接贯彻到各级乡里。“三老掌教化，凡有孝子顺孙，贞女义妇，让财救患，及学士为民法式者，皆扁表其门，以兴善行。”[③]从选拔“三老”的条件来看，需“年五十以上，有修行，能率众为善”[④]。这种选拔标准下选出的“三老”年长德高，有利于国家教化的推行，不但众望所归，而且能对改善民风起直接作用。与代表法家施政风格的酷吏以刑罚服众不同，汉代的儒生官吏更善于借助当地传统的社会力量，也就是民间权威人士，以达到整合社会秩序的目的。[⑤]借助“三老”等地方传统力量以求得社会秩序的稳定，是汉代基层官吏推行教化的一个重要特点。汉代各级官吏推行教化的行为，

---

① 关于中国传统社会二元权力结构问题，费孝通、费正清等学者均从不同角度进行过阐述。如费正清先生在谈到汉代的政府与社会时说：“政府实为居于半隔绝状态各乡村之上的一个相当小但是高度集权的机构，而朝廷与乡村的中介则是城镇，由地方长官与当地豪门地主、三老一类打交道以进行统治。”（参见费正清．中国：传统与变迁［M］．北京：世界知识出版社，2001：72.）

② 张鸣．中国政治制度史导论［M］．北京：中国人民大学出版社，2004：57.

③ 范晔．后汉书［M］．北京：中华书局 .1965：4072.

④ 班固．汉书［M］．北京：中华书局 .1962：372.

⑤ 关于汉代基层社会中民间权威人士的作用，日本学者增渊龙夫及国内学者崔向东、马新、黄今言等都有所关注和论及。如黄今言认为：“汉代农村社会中有‘乡三老’和‘里父老’，他们虽非严格意义上的乡村吏员，但由于其身份特殊而具有较高的地位和声望，故不仅参与‘议政’，而且‘掌教化’，经常配合地方政府劝善除恶、组织生产、催征赋税等，对控制农村社会秩序有重要作用。”［黄今言．汉代三老、父老的地位与作用［J］．江西师范大学学报，2007（5）.］

在社会中起到了移风易俗的作用，为汉王朝的教化实践做出了很大贡献。

4.3.3 地方学校的教化

汉代的学校教育系统，除过前述的中央太学之外，还包括地方官学以及民间私学。较之中央太学而言，后两种学校的分布范围更广，对一般民众的教化效果也更为显著，地方学校的教化在董仲舒的兴学教化思想中占有重要地位。

4.3.3.1 地方官学的教化

董仲舒看重地方官学在社会教化方面所起的作用。地方官学是国家实施教化的重要场所，以普通民众为主要的教化对象，扩大了学校的社会教化职能，与中央官学即太学相比，地方官学的教化对象覆盖面更广，具有了非贵族化的特点。地方官学的主要任务有二：其一是宣扬教化。吕思勉先生曾指出："古代学校本讲教化，非重学业，汉人犹有此见解。故武帝兴学之诏以崇乡里之化为言。"① 汉代地方官学的主要作用就体现在增进地方教化方面，著名教育史专家毛礼锐也指出："汉代地方官学没有正规的课程设置，有的学官只有在一年的某些时节召集一些知识分子讲经，也有些知识青年常常自动地、个别地到学官那里去问业。地方官学对中央官学并没有从属关系，师资也较差。所以，从严格意义上说，汉代的学校并没有形成一个真正的系统，却为后代学校的进一步发展，奠定了基础……它的主要任务在于奖进礼乐，推广教化，不是像我们今天所理解的那种进行经常性教学的学校。"② 其二是传授经学，培养通晓儒家经典的本郡属吏，同时也向中央举荐郡国官学中的优秀人才，这也是为宣扬教化而服务的，在培养人才的过程中提高社会教化的程度。

---

① 吕思勉．秦汉史［M］．上海：上海古籍出版社，1983：721.

② 毛礼锐，邵鹤亭，瞿菊农．中国古代教育史［M］．北京：人民教育出版社，1979：189.

汉代地方政府中从事教化的官员，称郡国文学，其职责与中央政府中的博士类似，除作为郡国长官的学术顾问外，在地方官学中还负责进行教授诸生的活动，并向上司举荐“通明经术者”，从而推广教化，“独尊儒术”之后，文学官均由经学之士充任。地方官学的选录标准没有太学那样严格，一般由地方官员掌握标准，招收的学生在汉代被称为“郡学生”或“文学弟子”，一般是本地人。汉代地方官学的主要教学内容是演习礼仪，以为示范，如乡射礼、养老礼、祭祀周公孔子等先圣之礼、婚丧之礼，等等。从实施效果来看，地方官学的兴起使官方的儒学教化扩展到更大的范围，初步具有了社会教化的规模，在革除陋习、移风易俗、维护乡里秩序等方面确实起到了良好的教化效果。

4.3.3.2　民间私学的教化

汉代学校制度在太学和地方官学的配合下虽已基本成型，但还是无法延伸到较偏远或较基层的地方，这对于汉代社会“一道德，同风俗”政治理想的达成是一个阻碍。所以从汉代开始，发展至明清时期，私学逐步成为实施社会教化、维护地方风俗的重要单位。国家官学之外的教学活动都可以列入私学范畴，除民间所办的学校外，即使是政府官员所主持的教学活动，只要不属依照政府指令而办，不使用国家经费，就仍然只能算是私学，即便是博士官，如果在政府录取的博士弟子之外自行招收门徒的话，也应视为私人弟子。和官学相比，私学在教学内容上具有更大的自由度，也更具地方色彩，但其精神却是统一的，即为教化服务。董仲舒不但提倡公家办学，而且本人也积极主张私人办学，史书载其“下帷讲诵……学士皆师尊之”。①

① 司马迁 . 史记［M］. 北京：中华书局 .2014：3791.

私学在汉代的发展不受限制，这也表现为其中教师的成分比较复杂。从社会身份上看，有普通平民、地方豪族、世宦家族子弟和官僚士大夫，还有一些太学生或前往京师游学者，学有所成后回到家乡开办私学，使得一些偏远蛮荒之地的儒学迅速发展起来。从执教目的上看，虽然社会中不排除出于经济考虑，为了养家糊口而招徒讲学的儒生，但更多的儒生是出于政治上的原因而教授，他们亦官亦师，一边做官一边教学，这种做法促进了“政教合一”，此外还有待机出仕、官场失意和隐居不仕等多种类型。[①]“独尊儒术”政策的最终确立和实施，对私学的发展有很大影响，其日渐显现出的强大影响力，使大部分私学以儒学为主要教学内容，在传播儒家教化的过程中发挥了重要作用，而讲授其他诸子学说的私学，虽未完全绝迹，但已无法与儒家经师传道授业的规模和声势相匹敌。私学中的儒家教化，主要表现为大部分私学教师以儒家道德标准为尺度，严于律己，通过人格魅力感化他人。私学成员学有所成后，往往能够把儒家的“仁”“孝”等思想观念贯彻到日常生活中，他们或留在乡里教学，或学成归家，通过个人言行熏陶他人，通过人与人之间的相互影响实现集体自觉，从而带动乡里良好风气的形成。此外，私学成员也是汉代官吏的一个重要来源，如鲁申公弟子“孔安国至临淮太守，周霸胶西内史，夏宽城阳内史，砀鲁赐东海太守，兰陵缪生至长沙内史，徐偃为胶西中尉，邹人阙门庆忌为胶东内史，其治官民皆有廉节称”[②]。

汉代官学教化的特点在于带有明确的教化目的，自上而下纵向推行，但官学并非每郡都有，且各级官学因为受到空间的约束，无论在招生规模还是影响范围上都比私学逊色。民间私学强调的则是在一定范围内的横向

① 详见姜维公．汉代学制研究［M］．北京：中国文史出版社，2005：181-187.

② 班固．汉书［M］．北京：中华书局．1962：3620.

扩展，从而将官学教化在基层社会中推广延伸，是对官学教化的一种有益补充，保证官学教化的内容和精神落到实处。“两汉的经学传授，在汉武帝之前，主要是私学，汉武帝之后是私学与官学并行不悖，但在数量上，私学占绝对优势，形成了以私学为主，官学为辅，私学是官学的基础与补充的格局。”① 可见，地方官学与民间私学相互配合，在汉代社会中辅助中央太学，起到了社会教化的作用，不仅对汉代社会产生现实影响，而且具备初步的规模和体系，开后世封建社会中地方学校教育的先河。

4.3.4　乡里教化

古代社会是礼俗社会，乡里舆论和礼俗对基层民众具有强大的制约及教化功能，这种制约和教化是潜移默化的，任何一个朝代都不会忽视礼俗和舆论的重大作用，统治思想经过不断推广，演化为一种社会思想，社会思想被基层群体接受，进而影响着乡里民风，在当地能够产生重要的导向作用。“人们能够选择他们所要走的路，但是他们的这些选择并不是在社会真空中做出的。所有的生活选择都取决于社会的和文化的机会以及历史的制约因素。”② 舆论和礼俗支配着人们的思想行为，对乡里民风的淳化作用不可小觑，作为乡村治理有效手段的礼乐教化，也是董仲舒教化思想的一部分，在维护乡里秩序方面发挥着重要作用。对于礼乐教化，孔子更多地从功能方面考虑“立于礼、成于乐”，这是就对君子理想人格的培养而言。荀子在礼乐教化的认识方面颇有建树，他在论述“化性起伪”的理论中明确提出礼乐教化，这是从社会功能的角度针对所有人而言的。③ 董

① 赵承福．山东教育通史（古代卷）［M］．济南：山东人民出版社，2001：210.

② ［美］埃尔德．大萧条的孩子们［M］．田禾，马春华，译．南京：译林出版社，2002：432.

③ 蔡仲德先生就曾指出：“是荀子将音乐的社会功能提到了空前的高度，荀子所强调的主要不是音乐的娱乐作用，而是教化作用。”参见蔡仲德．中国音乐美学史［M］．北京：人民音乐出版社，2003：189-190.

仲舒直接继承了荀子的思想，强调礼乐在民间基层移民风、化民俗的作用，他强调要“节民以礼”而“成之以礼乐”，否则“民如麋鹿，各从其欲，家自为俗，父不能使子，君不能使臣”①。如果没有礼乐教化，从个人到家庭，再到国家，都将是没有文明与秩序的。在大一统政权之下，礼乐教化的推广使儒家的伦理规范在基层乡里得到落实。

在《天人三策》中，董仲舒指出了“乐”之所以能在教化中起作用的深层原因，他说：“乐者，所以变民风，化民俗也；其变民也易，其化人也著。故声发于和而本于情，接于肌肤，臧于骨髓。故王道虽微缺，而管弦之声未衰也。夫虞氏之不为政久矣，然而乐颂遗风犹有存者，是以孔子在齐而闻《韶》也。”②音乐是根据人心制作的，因为“乐”发于“和”而内本于“情”，所以能够“接于肌肤”而“藏于骨髓”。“乐者，通伦理者也。”③伦理道德是音乐的一个特征，“正声”“和乐”会培养人的德行，有利于品德的修养。“乐”以和为美，道德内容与审美形式通过乐教得到完美统一，达到“人气调和，而天地之化美”④的境界，董仲舒认为这就是乐教“变民也易、化人也著”的原因，也是“王道虽微缺，而管弦之声未衰也”的原因，乐教的影响是深远的，乐教的提倡与推广，对西汉乡里社会的移风易俗发挥着重要作用。

董仲舒在《春秋繁露》中还屡次提到要尊老敬老，认为这是“礼”教的重要方式，“礼之尚右，非尚阴也，敬老阳而尊成功也”⑤。董仲舒强调：“仁者爱人，义者尊老……敬长老，亲亲而尊尊……君者，将使民以孝于父母，

① 董仲舒．春秋繁露．张世亮、钟肇鹏、周桂钿译注［M］．北京：中华书局 .2012：195.

② 班固．汉书［M］．北京：中华书局 .2017：2507.

③ 礼记．胡平生、张萌译注［M］．北京：中华书局 .2017：2012.

④ 董仲舒．春秋繁露．张世亮、钟肇鹏、周桂钿译注［M］．北京：中华书局 .2012：643.

⑤ 董仲舒．春秋繁露．张世亮、钟肇鹏、周桂钿译注［M］．北京：中华书局 .2012：435.

顺于长老。”[①]受此影响，西汉时期重视通过礼教活动在基层乡里形成尊老敬老之风。“一个地区的饮食、服饰、婚丧、祭祀等都具有一定的礼数，这些礼数就成为这个地区进行此项活动的标准，所以具有一定的社会性。”[②]乡里之间通过左右相教和老少相传，使晚辈后生在耳濡目染之中，学到日常生活所需的礼仪及社会道德规范。董仲舒还强调王者“功成作乐”[③]，从而将礼乐与君王的德行相联系，视作教化的重要方式，他认为君王承受天命之后往往选择制礼作乐。汉武帝就曾制诏曰：“盖闻导民以礼，风之以乐。今礼坏乐崩，朕甚闵焉。故详延天下方闻之士，咸荐诸朝。其令礼官劝学，讲议洽闻，举遗兴礼，以为天下先。”[④]这段话包含着浓厚的礼乐教化思想，在认识到“导民以礼，风之以乐”的重要性后，汉武帝要求大兴礼乐，由礼官劝学作为教化的典型，由此也可见汉武帝对礼乐教化的重视。西汉乡里的礼乐教化内容很丰富，这对基层乡里的稳定与国家的安宁极为重要。

---

① 董仲舒 . 春秋繁露 . 张世亮、钟肇鹏、周桂钿译注［M］. 北京：中华书局 .2012：105.

② 董树利，张玲玲 . 论西汉乡里教化的途径［J］. 衡水师专学报（哲学社会科学版），2004（12）：25.

③ 班固 . 汉书［M］. 北京：中华书局 .1962：2502.

④ 班固 . 汉书［M］. 北京：中华书局 .1962：163.

5 董仲舒教化思想评析

董仲舒教化思想经历千年的传承，渗透于社会生活的各个方面，对中华民族的思想意识及行为规范影响深远，其中无论精华还是糟粕都是根深蒂固的。在深入研究董仲舒教化思想的基础上对其进行评价，应当遵循马克思主义唯物史观的基本原理，在肯定其合理内容与历史进步作用的同时，也要看到其中消极保守的方面，去其糟粕而弘扬精华。全盘否定或全盘肯定，都不利于有效地借鉴和发挥董仲舒教化思想中合理科学的成分，对董仲舒教化思想中所表现出的特点及其历史地位的评价，需要在辩证唯物主义历史观的指导下进行全面而客观的分析。

5.1 董仲舒教化思想的特点

传统儒家历来关注教化，大多数儒家学者的思想中都包含有教化方面的内容，但董仲舒的教化思想在注重整合前人思想的同时，又对社会现实表现出高度关注，由此呈现出一系列突出特点，具体体现在形式、功能、内容和方法等四个方面。

5.1.1 形式上注重整合前人思想并体现时代特色

汉初儒家在很大程度上传承了先秦时期儒家学说的方法和主张，但到董仲舒时却通过将阴阳五行等学说糅入儒学之中，融合当时社会转型期产生的各种新变化，建立了天道哲学，无论在形式、内容还是方法上，都使儒家的教化哲学发生了某种程度上的转变。董仲舒很重视对前人思想成果的吸收借鉴，这种吸收借鉴是在儒家学说的基础之上对诸子百家的融合，正是在这种融合中实现了儒学的新发展，表现为对社会现实的高度关注，以及对时代思潮的高度适应性。董仲舒立足于教化所进行的思想整合是成功的，正如学者所言，“在他那里，百家之学不是机械地、简单地合并、混杂在一起，而是经过贞辨、选择、改造，而被统摄整合入儒家学说，成为贯彻和实现儒家基本价值理念的辅助因素，从而达成以儒学为主体和核心的有机统一”①。这一时期的儒家思想经过董仲舒的改造，不仅在本原处得到了发挥，而且更加切近政治现实，适应了现实政治的需要，进而使儒学发展成为深入到社会政治生活中每一角落的大众哲学，实现了“儒学独尊”的局面。显然，儒学的发展以及它在中国传统社会中日益扩大的影响与董仲舒的改造密不可分。

首先，董仲舒吸收先秦儒家的学说为教化建立理论基础。董仲舒的教化思想是以人性论为主要依据的，在这方面他重点考察了先秦儒家两位代表人物孟子和荀子的学说，并在对两者人性学说进行批判借鉴的基础上，提出自己对人性的看法，即认为人性中有善有恶，所以人性也存在向善向恶两种趋势，这不同于孟子和荀子的人性学说。以这种人性学说作为理论基础，董仲舒认为教化可以发展人的善性而遏制人的恶性，进而提出了自己的教化理论，可见董仲舒的教化思想注重对已有学说的分析考察及合理

---

① 张平．董仲舒与中国传统文化思想的整合［J］．河北学刊，1998：4.

借鉴。除此之外，董仲舒的教化思想还直接继承汉初陆贾、贾谊等人的学说，在汉初普遍重视对亡秦教训进行总结的基础之上，进行再思考，对汉初思想家的认识加以肯定并进一步深化发展，提出了若干推行教化的具体措施。

其次，董仲舒反思现实政治实践而主张将教化作为治国之策。这体现为董仲舒对前人思想在现实政治实践中效果的反思，董仲舒主张教化治国，其中又以刑罚作为教化的辅助手段，正是对法家和道家治国学说的实践进行反思后所得出的结论。法家学说的“以法为教”在秦朝的残暴统治以及道家学说在汉初政治社会中的“无为而治”使董仲舒明白，它们都不适合作为封建大一统政治下的社会治理之策。在对两种治国思路进行反思的基础上，董仲舒认为教化与刑罚都有其存在的必要，二者殊途同归，所以主张以教化为主，辅以适度的刑罚扩大教化的效果，最终达成社会和谐的理想境界。

最后，董仲舒结合时代特色对教化思想进行形式改造。在董仲舒生活的时代，阴阳五行学说作为一种解释自然现象的权威理论，在社会中具有广泛的接受度，董仲舒在这样的背景下，将阴阳五行学说作为其天道哲学观的基础，并用于论证教化思想的合理性。结合社会中普遍流行的阴阳五行说，董仲舒为教化的施行建立了“天”的终极意义，也为教化渲染了一丝宗教色彩。经过这种“包装”的教化思想不仅由于阴阳五行学说本身的神秘性而带有了某种不可违反的权威性，而且使得社会民众对教化的认可度大为提高，这正是因为教化的提出符合一般民众的逻辑思路，易于理解和接受，从而有助于教化真正在全社会范围内开展。

5.1.2　功能上注重为政治服务

董仲舒的教化思想与汉代政治紧密相关，在功能上注重维护政治秩序的稳定，由此而产生的教化思想也具有较强的实践性。董仲舒教化思想的提出，首先就是基于秦朝灭亡的政治教训，以及汉代治理国家的现实政治需要，秦朝以法家治国而忽视道德教化，所谓的“三老掌教化”也只是严刑峻法，而无关道德教化，太过刚性的暴戾统治导致秦朝政治上的崩溃，引起汉代有识之士的深刻思考，他们希望从秦朝的政治失败中找到政治稳定与发展的长久之策。汉王朝的政权同样是建立在武力征伐基础之上的，但如果任由这种军事化倾向渗透到和平时期的国家治理领域，后果是不堪设想的。董仲舒正是基于当时的政治形势，提出了以教化治国的思想策略，这是一种德育政治化的表现，所以说董仲舒的教化思想具有先天的政治性。

董仲舒的教化思想不可避免地突显其政治性，首先是由于思想学说依赖于国家政治制度作为其自身发挥作用的一种重要载体，国家政治制度在董仲舒教化思想的实施过程中也起到了必要的保障作用。可以说“独尊儒术”局面的确立，正是统治者接受教化治国思想的结果，而“独尊儒术”的推行，反过来又在社会中形成重视教化的共识，并将教化作为衡量治国成效及官员政绩的一个基本标准。董仲舒把先秦的单纯道德教化上升到政治教化的高度，把改良风俗与稳定政治结合起来，具有极强的政治性。这种政治性也体现为，董仲舒的教化思想是在国家政治及文化制度的保障下展开的。董仲舒的教化思想以现实政治为出发点，借以论证施行教化的必要性，为国家长久稳定提供策略，以王道政治的实现为最终理想，对社会政治产生深刻影响。在汉武帝“罢黜百家，独尊儒术”文教政策的支持下，儒学从先秦的诸子百家之一，蜕变成为官方的意识形态学说，其学说的影响也就自然不再局限于思想学术界，而是逐渐渗透到现实政治领域，通过思想理论上的指导与影响，保证封建国家向着正常合理的方向前进。儒家学说的复兴与西汉社会中后期的尊儒运动是相互作用的。自汉武帝始，历代封建统治者都注重以儒家学说解释各种政治作为，以粉饰自己的王权专制统治，而在这一过程中，儒家学说自身也得到发展，通过为王权的存在提供某种合理性，而将其政治理想渗透于社会的方方面面，对民间社会的进程产生着潜移默化的影响。事实也证明一种思想学说在社会中的盛行，难以脱离现实政治权力的支撑。同样以儒学的发展为例，魏晋时期佛学及玄学在社会中的兴盛，就是与儒学失去政治权力支撑直接相关的，此时的儒学也就相应地失去了对政治生活的指导作用，这又导致了儒学的去政治化倾向，其自身的发展由注重指导现实政治，转向为更多考虑理论本身的发展完善，以至于发展到宋明时期出现了心性儒学这样一种与董仲舒时期政治儒学截然不同的方向。从政治对学术发展正反两方面的影响来看，正是由于汉武帝时期对董仲舒儒学的浓厚兴趣，才使得其教化学说得到大力推行并逐渐发展为政治教化儒学，其思想学说也就不可避免地带有强烈的现实政治倾向。

正是由于董仲舒的政治化儒学与中国传统社会的王权主义之间具有如此紧密的联系，有学者据此认为，以政治化后的儒学为主导的汉代政治文化“遗失了先秦儒家的真精神”，其中首要的就是以“政治批判”“社会良知”以及“文化批判”为内容的先秦原始儒家“批判精神的遗失”①。如果从现实层面考察汉代政治实践中的儒家思想，工具性的色彩显然十分明显，这种状况同先秦儒家理论中的治国思想有着相当大的反差。但是落入现实的思想绝不能等同于思想家的思想原貌，董仲舒教化思想中影响汉代政治的那部分不能同董仲舒全部的教化思想画等号，更不能代表董仲舒思想文化的真精神。徐复观先生认为董仲舒的思想精神可以分为两部分来看待：“一是董子为适应大一统专制政治趋于成熟的现实状况，从儒学中发展出一套肯定此体制的合法性和合理性的思想理论，这一部分内容构成他天道哲学的现实目的；但董仲舒在为封建王权存在的合法性进行论证的

① 韩星．秦汉政治文化整合中儒学思想的变异［J］．孔子研究，2006（5）：33.

同时却又不止步于政治现实，而是力图给此体制以新的内容和新的理想，董仲舒的前一做法，因为适应了专制政治自身的要求，所以收到很大的效果，而后一做法，因为实际上是与前一做法不能相容的，所以必然是落空的。”① 这种观点在某种程度上可以解释董仲舒思想的内部矛盾，事实上，即使是政治化后的儒学，仍不缺乏内在的批判性，也并非完全是专制王权帐下俯首帖耳的奴仆。现代新儒家学者蒋庆甚至认为，以董仲舒为代表的今文经儒学的真精神恰在于它的批判意识，是真正能代表儒家精髓的玄门正宗②。总之，在大一统的时代背景下，董仲舒的教化学说得到了当局统治者的认可推行，这对于儒学的发展具有重要意义，可以说是由董仲舒完成了儒家以孔孟荀为代表的传统教化思想向政治化、实践化的教化思想进行转变的关键一步，并且构建了中国传统社会中教化思想体系的基本结构。

董仲舒教化思想的政治性使其在施行过程中体现出一种实践性。“由于教化是对人的精神的塑造，其目的是要使人获得一种教养，因而，它所关注的东西比单纯地获得某种知识要重要得多，也就是说，教化本质上禀有一种实践目的，教化理论是一种实践哲学学说。”③ 从周代教化学说的萌芽开始，教化就作为一种实践在进行着，但当时还主要是针对王室贵族的德教实践，到了孔孟荀那里，由于儒家德教主张不受当政者欢迎，教化在国家层面的推广落实极为有限。而董仲舒所处的年代，已经实现了社会政治的统一，社会经济也得到了发展，并走向西汉王朝的鼎盛时期，如何将教化理论在大一统封建王朝下进行实践，这是摆在董仲舒面前的一个重要课题。董仲舒在继承孔孟荀的礼乐教化等传统途径基础之上，又增加了

---

① 徐复观．两汉思想史（第 2 卷）［M］．上海：华东师范大学出版社，2001：183.

② 参见蒋庆．政治儒学：当代儒学的转向、特质与发展［M］．北京：三联书店，2003：11-57.

③ 詹世友．道德教化与经济技术时代［M］．南昌：江西人民出版社，2002：35.

诸如“立太学”这样的教化措施，形成了君王示范、礼乐教化、兴办太学、人才选拔等相结合的多层次教化体系。首先，君王在董仲舒的思想中是社会教化的最高倡导者，其本人应当躬身实践教化的宗旨和内容以感化社会民众；其次，虽然教化是君王的施政目标，但具体实践还是主要依靠地方的作为，所以西汉政府常采取派遣官员巡视及表彰奖励等措施来推动地方教化，如汉武帝元朔元年（公元前128年）诏言：“公卿大夫所使，总方略，壹统类，广教化，美风俗也。”①这明确了各级官员负有推广教化、改良社会风俗的使命；再次，为了加强教化思想的实践性，董仲舒还将儒家思想与选士制度相结合，以此来提高各级官员的道德素质以便更好地推广教化，在选拔人才的过程中又使得儒家伦理道德观念逐步被社会所接受和认可，并自觉遵行。正是一系列具体的制度措施，在实践中保证了董仲舒教化思想的实际效果，通过这些制度措施，董仲舒的教化思想在获得国家政权制度性支撑的同时，也在社会生活中体现出高度的实践性，董仲舒通过制度化的形式实践了先秦儒家所推崇的教化理想。

5.1.3 内容上注重对儒家人文主义精神的传承

虽然董仲舒对儒学的改造在功能上更加注重服务于现实政治，表现出强烈的政治性和实践性，但不应据此而将董仲舒的思想完全定位为一种迎合帝王欢心的统治术，其中包含着的儒家人文主义传统同样不容忽视。作为一种统治性的学说，儒家思想何以在被统治者采纳之后，随即也被整个社会所认可与接受？与此相对照的是，法家思想虽然被统治者所信奉，但却始终无法在民间推广，最终没有赢得人心。这其中深层次的原因就在于，即使是政治化之后的儒学，所关注的也不仅仅是统治的实用性，而是始终

① 班固．汉书［M］．北京：中华书局．1962：165.

在人文价值方面追求着理想的实现，始终没有放弃对优良社会政治生活的追求，它给每个人以社会良善的希望，也使儒家思想最终能与法家之术相区别，获得其统治整个社会的合法性。

诚如徐复观先生所提到的那样，虽然武帝喜欢的是董仲舒教化思想中“应帝王之学”的那一部分，但董仲舒自己却没有放弃在理想与价值层面的探讨，这些内容赋予了董仲舒思想更为深远的意义。如前文所述，董仲舒在他的天道哲学中提高了王权的地位，这似乎是更重视与天道相通的君道，但是如果我们从中国传统政治思想所讨论的天人关系这一命题发展的内在理路来分析，不难发现，从西周周公所强调的“敬天保民”开始，思想家的理论重点就在于“虚于敬天，重在保民”，这种人本主义精神始终都是传统天人关系命题中的核心价值。董仲舒哲学中“天”的概念，显然是要为人类社会政治生活提供一个必然性的前提，借天道求人道的理论特色正是对发端于西周以来，中国传统政治思想中人文主义的延续与弘扬。从天、君、民三者的关系来看，董仲舒一方面主张“屈民而伸君”，另一方面则主张“屈君而伸天”。这方面的内容前文已经有所论述，这里再次提及所要强调的是，在董仲舒的思想中，“天”居于首要的位置，其基本内涵就是人类社会必须服从的道德法则，君王在天人关系中处于中介地位，强调对君王的服从，也就是强调对道德法则的服从。但必须说明的是，只有完全接受天意教化的君王才是理想的君王，才具有合法性的普遍约束力，也就是说，在董仲舒教化哲学中所设想的理想君王，因为与“天”相通，所以他是“善”的化身，这样的君王与韩非等法家所设想的善于玩弄权术的君王相比较，显然代表了不同的政治理念。而对于道德意义上“善”的追求，正是先秦以来儒家一以贯之的目标，也是儒家可以从根本上异于法家之术，并获得社会整体认可的最根本原因。

循着追求道德意义上的“善”这一思维路径，董仲舒的教化思想强调“仁义法”。在董仲舒看来，“仁”与“义”仍然是社会政治生活中首要的价值，“所以治人与我者，仁与义也。以仁安人，以义正我。故仁之为言人也。义之为言我也。言名以别矣。仁之于人，义之于我者，不可不察也”。[①]“以仁安人，以义正我”可以视为对君王提出的价值规范和行为要求，虽然在汉代现实的政治生活中，董仲舒所坚持的仁义原则影响较小，但对于后世儒者的影响却是巨大的。董仲舒“正其谊不谋其利，明其道不计其功”[②]的弘道意识，正是对先秦以来儒家传统道义论的继承和发展。虽然后世宋儒不承认董仲舒在道统中的地位，但是在对待道义问题的方向上，却是与董仲舒惊人地一致，因此可以说，先秦儒家的人文精神与批判意识，在董仲舒的思想中并没有断裂，不同之处在于，董仲舒的思想实际上是以一种超验的方式使其得以延续，从而使先秦儒家所强调的道德法则更具有必然性和绝对性，而董仲舒的论述方法，也把传统儒家的教化思想发展到一个更具形上色彩的阶段。

所以，董仲舒对先秦儒家思想的改造虽然巨大，但深入其思想深处，董仲舒并没有放弃先秦儒家所坚持的人文主义精神。从某种程度上说，儒学之所以能够力压百家，成为中国传统的主流思想，不仅仅在于它迎合了现实政治的需要，而更在于儒学自身的人文主义精神，最终指向追求社会与政治生活中的良善，它在这一点上最根本地符合了整个社会的心理需要，这种对人文主义的追求在董仲舒的教化思想中得以延续。

5.1.4 方法上注重多样性与系统性以形成教化合力

董仲舒的教化思想是寓教育和感化于一体的思想政治教育体系，具体

① 董仲舒．春秋繁露．张世亮、钟肇鹏、周桂钿译注［M］．北京：中华书局．2012：320.
② 班固．汉书［M］．北京：中华书局．1962：2514.

落实方法的多样性和系统性是其显著特点之一，这主要表现在以下几个方面：

其一，注重统治阶级内部君王和官员相结合推行教化。君王和官吏作为封建统治阶级，在社会当中居于核心地位，其具体事功直接关系着教化在社会中的影响，具有强大的感召力。西汉社会尚处于封建社会初期，政治分工尚不完善，专门化程度也不高，君王通过自己至高的权威地位，可以培养民众向善的观念，身体力行引导民众致力于农耕、遵守孝道，从而培育良好的社会风气。各级官吏在日常行政中，也注重教化的施行，既是官吏又是师儒，以此使教化学说得到深化与扩展。在具体方法上，汉代采取皇帝诏书与官府文告的方式，宣传教化政策或培养良好社会风气，对社会民众起到了引导或制约的作用。此外，董仲舒本人也直接参与教化活动，司马迁称其“下帷讲诵，弟子传以久次相受业，或莫见其面，盖三年董仲舒不观于舍园，其精如此。进退容止，非礼不行，学士皆师尊之”①。这不仅说明了董仲舒令人钦佩的敬业精神，还体现了其极佳的教学效果。

其二，注重学校教育与社会教化相结合推行教化。随着学校教育在西汉社会的逐步发展完善，其在教化方面也发挥着越来越重要的作用，而整个汉代社会浓重的教化氛围，也为学校教育的进一步发展提供了环境。“汉代学校教育作为整个教化的一个有机组成部分，对学校教育自身的发展也有重要影响，避免学校教育走贵族化道路，而逐渐形成办学途径多样化的特点。”② 汉代学校教育的宗旨或办学目标是与教化一致的：“太学者，贤士之所关也，教化之本源也。”③ 当时的统治者也将学校育贤才作为教

① 司马迁 . 史记［M］. 北京：中华书局 .2014：3789.

② 李国钧，王炳照 . 中国教育制度通史（第 1 卷）［M］. 济南：山东教育出版社，2000：410.

③ 班固 . 汉书［M］. 北京：中华书局 .1962：2516.

化的本源，汉武帝在招收博士弟子的诏书中，将直接目的归于“崇乡党之化，以厉贤才焉”①。与培养人才相比，显然更重视政教风化，通过中央太学的建立，将教化辐射到地方。学校培养出的人才成为教化成果的一部分，这部分人才广泛参与到国家政治生活中，为一般社会民众提供了榜样，引导社会更加关注儒学，进而归于教化，这种尚儒的风气又为学校教育的发展奠定了基础。汉代学校教育在培养人才的同时，对社会良好道德风气的形成也有重要作用，总体而言，学校教育作为社会教化的一个重要组成部分，对教化的达成具有重要意义。

其三，注重在刑罚运用中与儒家精神相结合推行教化。董仲舒以阴阳学说为指导阐述了其“德主刑辅”的基本治国思路，不仅如此，儒家温润的教化思想还渗透入严苛的刑罚之中，使刑罚真正作为教化的辅助手段而存在，具体表现在汉代通过“春秋决狱”而实现的法律儒家化。董仲舒本着《春秋》“贵志”的基本思想，以儒家伦理道德纠正过于机械严苛的现实刑罚，对教化目标的完成起到潜移默化的作用，并且得到汉武帝的肯定，“春秋决狱”也逐渐成为汉代司法的基本原则，进而成为整个封建时代的基本司法准则。儒学法律化是董仲舒教化思想在社会中成功推行的一种有效辅助手段。此外，董仲舒还认为：“道者，所由适于治之路也，仁义礼乐皆其具也。”②也就是将“礼乐”视为推行教化的有效措施，他尤其重视“礼”在维护“贵贱有等，衣服有别，朝廷有位，乡党有序”的封建等级制度方面的重要作用，封建礼制也成为推行教化的得力工具。

上述方法在董仲舒的教化思想中都有提及，通过综合运用，在汉代社会形成了良好的教化效果，保证了董仲舒教化思想在现实生活中形成合力，

① 班固 . 汉书［M］. 北京：中华书局 .1962：163.

② 班固 . 汉书［M］. 北京：中华书局 .1962：2516.

从而得以普遍推广。

5.2 董仲舒教化思想的历史地位

思想是一定社会历史条件下的产物，总有其发挥作用和影响的特定条件，因此，立足于现代而对西汉时期的董仲舒教化思想进行价值评价，是一件非常困难的事情。列宁曾说："判断历史的功绩，不是根据历史活动家有没有提供现代所要求的东西，而是根据他们比他们的前辈提供了新的东西。"① 董仲舒的教化思想的确比他的前辈提供了更多新的内容，但对这些内容也要进行梳理，才能准确评价董仲舒教化思想的历史地位。

如本书所论述的，董仲舒以维护汉朝政权的稳定为出发点，以"天人感应"理论为分析方法，以儒家思想为核心所构建的教化思想是丰富而系统的，这套教化思想体系在后世封建国家中不断得到发展完善，但其中以儒家学说统领思想与选拔制度，以"三纲五常"为教化原则以及教化为主、刑罚为辅的治国思路等，都发端于董仲舒。对董仲舒教化思想的评价，应当坚持辩证分析的方法，"传统和传统文化并没有超历史的绝对的合理性，他们的合理性存在于人类的不断选择、不断创造历史的发展之中"②。当今社会亦如当年董仲舒所处的时代一样，在旧有的传统社会体系日益解体的同时，也面临着重构社会秩序的挑战，因此对董仲舒思想遗产的认识，仅限于事实层面显然是不够的，更需要的是在认识的基础上进行价值评价，在评价中认识其合理性，并通过改进而对现代社会有所启示，做到古为今用。

---

① 列宁全集（第2卷）[M]. 北京：人民出版社，1957：150.

② 唐凯麟，王泽应.20世纪中国伦理思潮问题[M]. 长沙：湖南教育出版社，1998：440.

5.2.1 董仲舒教化思想的贡献

汉王朝中央集权统一国家形态的最终完成，为董仲舒教化思想的形成及其在全社会范围内的推行提供了前所未有的历史契机，这是董仲舒之前的思想家们所不曾有过的历史际遇。孔子和孟子由于所处时代在政治上的四分五裂，只能以私人讲学的方式践行自身理想，强调依靠自身修养提升道德水平，这种教化实践对其所处时代的影响自然也就较为有限。荀子的教化注重对象的全面性，通过礼法并用，由“礼不下庶人”转变为主要针对社会民众的礼乐教化，从国家和社会的高度全面思考教化，也顺应了历史即将统一的发展趋势。在前人的基础上，董仲舒真正站在统一国家的立场，认识教化的重要性，分析了教化的功能、目标与原则，通过潜移默化的教化活动缓和了阶级矛盾，并为汉王朝选拔了一批德才兼备的人才，在与中央集权相适应的各种政策制度中，体现了教化的新思路，从国家层面进行教化的传统肇始于此，自此以后，“有德与无德不仅是判定统治者个人品行优劣的标准，也是判定一个王朝统治优劣的标准”[①]。董仲舒为汉武帝在大一统政治局面下有效治理并巩固政权，提供了一种有效的新方案，但其教化思想的贡献远不止于此，具体而言，董仲舒教化思想的贡献体现在三个方面。

首先，董仲舒初步构建了中国古代教化思想的完整体系。在先秦诸子时期，经过长期的争鸣与发展，逐渐形成以法家、道家和儒家为代表的三大治国理想，其中法家要求以法为治，道家则强调清静无为，唯独儒家主张柔和地教化治国。董仲舒在历史实践的基础上认为，法家思想在秦朝施行所带来的冷酷暴戾最终导致亡国，道家无为而治思想虽有益于汉初的社会恢复，但不利于封建统一王朝的巩固，通过对汉初经济、政治、文化方

① 吾淳．中国社会的伦理生活［M］．北京：中华书局，2007：35.

面新变化的思考，董仲舒以天道哲学和人性论为理论基础，较为系统地提出了教化的目标、原则和功能，在以全体社会成员为教化对象的基础上，区分君王、官吏和民众三个层次，相应地提出了教化内容，初步构建了中国古代教化思想的完整体系。董仲舒思想的突出特点，就在于以教化为主线或核心精神，这也标志着经过多次的努力尝试之后，儒家教化思想在治国策略中最终胜出。儒家思想借助政治权力的有效辅助，得以与具体的制度措施相结合而在全社会推广，这又反过来稳固了汉王朝的政治统治，儒家思想在汉代社会中所形成的深厚社会基础，也使得后世封建国家在治国策略的选择上，更倾向于儒家学说。

其次，董仲舒在儒学的发展史中起到承上启下的历史作用。董仲舒通过教化思想将儒学的兼容性明确化、正规化、合理化，使儒学练就了较强的应变能力，能随时代的发展而发展，这就为儒学在封建社会长期居于主导地位奠定了坚实的基础。董仲舒在继承先秦儒家基本精神的基础上，借鉴其他学派的合理思想为我所用，构建了具有强烈时代色彩而与前人显著不同的教化思想体系，使儒学在新的历史时期重新焕发活力。董仲舒的教化思想注重从社会现实出发，论证教化的必要性及意义，最终又以维护社会秩序及保证政权巩固为目的和理想，他对儒学的这种发展，使得汉代的儒家学说更关注现实政治生活，重在为国家的长治久安提供智慧，董仲舒学说中“教主刑辅”的治国思路以及“三纲五常”的教化原则等，都为之后儒学的发展规定了主题和方向，对后世儒学的发展影响深远。更为关键的是，儒家学说在董仲舒的努力之下，终于利用国家统一的历史契机，完成了“为帝王师”的政治追求，随着汉武帝“罢黜百家，独尊儒术”政策的确立，儒家学说成为此后一千多年封建社会的官学，对历朝历代治国理念的确定及具体制度的构建，都具有深远的影响。如果说儒家学说的基本精神是由孔子、孟子和荀子确立的，那么正是董仲舒使这种基本精神被封建统治阶级乃至整个社会所接受和认可，这种由先秦原典儒学向统一王朝教化儒学的转变，奠定了董仲舒在儒学发展史中承上启下的历史地位。

最后，董仲舒的教化思想有助于中华民族统一观念的形成。董仲舒尊奉儒学宗旨，阐发儒家教化思想，促进了当时思想文化的统一与发展，对汉代社会起着“一统”与“安定”的作用，有其历史意义，特别是对于中华民族统一观念的形成，产生了深刻影响。经历了春秋战国时期政治上的四分五裂与思想上的百家争鸣，“大一统”成为秦汉时期的历史主旋律，但这一时期政治领域统一格局的不稳固以及统一思想尝试的屡遭失败，使得封建王朝的统治者始终在寻找一套能够统领政治格局并统一思想领域的意识形态，《吕氏春秋》及《淮南子》等作品的出现，就是封建统治阶级在这方面努力进行尝试的结果，但真正完成这一时代任务的是董仲舒。董仲舒认为儒家典籍《春秋》中的核心精神就是“大一统”，通过将这种儒家学说中本就具备的统一精神融入封建政权建设当中，结合社会民众的认识水平和接受能力，董仲舒借助教化，将儒家的“大一统”思想投向社会，奠定了中华民族的统一基础。汉武帝正是在“大一统”思想的指引下，对内保证政治局面的稳定，对外通过抗击匈奴实现统一帝国的巩固，在思想界更是经由“罢黜百家，独尊儒术”的政策实现了全社会对儒学的认同，进而实现对以儒家学说治国的封建政权的认同，又在此基础上形成民族认同，并最终形成了中华民族的统一意识，这一点对后世影响最为深远。中国社会在汉政权之后，经历了魏晋南北朝这一动荡时期，但是政治上的这种无序与混乱，非但没有产生思想意识领域的分裂，反而是加强了民族之间的融合，进一步促成了统一民族意识的形成。这正是由于这一时期的统治者，无论是汉族还是少数民族，都以“大一统”思想作为政治工具，进而主张天下统一，在这一过程中加强了各个民族对于“大一统”理念的认同。正如台湾学者李威熊所言：“统一思想，归本儒家。便是要使全国人有一致的信仰，让大家在相同的目标下，致力于共同的利益，所以统一思想是有其必要的。……它给我们带来了一个安详而有层次的社会，使我们的国家两千多年来始终能维持大一统的局面，不像面积与中国等大的欧洲，一直四分五裂，国家居然有二三十个之多，由这一点可以看出儒家文化的博大能容。它对国家的统一、民族的发展具有不可磨灭的贡献。因此，我们平心而论，董仲舒统一思想，尊崇儒术的呼吁，其功当多于过。”①应当说，董仲舒在中华民族的融合与推动中华民族统一意识形成的过程中发挥了重要作用。

毋庸置疑，董仲舒的教化思想在中国教化史上具有非常重要的地位，无论是对教化学说本身的发展，还是对儒家学说的命运转折，甚至是对人们深层社会心理的形成都有着巨大的影响。董仲舒的教化学说因为得到政治权力的支持而得以在全社会范围内进行推广实践，使教化获得了完整的意义，这是对先秦儒家教化学说的重大突破。当然董仲舒的教化思想也存在着一些缺陷，以马克思主义唯物史观的基本原理为指导，不难发现董仲舒思想中带有的历史局限性。

5.2.2 董仲舒教化思想的局限

董仲舒的教化思想产生于封建社会初期，就其本质而言，是代表和维护封建专制制度下统治阶级利益的。阶级上的局限性，首先造成了董仲舒在对教化功能认识上的局限性；其次，封建社会人们有限的认识水平也在董仲舒的思想中留下时代印记，造成董仲舒教化思想中不可避免地带有一些封建迷信内容，这又在一定程度上削弱了教化内容的科学性；最后，由于封建政治的虚伪与欺骗，使推行教化的一些具体方法达不到预想的结果，

① 李威熊 . 董仲舒与西汉学术［M］. 台北：台湾文史哲出版社，1978：162-163.

影响了教化在社会中的实际效果。

5.2.2.1 大量的封建因素暴露了教化功能的局限性

教化是由一定社会通过有计划地组织和影响受教者，使受教者接受并遵循社会道德规范和价值标准的一系列活动。董仲舒所代表的是新兴封建统治阶级的利益，这种鲜明的阶级性表现为，在教化的具体内容上包含着大量的封建因素，这些封建因素的存在，替代了原本维持人们正常关系的情感因素。董仲舒通过推行“三纲五常”的教化原则，使原本以“亲亲”为基础推广至“尊尊”的社会关系发生重心转移，更加强调君臣、父子以及夫妻之间的尊卑关系，这种封建制度下新型社会关系内容的确定，是以牺牲更加符合人性的情感基础为代价的。而对于其中君臣之间的关系，董仲舒也进行了封建化的改造，孔子在论述君臣关系时，说的是“君使臣以礼，臣事君以忠”[①]，这里强调的还是君臣间的双向互动，本质是建立在情感与诚信之上的朋友关系，所谓“君臣，朋友其择者也”。这与后来君臣关系间“忠臣不事二主”或“君叫臣死，臣不得不死”这样的封建为臣之道，简直是天壤之别，而这种转变正是由董仲舒开始的。

此外，董仲舒在主张行教化的同时，提出辅以一定的刑罚措施，既要“明教化以成性”，又要“正法度以防欲”，提出“损欲、防欲、禁欲”，虽然董仲舒反复强调“任德不任刑”，但这仍无法掩盖其推行教化的重要功能就在于防民欲。在董仲舒看来，人的情欲如“水之走下”，若不加以节制是很危险的，他认为汉代社会“弃其度制而各从其欲”，导致“富者愈贪利而不肯为义，贫者日犯禁而不可止”，因此主张“人欲之谓情，情非

---

① 程树德.论语集释.程俊英、蒋见元点校［M］.北京：中华书局.1990：197.

度制不节”[①]。而要控制民众欲望，就必须有相应的刑罚制度，因此董仲舒主张“爵禄以养其德，刑罚以威其恶”[②]，从而达到“以防民欲”的目的。在先秦儒家那里，最多也只是讲到“节欲”和“寡欲”，而且这是对在上者和在下者的共同要求，但到了董仲舒这里，统治者和被统治者由于阶级地位的不同显然处于对立状态，因而主张要防止民众欲望的发展，用教化和刑罚来设置堤防，以防止人们为了追求利欲而犯上作乱。这种在教化功能上体现出的阶级局限性，较之先秦来说，不能不说是个退步。

5.2.2.2　过多的迷信内容削弱了教化内容的科学性

董仲舒教化思想中包含着的迷信成分，主要体现在作为教化思想理论基础的天道哲学之中。董仲舒借鉴先秦阴阳家“阴阳五行”的基本思想，论证其教化学说的合理性，也使得其中的迷信成分不可避免地渗入教化内容之中。董仲舒教化思想在内容上的这种局限性，首先是由当时落后的自然科学水平造成的，自然科学水平的落后又限制了人们的认识能力，这直接造成了迷信的方法与机制在董仲舒的教化思想中发挥着基础性的作用。此外还有来自统治阶级的考虑，封建君王希望通过教化培养顺民，以使民众安于现状，相信现存统治秩序的合理性，而将这种合理性归之于天意，又是最能被社会所接受的，因此大量的迷信机制和手段进入了董仲舒的教化体系之中。董仲舒思想中的迷信内容通过教化得以社会化，这在一定程度上助长了社会中本就存在的神秘主义迷信风潮。在这种情况下，为了保证教化思想中其他观念被社会所接受，董仲舒又不得不借助更多的迷信要素与机制使民众信服，这就极大程度地削弱了教化内容

① 董仲舒．春秋繁露．张世亮、钟肇鹏、周桂钿译注［M］．北京：中华书局．2012：285.

② 班固．汉书［M］．北京：中华书局．1962：2515.

的科学性。

此后的封建统治者也多采取迷信方式，以论证自身政权的合法性并维护统治地位。“在董仲舒之后，汉代社会思潮的神学化倾向十分严重，利用各种迷信手段实施教化思想，致使教化方法中掺入了大量的非科学的机制和因素。”[①]东汉时期，董仲舒所倡导的今文经学成为官学并逐渐谶纬化，谶纬经学的兴盛代表了汉代儒家思想的僵化与衰落。“谶”是“诡为隐语，预决吉凶”的神秘预言，大部分都是些隐语，据说这些谶语可以“验”，即有征于前，有验于后，某件事在其发生之前就有征兆，某些怪异现象会被认为是某件事将要发生的预兆。“纬”是相对于儒家传统的“经”而言的，据纬经所言，孔子作六经之后，又恐怕后人不能完全了解，所以又作了一些补充的著作，与“经”相对，称之为“纬”。实际上只是后人以附会经书的形式写的新书，而谎称是孔子等古代圣人所作，其目的不过是为自己的著作加上“经”的名号，以引起社会的重视，所以纬经也被后代儒家学者认为是“伪经”。“谶”与“纬”本为二途，“谶”不必依附在“纬”之下，“纬”的内容也可以不用“谶”来表达。但在董仲舒之后，天人感应和灾异学说使经学越来越神秘化、庸俗化，谶语也借此大量进入儒家经学之中，“谶”与“纬”逐渐合流，谶语和纬书都渐渐地盛行，大量的谶语出现在纬经中，纬经中的大部分也都是一些神秘的谶语，“谶纬的内容虽然神秘、繁杂，但其实质精神仍然是以董仲舒为代表的今文经学的学术思想为基础的，尤其是对天人感应论做了进一步发展”。[②]谶纬中大量地引用了《春秋公羊传》和董仲舒《春秋繁露》中的文句与思想，之所以出现这种情况，很大程度上是因为董仲舒思想中的迷信内容为这种学说的发

① 王炳照，郭齐家．简明中国教育史［M］．北京：北京师范大学出版社，1987：87.

② 周桂钿，李祥俊．中国学术通史（秦汉卷）［M］．北京：人民出版社，2004：189.

展提供了可以利用的条件，这种庸俗学说的发展严重削弱了教化内容的科学性，决定了儒学在之后一段历史时期内的沉寂。

5.2.2.3 封建政治的虚伪消解了教化方法的实效性

董仲舒的教化思想往往以权威的面貌出现在社会实践中，这种权威性一方面来自由迷信思想的神秘性所造成的，在人们思想观念方面的某种束缚；另一方面则来自体现教化内容的制度或方法，其本身所应当具备的某种合法性和公平性。但在封建社会中，由于阶级间对立关系的存在，加之统治阶级的虚伪性，使其往往采取欺诈的手段来维持统治秩序，这就不可避免地使现实中教化方法的制度合理性受到破坏，在一定程度上削弱了教化的实效性，使教化方法成为封建政治虚伪与欺诈的挡箭牌和遮羞布。董仲舒教化思想所赖以推行的各项制度措施本身所具备的制度合理性，也就难免沦为封建统治阶级欺骗普罗大众的工具。

例如董仲舒将儒家教化思想与封建选士制度相结合而形成的“郡国岁举之制”，原则上要求，按照个人在孝廉等方面的道德修养与人格素质进行选拔，并据此委以官职。这种制度本身所具有的合理性，引导社会民众按照教化思想的要求，自觉接受“三纲五常”等封建伦理道德标准，并在生活中践行儒家的忠孝道德观念，努力学习儒家经籍，以期待凭借制度的合理性而进入仕途。然而在制度的现实运行中，更多体现出的却是封建政治的欺骗性，这些制度在现实中，往往被大的官僚望族所操纵，他们以出身门第作为选拔依据，一般的民众即使完全符合选拔标准，也很难得到举荐，这使得大量无德无才，而仅仅依靠门第出身的官宦子弟，以及为获得提拔而努力结交权贵的沽名钓誉之徒，往往能够得到举荐，并据此在社会政治生活中占据重要位置。长此以往，汉代社会也出现了“举秀才，不知书；察孝廉，父别居；寒素清白浊如泥，高第良将怯如鸡”[①]的尴尬状况。董仲舒教化思想中的许多操作机制，正是由于受到现实政治的这种负面影响，而难以长期稳定地发挥应有的教化作用，随着儒学发展到东汉时期的日渐教条化，其愚民和伪善的消极影响，也最终引发了魏晋时期玄学对儒学的反动，这种物极必反的事实从根源上来看，正是由于封建政治的虚伪与欺骗所造成的。

① 抱朴子外篇 . 张松辉译注［M］. 北京：中华书局 .2013：473.

6　董仲舒教化思想对当代思想政治教育的启示

董仲舒的教化思想形成于西汉封建社会，目的在于培养具有封建道德的人才，维护社会秩序的稳定以及巩固宗法等级制度，其自身不可避免地带有时代的局限性和阶级的狭隘性，但其中仍不乏具有重要价值的思想珠贝。当代思想政治教育应当在客观认识历史的基础上，探寻古代教化思想的发展规律，从而谋求自身在现代社会的新发展，本书研究董仲舒教化思想的根本目的，也正在于为当代思想政治教育的发展提供借鉴和启示。董仲舒的教化思想对当代思想政治教育具有多方面的现实启示价值，本书在总体上拟从三个方面详述之：首先是在思想政治教育功能方面的启示；其次是在思想政治教育内容方面的启示；最后是在思想政治教育方法方面的启示。当然，研究董仲舒教化思想的意义绝不仅限于此，更不会局限在这三个方面，而是必然会随着对其教化思想认识的不断提高而日渐丰富。

6.1　在思想政治教育功能方面的启示

思想政治教育的功能分为个体性功能和社会性功能，社会性功能又分为政治功能、经济功能及文化功能。其中政治功能在思想政治教育的诸种社会性功能中居于首要地位，起着主导作用，它是指思想政治教育通过培养具备特定思想政治素质的受教育者以推动政治发展的功能，其内容涵盖传播政治意识、引导政治行为、造就政治人才、和谐政治关系等方面，一句话，思想政治教育起着维护社会政治稳定、促进社会政治发展的作用。考察董仲舒的教化思想对于我们重新审视思想政治教育的价值和功能具有重要启示。

6.1.1 思想政治教育是调控和稳定社会秩序的重要机制

社会调控，又称社会控制，是指“一定社会、阶级或群体，通过各种社会力量，使人们遵从社会规范和行为模式，以建立和维护社会秩序，促进社会发展的活动和过程”①。毫无疑问，社会调控是为政的基本内容，社会调控一般有两种路径：一是硬性控制，主要依靠严明的法度规约，比如先秦法家；二是柔性控制，即通过思想控制、善化人心来实现，董仲舒选择的正是这一路线。

重视教化是儒家思想的特点，也是我国历史上自殷商以来的一大传统。儒家这种教化理想的产生，是由于中国的政治社会建立在以血缘关系为基础的家庭之上，较之于西方社会从“个人”和“团体”这两个极端中引申出政治结构和社会秩序不同，“中国人却从中间就家庭关系推广发挥，而以伦理组织社会消融了个体与团体这两端”②。这一见解准确地把握了中国社会的特点，也正是看到了这一点，所以儒家的教化理想虽然以政治为现实归宿，但确是以家庭伦理为本位的，“不但整个政治构造纳于伦理关

① 唐凯麟 . 伦理学［M］. 北京：高等教育出版社，2001：193.

② 梁漱溟 . 梁漱溟全集（第 3 卷）［M］. 济南：山东人民出版社，1990：79.

系中，抑且其政治上之理想与途术，亦无不出于伦理归于伦理者。福利与进步，为西洋政治上要求所在，中国无此观念。中国的理想是‘天下太平’。天下太平之内容，就是人人在伦理关系上都各自做到好处，大家相安相保，养生送死而无憾”[①]。所以儒家视野中首先强调的是家庭伦理，通过孝悌人伦保证家庭秩序的稳定，所谓“孝悌者也，其为仁之本与”[②]。在家庭伦理的基础上移“孝”为“忠”，进而完成治国平天下的政治理想。儒家的这种政治理想天然地与道德教化联系在一起，正如学者所言，“坚信道德和政治密不可分、统治者的修身和对人民的统治密切相关，使人们很难将政治理解为独立于个人伦理之外的控制机制……政治上的领袖资格在本质上表现为道德上的说服力，王朝的改革力量主要建立在帝王官吏的伦理品质上”[③]。作为儒家学说中教化的主体，“圣人”的出现为教化施行提供了现实的可能性，虽然要达到儒家全知全能的“圣人”境界非常困难，但在对儒家“内圣外王”理想境界的追寻中，还是实现了化民成俗的教化效果，引导着人们价值观念以及思想境界的提升。随着儒家教化思想的推广，“圣人”受到社会民众的顶礼膜拜，“在王权当道的时代，圣人的身影笼罩了全社会，在圣化文化机制的作用下，控制是绝对的，调节是相对的；或许有主宰者得一时恩惠，但绝没有被宰制者得些许自由。一句话，在圣化的时代，有臣民而无个人，是那个时代的特有风貌”[④]。这一认识道出了儒家“圣人”教化对社会调控所具有的重要意义。儒学作为一门入世学问，其最终的政治理想在于由“天下为家”的小康社会，进入到“天下为公”

---

① 梁漱溟．梁漱溟全集（第 3 卷）［M］．济南：山东人民出版社，1990：85.

② 程树德．论语集释．程俊英、蒋见元点校［M］．北京：中华书局．1990：30.

③ 杜维民．道·学·政——论儒家知识分子［M］．钱文忠，盛勤译．上海：上海人民出版社，2000：6.

④ 刘泽华．中国传统政治哲学与社会整合［M］．北京：中国社会科学出版社，2000：245.

的大同社会，而这一政治理想的现实路径，正是通过调控和稳定社会关系来实现的。

董仲舒认为政治的根本在于得民心，而得民心关键就在于教化。董仲舒看重教化与政治之间的紧密联系，重视教化在政治层面的作用，以统治者如何治国安民为追求，极其重视教化的政治效用，把教化视为治国的首要任务。在董仲舒的教化理论中，一个国家的统治能否巩固，主要在于统治者能否进行广泛教化，而扭转社会风气又始终是教化的重点。董仲舒针对当时世风日下的状况，要求统治者做到“为政以德”，反对“为政以刑”，通过上行下效的教化措施，使整个社会遵守一定的行为规范，具备相应的道德品质，形成整个社会遵守道德的风气，从而稳定社会秩序。董仲舒基于教化作为国家精神统治工具的意义，特别强调教化对于维护封建秩序和巩固汉王朝“长久安宁数百岁”的巨大作用，认为以“三纲五常”为教化原则可以统摄人们的思想，即“得民心”。另外，基层社会的稳定对整个社会的稳定意义重大，但封建社会“王权止于县”的政治权力结构，又使得政治体系往往难以渗透到基层社会，这也为教化功能的发挥提供了广阔的施展空间，通过基层社会中教化活动的开展，可以影响民众的思想观念和行为习惯，以实现稳定基层社会关系的目的。在汉代，乡里民间的“三老”通过礼乐教化等日常活动，将统治阶级倡导的伦理道德观念加以普及，发挥着教化在稳定基层社会关系方面的作用。

当今社会，人们的精神世界由于受到经济浪潮的冲击，容易引发思想和价值观的混乱，这影响着社会的和谐与基本秩序的稳定。随着社会主义市场经济的发展，通过经济规律的自发调节，虽然可以极大地改善人们的物质生活，却无法实现自由而健康的公共生活，人们对公共事务逐渐失去热情。国家的稳定繁荣，需要公共生活领域的健康发展和不断完善，思想政治教育在培育公民个人道德品质，进而建构健康的社会公共领域方面，应当发挥应有的作用。当代思想政治教育工作通过树立正确价值观、培养良好道德品质等途径，鼓励公民积极理性地参与社会公共生活，公共生活的健康发展有助于人们追求更加健康高尚的生活，从而使整个社会关系更加和谐稳定。即使在今天看来，董仲舒以教化为主要内容的社会控制思想，仍然有着特别重要的现实意义，这也突显了思想政治教育在调控和稳定社会秩序方面的重要功能。

6.1.2 思想政治教育在人才培养方面具有重要作用

董仲舒的教化思想注重对圣贤理想人格的塑造与追求，为社会培养“君子”也是董仲舒教化思想的目标之一。诚然，董仲舒站在封建社会统治阶级的立场，所提出的教化目标和内容，也有其阶级性和历史局限性，但他这种通过教化来培养和选拔人才的思想，却颇具启示意义。人才对于社会的进步，甚至人类历史的演进都具有重要作用。当前的思想政治教育工作，必须在继承传统的基础之上赋予时代特征，大力弘扬社会主义道德，坚持把培养德才兼备的人才作为教育的目标，为社会主义现代化建设提供智力保障。二十一世纪注定是一个开拓创新的世纪，国家要想在国际竞争中占据有利位置，就必须夯实人才队伍，提高人才素质，更加注重创新型人才的培养。就教育对象而言，必须设计一定的制度和行为准则，以规范人们的道德行为，用制度的合理性来完善人才的培养和选拔过程，使思想政治教育在人才培养工作中发挥更加重要的作用。在今天看来，董仲舒的人才培养和选拔思想，对于加快我国社会主义现代化建设以及培养高素质的人才队伍，仍然具有重要的借鉴价值。

董仲舒建议“行贡举以选士”与“设太学以养士”相并而行、互相补充，这有利于人才的建设与开发。通过学校培养人才，虽能系统培养合格的高素质人才，但需时较久且规模有限，加之养士的数额不多，所以不能及时尽快地提供人才；而贡举选士虽不像太学那样有计划地培养人才，但可即时即地地择优选拔现成人才以供急用，或充实官吏队伍。由此，养士与选士并举，可以遍得天下贤才，这种“养”与“举”相结合的办法，是一种培养人才的有效措施，对于当今社会的教育改革和人才选拔而言，是可以参酌的。在人才培养的标准方面，董仲舒认为“仁”与“智”对于人格的生成是最重要的两个方面；通过对儒家传统道德原则的理性反思，董仲舒提出“仁”与“义”的对立，在论述二者关系中，探寻道德修养之道；在人才所应具备的才能方面，董仲舒重视做事的预见性与良好的口头表达能力；在德才关系方面，董仲舒讲求德才兼备，以德为先。在两千多年前的汉代，对人才的看法能够如此全面与科学，实在是难能可贵，董仲舒的这种人才培养标准对于当代思想政治教育同样具有启示意义。在任何历史时期，品德与才能都是人才必备的两种素质，在董仲舒看来，虽然拥有很强的才能，但若缺乏道德束缚，同样会产生不好的后果，即所谓“不仁而有勇力材能，则狂而操利兵也”[①]。思想政治教育恰恰可以在人才的品德形成过程中发挥作用，所以思想政治教育要加强对人才，特别是青年人才在人生观、价值观和道德观方面的培养，重视“德”与“才”的协调发展。

总之，董仲舒认识到了教化在为国家发展提供人才支持方面的重要功能，在推广教化的同时，逐步发展出包括“教”“养”“取”“任”四个环节在内的人才开发结构，既要重视在人才培养方面的“教”与“养”，更要注重使人才发挥作用的“取”与“任”，人才适得其所，又可以反过来促进人才的不断涌现。不论是古代社会还是现代社会，人才问题始终是社会发展的核心和关键，从宏观层面来看，人才是由一定体制下的一系列配套制度产生的，从微观层面来看，人才问题就是教育问题，所以思想政

① 董仲舒 . 春秋繁露 . 张世亮、钟肇鹏、周桂钿译注［M］. 北京：中华书局 .2012：325.

治教育工作在人才培养方面的重要功能应当得到充分重视。通过在微观层面不断完善思想政治教育的内容与工作方法，配合宏观层面的人才供给机制，必将使有助于推动社会主义现代化事业向前发展的各类人才脱颖而出。

6.1.3 思想政治教育是马克思主义大众化的重要渠道

“思想政治教育是指社会或社会集团用一定的思想观念、政治观点、道德规范对其成员施加有目的、有计划、有组织的影响，使他们形成符合一定社会或一定阶级所需的思想品德的社会实践活动。”① 在董仲舒的努力之下，西汉社会通过将取得官方意识形态地位的儒学与国家政治制度相结合的方式，使儒家思想在全社会得到普遍的认可与接受，儒家精神逐渐成为中华民族传统文化的核心组成部分。总体而言，一方面儒学通过教化世代相传，绵延不绝并影响整个社会；另一方面，整个知识分子队伍逐步儒学化，并在政府机构中形成强大的儒家士大夫官僚集团，他们能够在相当大的程度上左右国家政策，甚至连皇室成员也大多自幼接受儒家思想的熏陶。在这种情况下，儒学已成为统治阶级思想行为的支配力量，并与封建政治融为一体，应当说儒学之所以长期占据思想领域的领导地位，是与它占领了正统思想的宝座分不开的。统治阶级如果不能抓住为实现自身意志而服务的思想学说就会失败，而思想学说如果不能抓住借以传播自身主张的政权就无法发展，通过研究董仲舒教化思想在汉代的发展，自然会得出这一结论。

董仲舒通过教化促进儒学在汉代发展的历史经验值得重视，这有助于把握当代思想政治教育在马克思主义大众化过程中的主渠道作用。在中国

---

① 陈万柏，张耀灿．思想政治教育学原理（第2版）［M］．北京：高等教育出版社，2007：69.

革命与社会主义现代化建设的过程中，中国共产党始终重视思想政治教育这条“生命线”，使思想政治教育在传播马克思主义思想理论方面发挥了重要作用。早在民主革命时期，马克思主义的基本理论就是通过思想政治教育工作的广泛开展而得以为社会各阶层所逐步了解并接受的，中国共产党也在这一过程中团结了各种社会力量，密切了与广大人民群众的联系，从而为革命的最终胜利奠定了坚实的群众基础。新中国成立以后，思想政治教育通过继续发挥宣传马列主义的重要作用，巩固了新生的社会主义政权，坚持了正确的舆论方向。特别是改革开放以来，中国特色社会主义理论体系与社会主义核心价值体系等马克思主义中国化的最新成果，正逐步通过思想政治教育工作的有效开展实现大众化，社会中出现了一大批集中体现新时代精神面貌的先进人物。历史证明，思想政治教育通过发挥其马克思主义大众化的主渠道作用，在建设社会主义现代化国家的过程中凝结了各族人民的力量，从而为社会的改革、发展与稳定提供了思想与政治上的支撑。没有思想政治教育，马克思主义的先进文化成果就失去了推进和展开的主要渠道，社会主义现代化建设事业也必然会受到影响。两千多年来，儒学的基本精神始终伴随着社会的发展而不曾离开我们的视野，董仲舒通过教化普及儒家学说的做法，特别是其中系统完善的教化网络、通俗易懂的教化内容以及灵活多样的教化方式等具体经验，对于推动思想政治教育工作在新时期中国马克思主义大众化过程中继续发挥重要作用，具有积极的启示意义。

首先，通过系统完善的思想政治教育网络推动马克思主义大众化。董仲舒构建的较为系统完善的教化网络，为我们提供了一种可以架起当代中国马克思主义大众化与人民大众之间联系的借鉴模式。当代思想政治教育工作要突破旧有模式，突破开展教育的时空限制，通过在渠道和方式方法等方面的不断创新，构建思想政治教育网络的系统性，加大人民大众接触和了解先进文化成果的机会。就空间而言，马克思主义要从书本和文件中走出来，不仅出现在课堂上和会议中，更要走向工厂车间和田间地头；就对象而言，一方面继续加强对大学生和党员干部的教育活动，另一方面要认识到对工人、农民和普通社会大众进行宣传教育的必要性；就教育方式而言，充分利用网络等新媒体的宣传优势，普及马克思主义先进理论成果。通过系统完善的思想政治教育网络，加深全社会对当代中国马克思主义理论强大精神力量的认识，从而推动马克思主义大众化。

其次，通过思想政治教育内容的中国化推动马克思主义大众化。董仲舒在继承先秦儒家教化学说的基础之上，融合借鉴诸子学说，完成了先秦原典儒学的“汉代化”，从而使儒学在西汉社会实现大众化，这一历史经验对于当代中国马克思主义大众化具有重要的方法论意义。对学说进行改造的前提在于学说本身的开放性和包容性，而马克思主义理论的突出特点正在于它能够与各个民族的具体特点相结合，并在这种结合中取得发展，所以马克思主义可以在不同的国家，随着时代的发展而不断焕发出强大的生命力。以毛泽东同志为代表的早期中国马克思主义者，将马克思主义与中国传统文化，特别是其中儒家思想的合理成分相融合，使马克思主义在中华大地上重新焕发光彩，这也充分证明了马克思主义所具有的包容性。在新的历史时期，要推动马克思主义的大众化，就必须在马克思主义中国化方面下功夫，着力研究儒学在历史上实现大众化的途径和方法。通过理论创新，将传统文化的内容融入现实的马克思主义基本原理之中，以人民群众习惯的思维和语言改造马克思主义理论，使其成为人民群众生活的一部分，从而增强马克思主义大众化的实效性。从这个意义上来说，思想政治教育内容的中国化，又是与思想政治教育内容的通俗化联系在一起的。

再次，通过思想政治教育内容的通俗化推动马克思主义大众化。当代中国马克思主义大众化中的“大众”是相对于“精英”而言的，意思是马克思主义不能仅仅在共产党员及理论研究者的范围内孤芳自赏，而应该回归社会，回归群众。马克思主义来源于人民而服务于人民，我们推动当代中国的马克思主义大众化，就是要让群众掌握马克思主义，让群众相信马克思主义的观点，从而自觉运用马克思主义的方法。而要达到这种预期的效果，就必须将马克思主义深奥的理论语言转换为符合大众思维的通俗语言。从事思想政治教育的理论工作者，要注重从抽象理论向通俗语言的转换，通过日常语言，结合人们众所周知的先进人物或历史典故，为不同阶层、不同文化程度的受众编写符合其认识水平的通俗读物，使马克思主义的抽象理论真正为群众所掌握。思想政治教育内容的通俗化创新，是当前在推动中国马克思主义大众化过程中需要深入思考的一个紧要问题。

还有，通过先进典型的榜样示范作用推动马克思主义大众化。台湾学者韦政通认为："一个社会如果说的是一套，行的是另一套，那么，这个社会就会发生道德危机，即你说的并不做，于是人们就逐渐不相信你说的，不信当然就不会接受，教育的效果就不好。"① 这涉及理论与事实是否一致的问题，如果党和国家宣传普及的是一套，而事实却是另一套，理论与事实不相符，大众化肯定进行不下去。在董仲舒的教化理论中，非常重视榜样示范与身体力行的影响力，领导集团对群众的示范具有极强的直接影响力，从这个视角来观察，领导集团的示范作用直接影响着马克思主义大众化的效果。因此，在马克思主义大众化过程中，每一名共产党员，特别是领导干部，一定要实事求是，言行一致，牢牢把握大众的方向，发挥模范带头作用。马克思主义的最高价值就是人的全面自由发展，大众的方向意味着要使广大的劳动者逐步获得自由而全面发展，把符合人民群众的真实利益和真实需要当作大众化的基点。毛泽东同志在这方面给我们做出了

① 韦政通．伦理思想的突破［M］．北京：中国人民大学出版社，2005：91.

榜样，他说：“（领导干部）要得到群众的拥护吗？要群众拿出他们的全力放到战线上去吗？那么，就得和群众在一起，就得去发动群众的积极性，就得关心群众的痛痒，就得真心实意地为群众谋利益，解决群众的生产和生活的问题，盐的问题，米的问题，房子的问题，衣的问题，生小孩子的问题，解决群众的一切问题。”① 推动当代中国马克思主义大众化，同样要求领导干部成为学习和实践马克思主义理论的模范，做马克思主义理论宣讲与模范行为相一致的标兵。领导干部要带头学以致用，带头求真务实，带头严于律己，通过榜样示范的作用推动马克思主义大众化。

最后，坚持务虚与务实相结合推动马克思主义大众化。所谓务虚是指理论工作的开展，马克思主义大众化，本质上是就马克思主义基本原理同我国现代化建设的实际经验相结合而产生的先进成果，对社会大众所进行的一种理论普及和宣传教育活动。它首先是一个务虚的活动，但在具体的实施过程中还必须与务实相结合。所谓务实是要将马克思主义理论的内容与人民群众关心的重大问题相结合，将马克思主义理论用于指导和回答实际问题，不能搞从理论到理论的“空对空”形式主义，在务虚前提下的务实，有助于加深人民群众对马克思主义理论的认识和理解，从而更好地实现马克思主义的大众化。董仲舒非常善于用当时社会流行的思潮来装饰自己的理论，从而为理论的推广与实践开辟道路，阴阳五行说在汉代普通民众间具有广泛而巩固的群众基础，整个汉代社会都笼罩在阴阳五行的神秘色彩中。在这样的社会背景下，董仲舒通过对阴阳五行思想的改造，用以论证其教化思想的合理性，通过彻头彻尾包装，使教化思想很容易被人们所理解和接受，从而为儒家教化内容的推广和实践开辟了道路。当下对马克思主义理论的宣传普及，也可以借鉴董仲舒的这一成功做法，将理论与当下

① 毛泽东选集（第4卷）［M］. 北京：人民出版社，1991：138-139.

社会思潮相结合，在潜移默化中推进当代中国马克思主义的大众化。

6.2　在思想政治教育内容方面的启示

推动思想政治教育内容的创新，是增强思想政治教育实效性的重要方面，理论内容本身的科学性与合理性应当得到重视。在教育内容方面，董仲舒对西汉初期社会中学说林立的状况深感担忧，主张通过“独尊儒术”消除“民不知所从”[①]的混乱局面。在以儒家伦理道德广施教化的同时，董仲舒在内容上对先秦儒学进行了大胆的突破与创新，构建了新的天道哲学及相应的现实教化理论。这带给我们一个启示：当前的思想政治教育工作若要增强说服力，不仅要注重方法与手段的创新，还需要大力加强理论建设，推动教育内容的不断创新，只有这样才能切实提高思想政治教育工作的实效。

6.2.1　注重思想政治教育对象的层次性与内容的针对性

思想政治教育的对象是全体社会成员，具有极大的广泛性，在现实生活中，由于成长环境和经历的差别，不同的受教对象表现出不同的社会属性及思想特点，这体现为受教对象的层次性。而思想政治教育对象的层次性，又要求思想政治教育的内容具有针对性，要分层施教，因人而异，针对不同教育对象的思想实际，制订不同的计划，提出不同层次的要求，并运用不同的方法，有的放矢地解决不同类型、不同层次教育对象的各种思想矛盾和思想问题。当前，部分群众对思想政治教育缺乏热情，这也是导致思想政治工作难以提高成效的重要因素。解决这一问题，需要借鉴董仲舒以教化对象为本的思路，董仲舒以教化对象为本的思想主要体现为教化

① 班固.汉书［M］.北京：中华书局.1962：2515.

对象的层次性与内容的针对性。针对性的基础在于尊重差异，体现的是一种因势制宜、权时而变的精神，这种精神在教化思想中体现为根据不同的对象，设计不同的内容和方法。

董仲舒教化的对象有三类：首先，基于君王在国家社会中的特殊地位，董仲舒认为教化的重中之重在于对君王进行合理教化，通过构建天道哲学等方式，董仲舒试图说服君王接受儒家的政治伦理教化，只有君王有良好的德行，才能教化百官万民，使整个社会形成良好的道德风尚，从而巩固统治；其次，由于各级官吏在教化过程中起着承上启下的重要作用，董仲舒也非常重视对这一类对象的教化，通过培养、选拔及考核等环节，董仲舒侧重以儒家政治伦理中的为臣之道来教化各级官员，取得了良好的效果；最后，针对社会民众，董仲舒也设计了一套官方与民间相结合的教化方式应用于实践，产生了良好的教化效应，巩固了封建统治的群众基础。对于这三类对象，董仲舒按照各自的特点进行了有针对性的思考，今天的思想政治教育需要借鉴这种思考的角度和思路。长期以来，在“从群众中来，到群众中去”的群众路线指引下，思想政治教育工作看似重视“人民群众”这一整体性概念，但实则忽视了不同类别受众对象的特点，对受教育对象缺乏分类，缺少类型化研究，这必然造成实际教育内容由于缺乏针对性而难以得到群众的认同。思想政治教育工作应当在尊重差异的基础上因材施教，根据对象在学历、职业、年龄等方面的差异，安排与其相适应的教育内容与方法，在此基础上构建尊重个性差异的新模式，从而提高思想政治教育工作的实效性。

董仲舒教化思想在对象方面的另一个重要启示在于，领导干部也应当成为思想政治教育的对象之一。领导干部不仅是接受思想政治教育的对象，而且是重点对象，领导干部的思想政治教育是全社会思想政治教育的重要组成部分，做好领导干部的思想政治工作，是做好其他社会成员思想政治教育的重要前提。过去在人们的观念中，领导者与被领导者、教育者与被教育者界限分明，似乎领导者只是教育者，不是受教对象，这种认识是片面的。领导干部在我国社会生活中的地位和作用决定了必须将其作为思想政治教育的重点对象，毛泽东曾指出："政治路线确定之后，干部就是决定的因素。"[①]中国共产党领导中国革命和建设的经验证明，党和国家的事业能否顺利发展并最终取得胜利，干部是一个至关重要的因素，而干部问题的实质是干部素质问题，拥有一大批具有较高思想政治素质和科学文化素质的干部，是中国特色社会主义事业不断发展的关键。之所以这样讲，是因为在中国特色社会主义建设事业中，党政领导干部起着特别重要的作用，他们是党和国家各项事业的领导者与组织者，是党的路线、方针、政策的制定者与执行者。只有通过党政干部的创造性活动，党的路线、方针、政策才能转化为广大人民群众的实际行动，才能产生强大的精神力量，只有通过党政干部廉政勤政、无私奉献的活动，才能树立党和政府的良好形象，才能赢得广大人民群众的信赖和拥护，从而有力地调动人民群众参加社会主义现代化建设的积极性。而要建设一支高素质的干部队伍，就必须加强对领导干部的思想政治教育，使他们具备较高的马克思主义理论水平和坚定的共产主义信念，增强贯彻执行党的路线、方针、政策的自觉性，以及全心全意为人民服务的无私奉献精神，使他们较好地承担起领导和组织中国特色社会主义建设事业的历史重任，并为全社会的思想政治教育创造良好条件。在实际工作中，首先必须做好各级领导干部的思想政治教育工作，使其真正能够走在时代的前列，以自身的先进模范作用成为道德楷模和广大人民群众的行为典范，只有做好领导干部的思想政治教育工作，对其他社会成员的教育才有力量和说服力。

---

① 毛泽东选集（第2卷）[M].北京：人民出版社，1991：526.

6.2.2 彰显思想政治教育的道德内涵

董仲舒的教化思想虽然带有强烈的政治属性，但在本质上并没有抛弃传统儒家对伦理道德的追求，教化思想中的道德性内容，也使得董仲舒的教化思想在汉代社会取得良好的教化效果。这种道德内涵具体体现为，代表统治阶级利益的思想观念和道德文化，通过一系列具体的实行机制，内化为社会民众的自觉意识和行为习惯，在这种内化的基础上，实现统治阶级意识形态的普及化，从而提高教化活动的实效性。在这种取向的指导下，教化内容也在发展中不断地彰显其道德属性，通过吸收有效的教育机制，更新自身教育成果。当代思想政治教育工作的根本目的在于，通过社会主义理想人格的培养，促进人的自由全面发展，通过全社会思想道德素质的提高，实现社会秩序的稳定有序。这一根本目的的达成，需要通过思想政治教育实效性不断提高，使思想政治道德观念成为深入人心的内在素质。但当代思想政治教育在内容上过于强调政治上的认同，而忽视了道德内涵的建设，道德性内容的缺失，使政治认同缺少有效的内在支撑。在思想政治教育的目的或内容方面，单纯强调政治性的培养不仅是片面的，也是无效的，思想政治教育的内容是综合而全面的，缺乏道德素质支撑的政治观念也是难以内化的。所以从思想政治教育的效果形成机制来看，根本目的的达成需要以教育培养优秀人格为前提，也就是首先要重视思想政治教育的道德内涵。就我国的现实国情而言，在由传统社会向现代社会转型的过程中，随着各种利益集团的出现和竞争的加剧，加上一定程度的分配不公，使人与人之间的关系变得紧张，许多问题的最终解决固然要靠深化改革以及加强法治建设，但道德调整也是一种不容忽视的有效方法。在董仲舒的教化思想中，从内容上主张以基本的道德观为基础，彰显政治信念背后的道德内涵，这对于当代思想政治教育在内容上的改进是颇具启示意义的。

马克思主义科学地揭示了道德的本源及其实质，同时也提出了分析和批判剥削阶级道德的科学观点和方法，恩格斯明确指出："一切已往的道德论归根到底都是当时的社会经济状况的产物。而社会直到现在还是在阶级对立中运动的，所以道德始终是阶级的道德。"[①] 道德具有阶级性，封建社会统治阶级的道德始终是为其阶级利益服务的，但不能否认，其中某些道德规范也体现着社会需要以及道德发展的一般性。恩格斯曾指出，在阶级社会中，各个阶级生活在一个共同的社会，进行彼此的交往，这就要求一些必需的共同生活秩序，所以处于一个统治体中的各个阶级的道德，必然具有许多共同之处。从这个意义上来看，董仲舒在"三纲五常"中所提出的某些道德规范，特别是从道德教育的原则来探讨和进行分析，是符合民众要求而具有普遍意义的，也是道德教育的合理成分和内容。例如董仲舒的"以仁安人，以义正我"[②]，就体现了在社会关系中人们共同要求的道德义务和责任；他讲的"必仁且智"[③] 则强调人际间"仁"的品德不能是盲目无知的；他讲的"忠"与"信"阐发了忠诚的观念，反对奸猾而要求为人真诚，与人交往时有礼守信等。对于"五常"思想，剔除其封建伦理的阶级性，可以看到董仲舒在道德教化方面所要求的品质，包含着反对私、反对恶、反对愚的积极方面；也可以看到董仲舒在德与才、德育与智育关系方面的辩证思考，他提出了德智相辅相成，德育要借助或通过智育来进行，智育要贯彻德育，从而培养德才兼备的人才等合理观点。这些都是董仲舒教化思想乃至整个儒家思想中的精华，值得当代思想政治教育在内容上进行借鉴并加以改造。

---

① 马克思恩格斯选集（第 3 卷）［M］. 北京：人民出版社，1995：435.

② 董仲舒 . 春秋繁露 . 张世亮、钟肇鹏、周桂钿译注［M］. 北京：中华书局 .2012：314.

③ 董仲舒 . 春秋繁露 . 张世亮、钟肇鹏、周桂钿译注［M］. 北京：中华书局 .2012：328.

6.2.3 “五常”思想对构建当代道德观的意义

张岱年先生认为封建时代的基本道德原则是由董仲舒确定的，这个基本道德原则就是“三纲五常”,其中“三纲”适用于封建社会专制统治的需要，随着封建社会的消灭而失去其合理性，逐渐被时代所抛弃。与“三纲”不同，“五常”作为儒家传统的基本道德条目，是人格形成的基本要求，也是处理人事的基本原则，是随着社会的变迁而不断沿革发展的，其中所包含的精神也具有普遍意义和广泛的适应性，是现代社会可以吸收借鉴的。如封建时代的跪拜之礼，虽已不合时宜，但代之以挥手、招手、握手之类的现代礼节。毛泽东同志曾指出：“学习我们的历史遗产，用马克思主义的方法给以批判地总结，是我们学习的另一任务，我们这个民族有数千年的历史，有它的特点，有它的许多珍贵品。对于这些，我们还是小学生。今天的中国是历史的中国的一个发展；我们是马克思主义的历史主义者，我们不应当割断历史，从孔夫子到孙中山，我们应当给以总结，承继这一份珍贵的遗产。这对于指导当前的伟大的运动，是有重要的帮助的。”[①] 董仲舒仁、义、礼、智、信的“五常”思想当然也在总结和继承之列，这是毋庸置疑的。在当今中国处于社会转型期的大背景下，“五常”思想对于构建新型的当代道德观具有一定的价值和意义。

首先，董仲舒“五常”思想为构建当代道德观提供了直接内容。伦理道德的价值和意义在于通过规范人格的培养，以维护正常有序的社会关系。董仲舒的“五常”伦理道德规范体系，经过历史的传承与长期的教化推广，逐渐形成一种富有民族特色的道德观念，它要求人们相互之间仁爱友善、有礼有节、诚实守信，这在中华民族的历史上起到了协调人际关系、保持

① 毛泽东选集（第2卷）［M］. 北京：人民出版社，1991：32.

社会稳定的重要作用。董仲舒说："春秋之所治，人与我也。"[①] 他认为儒家经典《春秋》所要解决的就是人我关系，也就是人际关系。按照《春秋》的要求，董仲舒认为在处理人际关系的时候，要以"仁"和"义"作为指导，其中"以仁安人"也就是对待别人要仁慈友善，这里强调的是对待他人的态度，仅仅关心自己和身边的人，还不能称之为"仁"，"仁主远"也就是仁爱的范围要尽可能广，对所有人都要做到仁慈友爱，这与孔子的"仁者爱人"思想一脉相承；"以义正我"则是注重自身的修养，而不去苛求他人，通过自身品德能力的不断完善，追求孟子所谓的"浩然正气"，通过和谐的人际关系创造和谐的社会环境。这些思想内容为今天社会主义和谐社会的建设提供了直接内容，是值得借鉴的。在当前的社会转型时期，各种矛盾集中涌现，和谐社会理念的提出正是对时代问题的回应，和谐社会理念的构建，需要借鉴传统文化中的合理内容。董仲舒的"五常"思想通过对人际关系进行规范，在历史上起到了稳定社会秩序的作用，也逐渐演变为中华民族传统美德的重要组成部分。通过对董仲舒"五常"思想中合理内容的吸收，能够为新时期道德观的构建提供直接内容，使其转化为社会主义核心价值体系的组成部分。

其次，董仲舒"五常"思想为构建当代道德观提供了现实动力。一个社会良好秩序的形成，需要伦理道德的支撑，而伦理道德的建构，又需要社会民众积极的参与心态。当前社会，人们对道德信念普遍缺乏信心，这导致民众参与社会风气建设的积极性不高，社会活力有所减弱，最终导致新时期道德观的构建缺乏现实动力。此外，新型道德观的构建是在适应时代要求的前提下所进行的一种创新，这种创新需要正确方向的引领，"五常"思想作为历史留给我们的传统美德和宝贵财富，要求人们养成文明素质，

---

① 董仲舒 . 春秋繁露 . 张世亮、钟肇鹏、周桂钿译注［M］. 北京：中华书局 .2012：317.

培养优秀人格，从而延续长盛不衰的中华文明，这为道德观的构建提供了正确的方向和指引。对“五常”思想的吸收改造，有利于形成一种互帮互助、和睦仁爱、真诚守信的社会风气，每个人都以较高的道德标准要求自己，而宽容真诚地对待他人，积极从事有益于社会和国家的各项事业。通过良好社会风尚的形成，改善旧有的不良风气，这种和谐的社会风气，有利于激发社会活力，而只有社会充满活力，才能进一步为社会的发展提供动力。从这个意义上讲，董仲舒“五常”思想中合理因素的发挥，为当代道德观的构建提供了现实动力。

最后，董仲舒“五常”思想为构建当代道德观提供了认同基础。在汉代社会，董仲舒通过“三纲五常”的教化原则，培育了以仁义、守信、爱国等为核心内容的民族精神，增强了民族凝聚力，不仅为汉代社会的发展提供了向心力，而且为中华文明的延续提供了精神支撑，儒家思想的传统精神在中华大地上延续几千年，不断推动着民族的发展和进步。汉代社会正是在“三纲五常”的教化原则之下，通过促进全社会文明素养的提高，达到维护社会稳定、促进社会进步的目的和效果，而这也是当下构建新型道德观的重要目标。构建新型道德观是中华民族伟大复兴的重要内容，需要中华儿女的普遍认同和参与，而“五常”思想作为民族精神的重要组成部分，因为长期形成的认同感而易于被人们所接受，进而起到稳定社会基本秩序的作用，所以作为民族精神核心内容的“五常”等传统美德，也为构建当代道德观提供了最普遍的认同基础。

总之，社会是人与人关系的总和，社会和谐就要求人与人关系的和谐，而作为董仲舒教化原则的“五常”思想，可以说是董仲舒教化思想中最具有积极意义的精华部分，是最具有普遍意义的内容。以马克思主义科学原理对其进行批判分析，汲取其中的合理内容和有益成分，进行现代转化并运用于新时期的道德范畴之中，通过加强社会主义精神文明建设，培养一批有理想、有道德的新时期人才，为有效构建和谐社会服务，为把我国建设成为具有中国特色的、焕发着新时代礼仪之邦精神的社会主义现代化国家服务。

6.3 在思想政治教育方法方面的启示

思想政治教育的复杂性与重要性在于它的对象是具体的人，而人的思想又是最难把握和改变的，除了教育内容的科学合理，教育方法的有效性也是不容忽视的。思想政治教育的方法是思想政治教育者对受教育者实施教育影响的基本手段，对于达成思想政治教育目的、完成思想政治教育任务具有重要意义。在思想政治教育方法的创设方面，必须坚持一些反映思想政治教育内在规律的基本原则，董仲舒的教化思想中包含着某些超越时空而具有普遍意义的内容，这对于当代思想政治教育方法方面有所启示。

6.3.1 学校教育是思想政治教育的主要途径

教化通过将伦理道德的理念及规范转化为人们的研习对象，由一定的人员，在一定的场所传授给民众，学校是向人们传授知识、培养技能并形成道德观、价值观以适应社会需要的主要场所，所以学校教育是最主要的教化途径。学校的作用首先在于为社会培养人才，但更重要的作用在于教化，所谓“建国君民，教学为先”[①]。董仲舒的教化主要就是通过各类学校开展实施的，这也使儒家道德教化活动获得了事半功倍的效果，从相关史实来看，汉代的学校包括中央官学、地方官学和民间私学三个层次，通过各类学校教育的开展，汉代的教化活动基本涵盖了整个社会。对于学校教化作用的认识，在中国是有悠久历史的。早在春秋战国时期，先秦诸子

① 礼记．胡平生、张萌译注［M］．北京：中华书局．2017：1990.

就热衷于办学传道，其中尤以儒家为盛，孔子的私学招收弟子三千人，成就了先秦时期规模最大的私学教育。在秦始皇“焚书坑儒”之后，儒家思想虽遭受重创，但经过汉初儒生的努力，终于又在汉武帝时取得了独尊的学术地位。学术与政治的结合使得上至太学，下至民间私学，大都以传播儒家思想为主要内容。

董仲舒在向汉武帝所进的策论中，言明学校在培养人才和推广教化方面的重要性，由此奠定了中国社会兴学与教化紧密联系的传统。学校从汉代开始，成为集中进行教化的专门机构，官学教育培养出来的人才虽然有限，但广施教化所带来的良好道德风尚，其作用则是社会性的，影响也是深远的，其价值要远大于培养大量人才。既然客观上需要将教化施及尽可能多的民众和尽可能广的地域，努力做到“无不教民也”，那么在思想和制度上也必须为此创造条件，太学作为汉代的最高学府，就是在这一要求下产生的。董仲舒不仅直接促成了太学的设立，也使得这一重要的中央学府从一开始就具有养士与教化的双重功能，董仲舒倡导建立的汉代官学，是国家权力的象征与官方文化的守护者，其所宣扬的是国家正统的意识形态，承担着社会教化的任务，在教化之中渗透着意识形态的内容。“研究教育知识就是研究意识形态，研究在特定的历史时期、特殊的机构中、特定的社会群体和阶级把什么知识看作是合法性知识。”① 意识形态在社会中的渗透，是通过学校教育中具体的教学内容来完成的，这也就是教化的过程。

太学在武帝时设立，其对士人的吸引力从两汉时期学生数量的不断增多也可见一斑，学校教育的兴盛一方面体现了儒学在汉代社会的巨大号召

---

① ［美］迈克尔·W. 阿普尔. 意识形态与课程［M］. 黄忠敬，译. 上海：华东师范大学出版社，2000：53.

力与吸引力，另一方面也起到了传播儒家思想的教化效果。汉代社会对太学的认识，也多是强调其在教化方面的意义，在当时的办学目标中，推广教化要高于培养人才，这也是古代官学得到充分重视和发展的原因所在。汉代学校的教化功能，还体现在以儒学理论培养担负教化任务的官吏。儒家思想在意识形态领域的确立，需要广泛而深入的传播，而要传播儒家思想，又必须有一大批具备儒学素养的学者。汉代太学中的五经博士通过解经、传经，培养了大批用儒家思想武装的知识分子，这些太学生在为官一方时普遍能够以儒学为宗旨而开展教化，从而将儒学推广到全国各地，这也实现了太学作为教化之本源的功能。

在阶级社会中，教化是为统治阶级的利益而服务的，带有鲜明的阶级性，学校的性质也是由教化的这种阶级性所决定的，学校的政治方向是教化阶级性的集中体现，所以说“学校是一种国家机器”[①]。社会主义高校同样要重视思想政治教育活动，并把学校作为开展思想政治教育工作的主战场。

6.3.2 重视榜样示范的思想政治教育方法

董仲舒教化思想超越前人的一个突出特点在于其实践性，这种由思想到实践的转变是通过一系列有效方法完成的，这些方法使得董仲舒的教化思想具有一种系统论的特点，在核心思想指导下的一系列方法紧密相连、相互协调，形成一种复杂的操作机制，在运行中表现出一种结构性，例如除学校系统外，董仲舒提倡的儒家教化还存在一系列较为隐秘的非学校教育，这些非学校的教育形式也都承载并无孔不入地传播着儒家精神。董仲

① [美]戴维·布莱克莱吉.当代教育社会学流派——对教育的社会学解释[M].王波，等译.北京：春秋出版社，1989：178.

舒有意识地运用多种方法来提高教化的效果，其中又尤为重视封建统治阶级的榜样示范作用，事实证明这一方法是极为有效的。榜样示范法的运用与人们心理活动的特点和规律密切相关，“观察者能通过观察他人的行为习得认知技能和新的行为模式”①。所以在思想政治教育的过程中，要重视用模范行为去影响受教育者，以带动其思想品德的不断提升，这是董仲舒教化思想中值得重视的一种重要教育方法。

从某种意义上讲，思想政治教育的过程，也是思想政治教育者用自己的模范行为对教育对象进行启迪和示范的过程。“榜样表现出观察者原本不具备的新的思想模式和行为模式，通过观察，观察者也能形成同样形式的思维和行为。”②思想政治教育要彻底说服人，一是靠真理的力量，二是靠人格的力量。所谓真理的力量，就是宣传者、教育者讲的东西必须合乎实际，符合社会发展的客观规律和社会进步的趋势；所谓人格的力量，就是思想道德观念和规范的倡导者、宣传者、教育者必须言行一致、以身作则、率先垂范，努力实践自己提倡的道德标准和价值观念。这就要求教育者既要努力宣传符合社会发展要求的先进思想和价值观念，更要真诚地去实践这些思想和观念，力求将身教和言教结合起来，教育者要以自身的模范行为影响教育对象，以实现思想政治教育的目的。在教育过程中，教育者的以身作则是使思想政治教育产生强大道义力量的重要因素，这要求思想政治教育者首先要加强理论学习和人格修养，努力提高自身的思想道德水平，思想政治教育者的影响力主要是通过品德、才能、知识情感等因素赋予的，其中品德因素居于核心地位，教育者良好的品德对受教育者会

---

① ［美］A. 班杜拉 . 思想和行为的社会基础——社会认知论（上册）［M］. 林颖，等译 . 上海：华东师范大学出版社，2001：49.

② ［美］A. 班杜拉 . 思想和行为的社会基础——社会认知论（上册）［M］. 林颖，等译 . 上海：华东师范大学出版社，2001：49.

产生无形而持久的影响，会增加教育者所传导的思想观念、政治观念以及道德规范的力量，因此思想政治教育者一定要首先注意自身的品德修养。其次，思想政治教育者要身体力行，带头实践自己所提倡的价值观念和道德规范，教育者的以身示范是一种无言的教育力量，对受教育者的思想和行为有着言教不可代替的作用，能够使思想政治教育具有更大的影响力和吸引力，从而提高思想政治教育的实效性。

6.3.3 尊重思想政治教育的规律

思想政治教育具有内在的规律性，方法的创设应当以尊重这种规律为前提，董仲舒的教化思想是以人性论为现实依据的，这在教化方法方面，体现为以人性的发展规律为依据实施教化活动。在当代思想政治教育的语境下，就是要根据思想政治教育对象精神世界的发展变化，来设定思想政治教育的具体方法和操作机制。当代的思想政治教育工作，往往忽视教育对象的精神世界及其发展规律，表现为思想政治教育在方法的创设方面，缺乏科学性的指导。董仲舒的教化理论以人的思想发展规律为基本依据，设计具体的教化方法和制度，体现出教化活动的某些规律性，这些规律性的内容对于当代思想政治教育方法的改进和创新有所启示。

首先，在教化模式方面，注重硬性教化与柔性教化的结合。所谓硬性教化，是指教化者通过自身的权威地位或某种利益诱导，迫使受教化者接受其道德观念及思想意识等内容。这种教化模式凭借的是外在的权力、地位和利益等因素，而非基于受教者对教化内容的自觉认同，因此教化内容难以内化为受教者的内心信念，也就难以转化为人们日常的行为规范。一旦硬性教化所凭借的权力、地位和利益等相对性优势资源消失，教化的效果也会很快消失。所以在硬性教化的前提下，往往需要刑罚作为辅助手段以实现教化的效果。所谓柔性教化，强调的是教化者通过情理说服来改变人们的思想观念，通过受教者对教化内容的逐步认可，来实现教化的效果。柔性教化以受教者思想态度的真正转变为宗旨，通过思想观念的内化，重塑人们的价值观念和思维模式，因此柔性教化的效果往往持久而稳定，从长远来看，教化的效果也更为有效。两相比较，硬性教化的方式能够在短时间内达到教化的效果，但这种效果存有隐患且不够稳定；柔性教化则通过人们的自觉接受，使教化效果持久而稳定，但这种效果的显现往往需要较长的时间。董仲舒的教化思想强调两种方法相结合，既有通过自上而下的硬性压服教育，灌输统治阶级意识形态，也有通过道德性的人文关怀在社会中形成教化环境的柔性教育，在两者相结合的过程中，获得实际的教化效果，其中又特别重视以理服人和以德服人的柔性教化。这也使得董仲舒所倡导的儒家学说作为古代社会中的主流思想观念，一旦为人们所接受就难以改变，并随着人们接受度的增加，逐渐演化为中华文明的主干。这种教化效果的持久性和稳定性应当得到重视，在当代思想政治教育的过程中，不能单纯凭借优势教育地位推行主流价值观念，在思想文化领域日趋多元和开放的趋势下，只有通过适当的教育方法，使马克思主义的价值观念内化为受教者的内心信念，才能取得稳定的思想政治教育效果。

其次，在教化机制方面，注重从行到知与从知到行的结合。思想政治教育虽然强调对受教者思想方面的教育，但实际效果往往表现在受教者的行为方面，所以无法用于指导实际行为的单纯思想观念是没有意义的。思想政治教育正是通过树立正确的价值观念，使人们的行为活动符合社会规范价值体系，从而实现社会生活的规范有序，也就是说，思想政治教育的根本，在于实现人的行为的合乎规范性。从这个意义上说，思想政治教育的目标不是简单的知识传授或思想灌输，而是使受教者的实际行为体现教育内容的要求，从而协调人际关系，最终实现社会秩序的稳定。因此知和行的脱节，往往是影响思想政治教育实效性的一个关键问题，董仲舒的教化思想重视知和行的统一，通过各种教化方法，保证教化内容与受教主体实际行为之间的一致性：一方面通过自上而下的榜样示范，体现儒家思想学说的价值和权威性，使全社会感受到价值观念的可践行性，从而深化对教化内容的认识，达到从行到知；另一方面通过各种教化方法，鼓励受教者在实际行为中践行教化所传达的各种思想观念，从而达到从知到行，其中全社会自觉地从知到行，使得在新的高度上实现从行到知成为可能，而从行到知的不断深化，又为从知到行提供了前提和保证。这就从思想和行为关系的角度，把握了思想政治教育的规律性，知和行相互促进形成的这种循环互动关系，保证了思想政治教育效果不断扩大，注重从行到知与从知到行两种教化机制的结合，有助于提高思想政治教育活动的实效性。

最后，在教化规律方面，注重调动受教者的主动性。不论是柔性教化的教化模式，还是从知到行的教化机制，强调的都是受教者在教化过程中的主动性，这种对教化内容自觉认可的主动性，是教化效果实现的关键因素。董仲舒的教化思想注重采取多种方法调动受教者的主动性，使伦理道德等内容得到受教者内心情感上的认可和共鸣，从而主动接受这些思想观念，并转化为受教者的自觉行动，教化内容本身的合理性固然重要，但通过各种教化方法调动受教者的主动性，同样有助于教化的推广。反观当代思想政治教育，在调动受教者积极性方面，并未予以足够的重视，反而是过分强调了施教者的主动地位，体现在思想政治教育的实施过程中，往往是从施教者的角度设计方法和机制，过于空洞枯燥的形式，不利于调动受教者的主动性，施教者和受教者之间的鸿沟使思想政治教育工作长期缺乏说服力和感召力，这从根本上造成了思想政治教育工作的困局。思想政治教育在方法上应当强调受教者的主动性和选择性，过分强调施教者的主动性，从根本上说是没有认识到思想政治教育的规律，没有认识到思想政治教育效果的达成，最终是通过思想政治观念的对象内化来实现的。董仲舒教化思想中注重调动受教者积极性和主动性的做法，证明了只有通过思想政治观念的对象内化，才能实现思想政治教育的效果，达到思想政治教育的目的，这对于当代思想政治教育的转型与方法创新具有重要的启示意义。

总之，董仲舒的教化思想与当代思想政治教育建设之间是兼容的，其中的合理成分对当代思想政治教育的创新与发展具有若干方面的启示。全面分析并认真总结董仲舒的教化思想，其中的许多经验做法和具体机制早已被吸纳到当代的思想政治教育体系之中，它们在一定程度上提高了思想政治教育工作的实效性，并必然会为当代的思想政治教育工作提供更多的有益启示。

7 结 语

通过对董仲舒教化思想的分析研究不难发现，教化不仅是一种传统的伦理教育与道德修养途径，更是儒家理想中具有政治高度的治国策略，它强调通过教化实现人们内心的道德自觉，从而保证社会秩序的稳定。董仲舒集先秦儒家发展之大成，在汉初思想家的努力之下，结合汉代社会经济、政治、文化等方面的特点，以天道哲学为理论形式，适时地提出了经他改造的儒家学说，不仅直接促成了汉代社会“独尊儒术”局面的形成，而且确立了儒家思想在之后中国封建社会中的统治地位。董仲舒从提高人性修养、培养国家栋梁以及维护社会稳定等三个方面，提出了教化在社会政治生活中的目标与作用，并突显了教化在维护王朝长治久安方面的政治意蕴。董仲舒借助天道阴阳理论的论证，将以“三纲五常”为主的教化原则上升到圣人天意的高度，从而要求全体社会成员自觉遵从。特别是在针对统治阶级的教化内容方面，董仲舒明确反对暴政苛政和与民争利，体现出以民为本、爱民富民的特征。董仲舒重视教化在培养人才方面的作用，通过传承儒家人文主义传统的教化内容以及系统多样的教化方法，培养了一批适应封建政治体制的儒家士大夫，不仅直接改变了西汉王朝的官吏结构，也奠定了儒学在后世封建社会中的地位，进而保证儒家教化在后世社会中能够持续产生影响。董仲舒的教化思想在数千年发展过程中不断沉淀，逐渐成为传统文化的深层结构，对中华文明与民族意识的形成起着潜移默化的作用，这超越了单纯教化在技术或政治层面的影响，经过历史的变迁仍然闪耀着文明的光辉。

董仲舒以教化为主线，在统领儒家思想的基础上整合阴阳、墨、法等诸子学说，从理论上解决了如何治理中央集权统一帝国的重大问题。这种以教化为基本手段、辅以适度刑罚的治国原则，为后世历代的封建王朝所普遍认可，时至今日，道德与法律仍然是保证社会生活正常进行的两种基本手段，法律的严惩固然可以约束人们的恶行，但道德教化却可以使人们自觉认同社会秩序，防患于未然。虽然在具体的政治实践中，采取何种方式治国有其复杂性，但以教化为主的治国学说还是占据了理论上的主导地位，也就排斥了刑罚主义的高压政治在治国思想上的合理性。董仲舒之后的思想家或政治家虽然也会讨论治国方略的问题，但大都是在董仲舒思想的基础上进行的，就结论而言，也并未改变其基本方向，应当说董仲舒的教化思想对封建政治的影响是极为深远的。董仲舒的教化思想产生于封建社会，由于其历史时代的影响而不可避免地带有某种局限性，尽管如此，通过辨证分析与结合时代发展的批判继承，仍然可以看到董仲舒教化思想中所包含的价值及其对当代社会的启示。随着社会形态的更替以及时代的发展，董仲舒在西汉社会中推行教化的一些具体制度和措施已经难以被当代社会直接采用，但其中所体现的精神或原则仍具有借鉴价值，例如在方法上要求自上而下的榜样模范作用，在官员的考核方面注重道德品行的培养，对社会民众中的道德典型给予各种形式的奖励，等等。这都是可供参考并值得当今社会借鉴的，应该说董仲舒的教化思想在当今社会依然不失其重要意义。

思想政治教育作为一门学科，从基本概念的提出至今也不过几十年的时间，但与此同时，我国社会发展的现状又对思想政治教育提出了更高的要求。在时代发展以及学科建设的双重需要之下，当代思想政治教育唯有在兼收并蓄的基础上进行大胆创新，才能谋得突破，其中对传统文化中合理成分的吸收借鉴又是必不可少的，通过把握董仲舒教化思想的本质，不难发现教化与思想政治教育之间的关联性。当代思想政治教育通过树立正确的世界观和人生观，传播先进的思想道德观念及政治意识，获得社会成员的普遍认同与接受。从这个意义上来说，思想政治教育也是一个社会化的过程，它通过有目的、有计划的教育培养，完成社会成员的社会化，内容上的科学性与正确性，通过方法上的权威性与有效性，在社会中得到传播。这种明确的目的性与鲜明的阶级性，决定了思想政治教育是贯彻统治阶级意识形态的主要方式，是当代中国马克思主义大众化的重要渠道。就当下而言，通过新时代道德观和社会主义核心价值观的构建提升社会成员的道德水平和整体素质，从而保证社会生活的和谐稳定具有重要意义，这种新时代的社会主义道德观，一方面在内容的建构上，需要结合中华民族的传统美德，另一方面在内容的推广上，需要参考传统的教化模式。时代的进步和社会的发展并不意味着对传统的抛弃，民族的文化传统永远是这个民族走向现代化的出发点和立足点，是一个民族获得发展的宝贵精神财富。中华民族得天独厚的五千年文明史，为当代中国各项事业的进步提供了不竭动力，当代的思想政治教育工作也应当充分利用好这一优势资源，取得理论和实践的新发展。

本书试图勾勒出董仲舒教化思想的全貌，建构起研究董仲舒教化思想的初步理论框架，所以在一些具体问题的分析上显得不够深入，加之本人水平有限，所以书中还有不少尚待改进之处，真诚希望得到各位专家的批评指正！

致　谢

在本书的撰写过程中，我体会过研究探索的艰辛，也品尝过收获成功的喜悦，但是感受最为深刻的，还是在构思和写作过程中，面对难题时的苦恼与突发灵感时的惊喜，在这种种情绪的复杂交织下，终于完成了本书的写作。让我稍感欣慰的是，本书尽量做到了有所创新，而并不刻意为之。纵然心中感慨良多，但此刻最想表达的，还是我真挚而诚恳的感谢：

感谢我的父亲康印福先生与母亲胡淑兰女士。每当我遇到困难，父母伟大而无私的爱总是我继续前行的动力。他们理解并尊重我，坚定支持着我的事业，尽力减少我的压力。愿他们永远健康幸福！

感谢成长中有幸相遇的各位老师，特别是恩师季芳桐教授、师母丁小明女士。在攻读博士学位期间对我生活、学习、工作上无微不至的关怀与照顾，使我得以顺利完成博士学业，找到人生的事业方向。

最后，感谢我的夫人宋亚璐女士，从相识、相知到相爱，对我无条件地理解、信任与支持，在家庭中承担着大量的工作，默默无闻地奉献与付出，真正把家打造成了爱的港湾。我们马上满 5 个月大的儿子康瀚文，也为我们的生活增加了新的内容，愿我们今生始终相互陪伴、共同成长、收获温暖。

谨以此书献给所有关心、支持、帮助过我的人们，谢谢！

康喆清

2019 年 11 月于山西太原

参考文献

一、马克思主义经典著作

[1] 马克思，恩格斯. 马克思恩格斯全集（第1卷）[M]. 北京：人民出版社，1995.

[2] 马克思，恩格斯. 马克思恩格斯全集（第3卷）[M]. 北京：人民出版社，2002.

[3] 马克思，恩格斯. 马克思恩格斯全集（第23卷）[M]. 北京：人民出版社，1972.

[4] 马克思，恩格斯. 马克思恩格斯全集（第25卷）[M]. 北京：人民出版社，2001.

[5] 马克思，恩格斯. 马克思恩格斯全集（第27卷）[M]. 北京：人民出版社，1972.

[6] 马克思，恩格斯. 马克思恩格斯全集（第30卷）[M]. 北京：人民出版社，1995.

[7] 马克思，恩格斯. 马克思恩格斯全集（第42卷）[M]. 北京：人民

出版社，1979.
[8] 马克思，恩格斯 . 马克思恩格斯全集（第 44 卷）[M]. 北京：人民出版社，2001.
[9] 马克思，恩格斯 . 马克思恩格斯选集（第 1-4 卷）[M]. 北京：人民出版社，1995.
[10] 马克思，恩格斯 . 德意志意识形态 [M]. 节选本 . 北京：人民出版社，2003.
[11] 列宁 . 列宁选集（第 2 卷）[M]. 北京：人民出版社，1995.
[12] 列宁 . 列宁选集（第 4 卷）[M]. 北京：人民出版社，1995.
[13] 毛泽东 . 毛泽东选集（第 2 卷）[M]. 北京：人民出版社，1991.
[14] 毛泽东 . 毛泽东选集（第 3 卷）[M]. 北京：人民出版社，1977.
[15] 毛泽东 . 毛泽东书信选集 [M]. 北京：人民出版社，1983.
[16] 毛泽东 . 毛泽东著作选读（下册）[M]. 北京：人民出版社，1986.

二、外文著作及译著

[1] Hall，David L .Thinking From the Han：Self，Truth，and Transcendence in Chinese and Western Culture [M]. University of New York Press，1998.
[2] Sarah A Queen. From chronicle to canon：the hermeneutics of the Spring and Autumn，according to Tung Chung-shu [M]. Cambridge University Press，1996.
[3] Shaughnessy，Edward L. Before Confucius：Studies in the Creation of the Chinese Classics，SUNY Series in Chinese Philosophy and Culture [M]. Albany State University of New York Press，1997.
[4] Zhang，Weibin. American Civilization Portrayed in Ancient Confucianism

[M]. New York Algora Publishing, 2003.

[5] Yao, Xinzhong. An Introduction to Confucianism [M]. Cambridge University Press, 2000.

[6] Richard S. eters. Ethics and education [M]. George Allen and Unwin Ltd., 1966.

[7] Van Loon. The Story of Mankind. Charlottesville [M]. University of Virginia Library, 1997.

[8] Vivenne, Shue. The Reach of the Sketches of the Chinese Body Politic [M]. Standford University Press, 1998.

[9] E. P. Cubberley, Readings in the History of Education [M]. Houngton Mifflin Co, 1920.

[10] R. Straughau. Philosophers on Education [M]. Houndmills, Macmillan, 1987.

[11] P. Mcphail, J. Ungoed–Thomasand, H. Chapman. Moral Education in Secondary [M]. Longman Group Limited, 1972.

[12] J. Sartre. Being and Nothing [M]. New York, 1956.

[13] F. Mayer. A History of Education Thoughts. Charles E. Merrill Books inc, 1960.

[14] D. Rowntree. A Dictionary of Education [M]. Harper and Raw, Publisher. London, 1981.

[15] H. Spencer. The Principle of Sociology [M]. New York, 1969.

[16] Trilling, Lionel. Mind in the Modern world [M]. Viking, 1973.

[17] Peters. R.S. Moral development and education [M]. Georfe All and Unwin Ltd, 1981.

[18] E. Fromm. Escape of Freedom [M]. New York, 1960.

[19] E. Fromm. The Heart of man [M] . New York, 1964.

[20] Alexander. J.C. Culture and Society [M] . Cambridge University Press, 1990.

[21] W. Dilthey. Introduction of Human Studies [M] . London, 1988.

[22] 伽达默尔 . 诠释学 1、2：真理与方法（修订译本）[M] . 洪汉鼎，译 . 北京：商务印书馆，2010.

[23] 亚里士多德 . 尼各马科伦理学 [M] . 苗力田，译 . 北京：中国人民大学出版社，2003.

[24]马克思·韦伯 . 儒教与道教[M]. 洪天富，译 . 南京：江苏人民出版社，2010.

[25]列文森 . 理解中国：儒教中国及其现代命运[M]. 郑大华，任菁，译 . 南宁：广西师范大学出版社，2009.

[26] 卡尔 · 西奥多 · 雅斯贝尔斯 . 什么是教育 [M] . 邹进，译 . 北京：三联书店，1991.

[27] 巴 . 瓦 . 科普宁 . 马克思主义认识论导论 [M] . 马迅，章云，译 . 北京：求实出版社，1982.

[28]窦宗仪 . 儒学与马克思主义[M]. 刘成友，译 . 兰州：兰州大学出版社，1993.

[29]塞缪尔·P·亨廷顿 . 文明的冲突与世界秩序的重建[M]. 周琪，译 . 北京：新华出版社，1998.

[30] 沟口雄三，小岛毅 . 中国古代的思想世界 [M] . 孙歌，译 . 南京：江苏人民出版社，2006.

[31] 渡辺信一郎 . 中国古代的王权与天下秩序 [M] . 徐冲，译 . 北京：中华书局，2008.

[32] 崔瑞德，鲁惟一 . 剑桥中国秦汉史 [M] . 杨品泉，等，译 . 北京：

中国社会科学出版社，1992.
[33] 汤因比 . 历史研究（中册）[M]. 曹未风，等，译 . 上海：上海人民出版社，1997.
[34] 伊安・夏皮罗 . 政治的道德基础 [M]. 姚建华，宋国友，译 . 上海：上海三联书店，2006.
[35] 瞿同祖 . 汉代社会结构 [M]. 邱立波，译 . 上海：上海人民出版社，2007.

三、中文著作

[1] 董仲舒 . 春秋繁露 [M]. 北京：中华书局，1975.
[2] 董治安，张忠纲 . 春秋繁露译注 [M]. 济南：山东友谊出版社，2001.
[3] 苏舆 . 春秋繁露义证 [M]. 北京：中华书局，1992.
[4] 周桂钿 . 春秋繁露译注 [M]. 北京：中华书局，2011.
[5] 范晔 . 后汉书 [M]. 北京：中华书局，1965.
[6] 班固 . 汉书 [M]. 北京：中华书局，1962.
[7] 王永祥 . 董仲舒评传 [M]. 南京：南京大学出版社，1995.
[8] 龚鹏程 . 汉代思潮 [M]. 北京：商务印书馆，2005.
[9] 金春峰 . 汉代思想史 [M]. 北京：中国社会出版社，1997.
[10] 于首奎 . 西汉哲学新探 [M]. 成都：四川人民出版社，1988.
[11] 张岱年 . 中国哲学大纲 [M]. 南京：江苏教育出版社，2005.
[12] 周桂钿 . 董学探微 [M]. 北京：北京师范大学出版社，1989.
[13] 俞启定 . 先秦两汉儒家教育 [M]. 济南：齐鲁书社，1987.
[14] 徐复观 . 两汉思想史 [M]. 上海：华东师范大学出版社，2001.
[15] 张瑞璠 . 中国教育哲学史（第 1 卷）[M]. 济南：山东教育出版社，

2000.
[16] 喻本伐，熊贤君 . 中国教育发展史 [M]. 上海：华东师范大学出版社，2000.
[17] 王炳照，阎国华 . 中国教育思想通史（第 2 卷）[M]. 长沙：湖南教育出版社，1996.
[18] 吴乃恭 . 儒家思想研究 [M]. 长春：东北师范大学出版社，1988.
[19] 任继愈，张岱年，冯契 . 中国哲学史通览 [M]. 上海：东方出版中心，2005.
[20] 周桂钿，李祥俊 . 中国学术通史（秦汉卷）[M]. 北京：人民出版社，2004.
[21] 陈谷嘉，朱汉民 . 中国德育思想史 [M]. 杭州：浙江教育出版社，1998.
[22] 余治平 . 唯天为大 [M]. 北京：商务印书馆，2003.
[23] 顾颉刚 . 汉代学术史略 [M]. 上海：东方出版社，1996.
[24] 凌曙 . 春秋繁露注 [M]. 北京：中华书局，1975.
[25] 司马迁 . 史记 [M]. 北京：中华书局，2006.
[26] 公羊寿 . 春秋公羊传注疏 [M]. 北京：北京大学出版社，1999.
[27] 杨伯峻 . 论语译注 [M]. 北京：中华书局，1980.
[28] 任继愈 . 中国哲学史 [M]. 北京：人民出版社，1979.
[29] 韦政通 . 先秦七大哲学家 [M]. 南京：江苏教育出版社，2006.
[30] 钱穆 . 论语新解 [M]. 成都：巴蜀书社，1985.
[31] 钱穆 . 国史大纲 [M]. 北京：商务印书馆，2001.
[32] 钱穆 . 中国文化史导论 [M]. 北京：商务印书馆，1994.
[33] 刘泽华 . 中国古代政治思想史 [M]. 天津：南开大学出版社，1992.
[34] 李泽厚 . 中国古代思想史论 [M]. 北京：人民出版社，1985.

［35］吕思勉．中国制度史［M］．上海：上海教育出版社，2002.
［36］余英时．士与中国文化［M］．上海：上海人民出版社，1987.
［37］张德胜．儒家伦理与秩序情结［M］．台北：巨流图书有限公司，1989.
［38］朱贻庭．儒家文化与和谐社会［M］．上海：学林出版社，2005.
［39］程舜英．两汉教育制度史资料［M］．北京：北京师范大学出版社，1983.
［40］李国钧，王炳照．中国教育制度史（第1册）［M］．济南：山东教育出版社，2000.
［41］冯契．中国古代哲学的逻辑发展［M］．上海：上海人民出版社，1985.
［42］范学辉，曾振宇．天人衡中——《春秋繁露》与中国文化［M］．开封：河南大学出版社，1998.
［43］吴汝钧．儒家哲学［M］．台北：台湾商务印书馆，1995.
［44］于春松．制度化儒家及其解体［M］．北京：中国人民大学出版社，2003.
［45］黄钊．儒家德育学说论纲［M］．武汉：武汉大学出版社，2006.
［46］蒋庆．政治儒学［M］．上海：三联书店出版社，2003.
［47］卜宪群．秦汉官僚制度［M］．北京：社会科学文献出版社，2002.
［48］徐复观．中国思想史论集续编［M］．上海：上海书店出版社，2004.
［49］韩星．儒法整合：秦汉政治文化论［M］．北京：中国社会科学出版社，2005.
［50］庞朴．儒家辩证法研究［M］．北京：中华书局，1984.
［51］钟肇鹏．春秋繁露校释（上、下）［M］．济南：山东友谊出版社，1994.

[52] 徐复观. 中国人性论史 [M]. 上海：上海三联书店，2001.
[53] 周辅成. 论董仲舒思想 [M]. 上海：上海人民出版社，1961.
[54] 周桂钿，吴锋. 董仲舒 [M]. 长春：吉林文史出版社，1997.
[55] 邱伟光，张耀灿. 思想政治教育原理 [M]. 北京：高等教育出版社，1999.
[56] 郑永廷. 思想政治教育方法论 [M]. 北京：高等教育出版社，1999.
[57] 祖嘉合. 思想政治教育方法教程 [M]. 北京：北京大学出版社，2004.
[58] 宋惠昌. 当代社会意识形态 [M]. 北京：中共中央党校出版社，1993.
[59] 毛寿龙. 政治社会学 [M]. 北京：中国社会科学出版社，2001.
[60] 牟宗三. 政道与治道 [M]. 桂林：广西师范大学出版社，2006.
[61] 李明辉. 儒家视野下的政治思想 [M]. 北京：北京大学出版社，2005.
[62] 诸子集成（全八册）[M]. 北京：中华书局，1986.
[63] 冯友兰. 中国哲学史新编 [M]. 北京：人民出版社，1962.
[64] 翦伯赞. 秦汉史 [M]. 北京：北京大学出版社，1983.
[65] 张实龙. 董仲舒学说内在理路探析 [M]. 杭州：浙江大学出版社，2007.
[66] 罗国杰. 中国伦理思想史 [M]. 北京：中国人民大学出版社，2008.
[67] 于首奎. 两汉哲学新探 [M]. 成都：四川人民出版社，1988.
[68] 华友根. 董仲舒思想研究 [M]. 上海：上海社会科学出版社，1992.
[69] 邓红. 董仲舒的春秋公羊学 [M]. 北京：中国工人出版社，2001.
[70] 刘国民. 董仲舒的经学诠释及天的哲学 [M]. 北京：中国社会科学出版社，2007.

[71] 蒋庆 . 公羊学引论 [M] . 沈阳：辽宁教育出版社，1995.
[72] 陈来 . 古代思想文化的世界——春秋时代的宗教、伦理和社会思想 [M] . 上海：三联书店，2002.
[73] 梁漱溟 . 东西文化及哲学 [M] . 北京：商务印书馆，2005.
[74] 梁漱溟 . 中国文化要义 [M] . 上海：上海人民出版社，2005.
[75] 任剑涛 . 伦理王国的构造：现代性视野中的儒家伦理政治 [M] . 北京：中国社会科学出版社，2005.
[76] 徐儒宗 . 人和论——儒家人伦思想研究 [M] . 北京：人民出版社，2006.
[77] 彭安玉，胡阿祥 . 政治与道德教化 [M] . 南京：江苏古籍出版社，2002.
[78] 黄留珠 . 秦汉仕进制度 [M] . 西安：西北大学出版社，1985.
[79] 邱永明 . 中国历代职官管理制度 [M] . 杭州：杭州大学出版社，1998.
[80] 梁启超 . 中国近三百年学术史 [M] . 上海：上海三联书店，2006.
[81] 胡寄窗 . 中国经济思想史（中）[M] . 上海：上海财经大学出版社，1998.
[82] 汪丁丁 . 经济学思想史讲义 [M] . 上海：上海人民出版社，2008.
[83] 费孝通 . 乡土中国 [M] . 上海：三联书店，1985.
[84] 崔向东 . 汉代豪族研究 [M] . 武汉：崇文书局，2003.
[85] 熊铁基 . 秦汉文化史 [M] . 上海：东方出版中心，2007.
[86] 梁启超 . 论中国学术思想变迁之大势 [M] . 南京：江苏广陵古籍刻印社，1990.
[87] 金耀基 . 中国民本思想史 [M] . 北京：法律出版社，2008.

四、期刊论文

[1] 关健英. 略论董仲舒的“以德为国”思想[J]. 中国哲学史, 2004(3): 117-120.

[2] 任剑涛. 伦理与政治的双向涵摄——董仲舒思想的再论释[J]. 哲学研究，1994(3).

[3] 张俊相. 董仲舒“极理以尽情性之宜”的理欲观[J]. 道德与文明，2004(2).

[4] 赵伯雄. 从《春秋繁露》看董氏《春秋》学[J]. 南开学报, 1995(1): 20-27.

[5] 唐赤蓉. 董仲舒的两种义利观[J]. 中华文化论坛, 2004(3): 97-101.

[6] 朱海龙, 黄明喜. 陆贾教化思想探析[J]. 华南师范大学学报(社会科学版), 2004(3): 125-129+160.

[7] 徐志辉. 天人感应论与中国古代宇宙观[J]. 齐鲁学刊, 2004(4): 100-104.

[8] 季乃礼. 论汉初的“孝治”[J]. 学术月刊, 2000(9): 87-92.

[9] 肖群忠. 论现代新儒家对孝道的弘扬发展[J]. 齐鲁学刊, 2000(4): 94-99.

[10] 周立升. 秦汉哲学与中国文化传统[J]. 文史哲，2002(2): 137-140.

[11] 金春峰. 论董仲舒思想的特点及其历史作用[J]. 中国社会科学，1980(6): 68-87.

[12] 李宗桂. 董仲舒理想论的文化阐释[J]. 学术月刊, 1998(8): 60-65.

[13] 邵显侠. 论董仲舒的“教化成性”说 [J]. 孔子研究, 1995 (3): 60–64.

[14] 詹世友. 先秦儒家道德教化的不同范型之分析 [J]. 哲学研究, 2008 (2): 42–47.

[15] 王毓明. 古代教化思想与形式 [J]. 上海大学学报 (社会科学版), 2002 (6): 98–102.

[16] 黄书光. 论中国传统教化的近代解构 [J]. 浙江大学学报 (人文社会科学版), 2005, 35 (6): 122–128.

[17] 沈壮海, 李育. 董仲舒德教方法论探析 [J]. 武汉大学学报 (人文科学版), 1995 (4): 110–116.

[18] 黄书光. 论中国传统教化的理论基础与组织特征 [J]. 教育学报, 2005 (4): 21–27.

[19] 朱克良. “教化”含义初探 [J]. 华东师范大学学报 (教育科学版), 1993 (4).

[20] 夏静. 试论董仲舒的礼乐观与文艺思想[J]. 中华文化论坛, 2002(3): 101–105.

[21] 钟肇鹏. 孔子的教化思想 [J]. 江西社会科学, 2000 (12): 27–30.

[22] 朱人求. 董仲舒教化哲学研究 [J]. 福建师范大学学报 (哲学社会科学版), 2007 (5): 57–62.

[23] 周光庆. 董仲舒《春秋》解释方法论 [J]. 孔子研究, 2001 (1): 106–116.

[24] 李翔海. 本体诠释学与西方当代诠释学[J]. 中国社会科学, 1993(4): 134–147.

[25] 潘德荣. 理解、解释与实践 [J]. 中国社会科学, 1994 (1): 120–135.

[26] 张涛 . 经学与汉代的选官制度 [J] . 史学月刊 , 1998（3）： 10–16.

[27] 曹影 . “性三品”：董仲舒社会教化的理论根据 [J] . 社会科学战线 , 2008（8）：44–47.

[28] 张文英 . 董仲舒的“性三品说”与君主的教化责任 [J] . 理论月刊 , 2009（4）：68–70.

[29] 张俊峰 . “规则”与“德性”的统一——社群主义背景下对董仲舒伦理政治思想的重新审视 [J] . 中山大学学报（社会科学版）, 2002，42（6）：16–21.

[30] 庄树宗 , 王四达 . “罢黜百家”还是“熔炼百家”——论董仲舒思想的“杂家”特征及其历史影响 [J] . 江苏社会科学 , 2010（4）：30–34.

[31] 梁宗华 . 董仲舒新儒学体系与道家黄老学 [J]. 齐鲁学刊, 1999（6）: 32–37.

[32] 曾振宇 . “法天而行”：董仲舒天论新识 [J] . 孔子研究 , 2000（5）: 74–84.

[33] 白效咏 . “三纲”说与先秦秦汉之际的伦理道德转化新探 [J] . 浙江社会科学，2010（2）.

[34] 王帆 . 董仲舒思想的易学底蕴 [J] . 周易研究 , 2006（4）：75–80.

[35] 唐国军 . 董仲舒与儒家思想政治教育理论的实践化——儒家传统思想政治教育理论模式研究之五 [J] . 广西社会科学 , 2008, 153（3）.

[36] 袁济喜 . 从董仲舒的奏对看汉代士人与帝王之对弈 [J]. 中国文化研究 , 2009（3）：17–28.

[37] 余全介 . 董仲舒的真实遭遇 [J] . 江淮论坛，2006（3）：134–138.

[38] 宋惠昌 . 董仲舒的“君权制约论”[J]. 中共中央党校学报 , 2009, 13（6）: 19–23.

[39] 李玉洁 . 董仲舒的德治思想 [J] . 孔子研究 , 2002（3）：59–64.

[40] 曹影 . 教化的缘起及其意蕴 [J]. 东北师大学报（哲学社会科学版），2006（3）：31–33.

[41] 胡静 . 儒家道德教化现象之分析 [J]. 江汉论坛，2004（5）：58–61.

[42] 贾勤美 . 论儒家举贤能的教化意蕴及其影响 [J]. 理论月刊，2006（2）.

[43] 赖美琴 . 董仲舒社会稳定思想初探 [J]. 学术研究，2001（5）：61–65.

[44] 李景林 . 本虚而实——儒家教化理念的立身之所 [J]. 吉林大学社会科学学报，2004（4）：12–18.

[45] 李申 . 教化之教就是宗教之教 [J]. 文史哲，1998（3）：40–42.

[46] 刘国民 . 论董仲舒的德治思想 [J]. 中国青年政治学院学报，2006（2）：63–68.

[47] 马和民 . 论传统中国的社会教化实践与社会化榜样 [J]. 浙江大学学报（人文社会科学版），2004（5）：27–35.

[48] 韩勇，廉永杰 . 试论中国古代德育思想的特征及其对未成年人思想道德建设的启迪 [J]. 思想政治教育研究，2006（1）：42–44.

[49] 祖嘉合 . 儒家道德教育方法对现代道德教育的启示 [J]. 学校党建与思想教育，2005（12）：12–15.

[50] 侯琦 . 试论中华民族重思想道德教化的优良传统 [J]. 理论探讨，1997（3）：43–46.

[51] 蔡世华，黄军利 . 略论孔子道德教育方法及其对现代高校德育的意义 [J]. 理论导刊，2006（2）：69–71.

[52] 卜宪群 . 秦汉“乡举里选”考辨 [J]. 社会科学战线，2008（5）：70–77.

[53] 关汉华 . 试论两汉监察官员的选任制度 [J]. 广东社会科学，2000

（4）：105.

［54］惠吉兴．汉初儒学的复兴及其历史地位——兼评汉初黄老之学占统治地位说［J］．浙江学刊，1992（6）：139-143.

［55］马作武．略论中国传统法律的儒家化［J］．中山大学学报（社会科学版），1997（2）：56-63.

［56］马婷婷．汉代情论的时代嬗变特性及其道德特征分析［J］．学术探索，2012（6）：11-14.

［57］党超．论两汉风俗观念的政治文化特性［J］．史学月刊，2012（5）：43-52.

［58］王杰，顾建军．汉代神权政治的重新确立——董仲舒与儒学的神化［J］．现代哲学，2012（3）：125-133.

［59］李克建．西汉儒学改造对中华传统民族观的影响［J］．西南民族大学学报（人文社会科学版），2012（6）：6-12.

［60］刘钟华．权力视角下的文化力［J］．山东大学学报（哲学社会科学版），2012（2）：140-146.

［61］郝海燕．儒家的“天人合一”与人和自然的和谐［J］．哲学研究，2012（5）：58-62.

［62］黄开国．董仲舒“贵元重始说”新解［J］．哲学研究，2012（4）：44-49+128-129.

［63］吴全兰．西汉儒学的意识形态化及其原因分析［J］．广西师范大学学报（哲学社会科学版），2012（1）：6-12.

［64］聂春华．从“论心”到“显己”——由《春秋繁露》看汉儒对身体政治性之发现［J］．河北师范大学学报（哲学社会科学版），2012（3）：35-39.

［65］任剑涛．天道、王道与王权——王道政治的基本结构及其文明矫正

功能［J］. 中国人民大学学报，2012（2）.
［66］程郁.《春秋繁露》人性论与先秦性情思想［J］. 孔子研究，2012（2）：14–23.
［67］强中华. 正名·时间·人性论——董仲舒人性论的逻辑层次及理论困境［J］. 孔子研究，2012（2）.
［68］李存山. 对“三纲”之本义的辨析与评价——与方朝晖教授商榷［J］. 天津社会科学，2012（1）：26–33.
［69］汪高鑫. 汉代历史文化认同意识与统一多民族国家的巩固［J］. 四川师范大学学报（社会科学版），2012（1）.
［70］黄敏兰. 史实证明儒家文化难以制约专制权力［J］. 探索与争鸣，2012（1）：76–80.
［71］李春燕. 浅谈《春秋繁露》中的伦理观［J］. 福建论坛（人文社会科学版），2011（1）.
［72］成祖明. 帝国创生与董仲舒的皇权本体公共性建构［J］. 哲学研究，2012（1）：48–56.
［73］周桂钿. 汉初三阶段：治、富、教［J］. 北京行政学院学报，2012（1）：6–11.
［74］马良怀. 秦汉之际皇权合法性理论的探寻与建构［J］. 哲学研究，2012（1）：56–60.
［75］李长春.《春秋》“大一统”与两汉时代精神［J］. 中山大学学报（社会科学版），2011（1）.
［76］方朝晖. “三纲”真的是糟粕吗？——重新审视“三纲”的历史与现实意义［J］. 天津社会科学，2011（2）：49–54.
［77］刘学智. “三纲五常”的历史地位及其作用重估［J］. 孔子研究，2011（2）：21–31.

［78］李存山．反思儒家文化的“常道”［J］．孔子研究，2011（2）：4–18.
［79］程潮．儒家民生思想的立论基础［J］．宁夏社会科学，2011（2）：118–121.
［80］冯友兰．董仲舒哲学的性质及其社会作用［J］．北京大学学报：哲学社会科学版，1963（3）：34–40.
［81］关健英．略论董仲舒的“以德治国”思想［J］．中国哲学史，2004（3）：117–120.
［82］柴文华．“天人合一”与和谐社会［J］．学习与探索，2006（1）．
［83］尹益洙．董仲舒的政治伦理思想分析［J］．南京社会科学，2004（4）．
［84］王健．董仲舒政治伦理思想新探——以“天人论”与“谴告论”为中心［J］．江苏社会科学，2005（6）．
［85］张显传．从历史教育说董仲舒［J］．北京师范大学学报（社会科学版），1995（3）：98–104.
［86］周桂钿．董仲舒政治哲学的核心——大一统论［J］．中国哲学史，2007（4）：38–45.
［87］陈静．如何理解董仲舒的人性思想［J］．中国哲学史，1997（3）：59–61+68.
［88］唐凯麟，陈科华．孔子的经济伦理思想研究［J］．孔子研究，2004（6）．
［89］汤一介，庄印．董仲舒的哲学思想及其历史评价［J］．北京大学学报，1963（3）：41–52.
［90］ 余治平．以阴阳释性情——董仲舒对儒学性情形而上学的独特建构［J］．上海交通大学学报（哲学社会科学版），2004, 11（4）：70–75.
［91］李耀南．尊君与屈君——董仲舒之天的二重功能［J］．孔子研究，2004（4）：81–88.

[92] 庄春波.汉武帝“罢黜百家,独尊儒术”说考辩[J].孔子研究,2000(4):59-71.

[93] 李定生.董仲舒与黄老之学[J].复旦学报(社会科学版),1995(4):54-57.

[94] 钱逊.董仲舒与先秦百家争鸣的终结[J].清华大学学报(哲学社会科学版),1995(1):21-25.

[95] 范学辉.董仲舒《春秋繁露》臣道观与传统政治文化的演变[J].管子学刊,1999(2):38-46.

[96] 万俊人.政治如何进入哲学[J].中国社会科学,2008(2):16-28.